JURISDIÇÕES MISTAS
UM NOVO CONCEITO DE JURISDIÇÃO

FABÍOLA UTZIG HASELOF

Prefácio
Luiz Fux

Apresentação
Aluisio Gonçalves de Castro Mendes

Posfácio
Humberto Dalla Bernardina de Pinho

JURISDIÇÕES MISTAS
UM NOVO CONCEITO DE JURISDIÇÃO

Belo Horizonte

Fórum
CONHECIMENTO JURÍDICO

2018

© 2018 Editora Fórum Ltda.

É proibida a reprodução total ou parcial desta obra, por qualquer meio eletrônico, inclusive por processos xerográficos, sem autorização expressa do Editor.

Conselho Editorial

Adilson Abreu Dallari
Alécia Paolucci Nogueira Bicalho
Alexandre Coutinho Pagliarini
André Ramos Tavares
Carlos Ayres Britto
Carlos Mário da Silva Velloso
Cármen Lúcia Antunes Rocha
Cesar Augusto Guimarães Pereira
Clovis Beznos
Cristiana Fortini
Dinorá Adelaide Musetti Grotti
Diogo de Figueiredo Moreira Neto
Egon Bockmann Moreira
Emerson Gabardo
Fabrício Motta
Fernando Rossi
Flávio Henrique Unes Pereira

Floriano de Azevedo Marques Neto
Gustavo Justino de Oliveira
Inês Virgínia Prado Soares
Jorge Ulisses Jacoby Fernandes
Juarez Freitas
Luciano Ferraz
Lúcio Delfino
Marcia Carla Pereira Ribeiro
Márcio Cammarosano
Marcos Ehrhardt Jr.
Maria Sylvia Zanella Di Pietro
Ney José de Freitas
Oswaldo Othon de Pontes Saraiva Filho
Paulo Modesto
Romeu Felipe Bacellar Filho
Sérgio Guerra
Walber de Moura Agra

Luís Cláudio Rodrigues Ferreira
Presidente e Editor

Coordenação editorial: Leonardo Eustáquio Siqueira Araújo

Av. Afonso Pena, 2770 – 15º andar – Savassi – CEP 30130-012
Belo Horizonte – Minas Gerais – Tel.: (31) 2121.4900 / 2121.4949
www.editoraforum.com.br – editoraforum@editoraforum.com.br

H347j	Haselof, Fabíola Utzig	
	Jurisdições mistas: um novo conceito de jurisdição/ Fabíola Utzig Haselof.– Belo Horizonte : Fórum, 2018.	
	197 p. ISBN: 978-85-450-0415-8	
	1. Direito Processual Civil. 2. Direito Administrativo. 3. Direito Constitucional. I. Título.	
		CDD 341.46 CDU 347.9

Informação bibliográfica deste livro, conforme a NBR 6023:2002 da Associação Brasileira de Normas Técnicas (ABNT):

HASELOF, Fabíola Utzig. *Jurisdições mistas:* um novo conceito de jurisdição. Belo Horizonte: Fórum, 2018. 197 p. ISBN 978-85-450-0415-8.

Para Patrick e Erick, com amor.

SUMÁRIO

PREFÁCIO
Luiz Fux 11

APRESENTAÇÃO
Aluisio Gonçalves de Castro Mendes 15

INTRODUÇÃO 19

CAPÍTULO I
CIVIL LAW E *COMMON LAW* 25
I   *Civil law*. Origem e racionalidade 25
1   O *Corpus Iuris Civilis* 28
2   A Revolução Francesa 30
II   O desenvolvimento da metodologia da interpretação (itinerário do raciocínio jurídico desde o problema até a solução) no *civil law* 32
1   O formalismo jurídico 33
2   A reação antiformalista 34
3   O positivismo jurídico. A Teoria Pura de Kelsen 35
4   O retorno aos valores (pós-positivismo) 38
III *Common law*. O Direito inglês e o desenvolvimento do *common law* ..39
1   Período anglo-saxônico ou precedente à conquista normanda, em 1066 41
2   Período da formação do *common law* (1066-1485) 41
3   Período do surgimento da *equity* e da sua coexistência com o *common law* (1485-1832) 44
4   Período moderno – A reforma (*Judicature Acts* 1873-1875) que fundiu o *common law* e a *equity* 47
5   A Reforma de 2005 (The Constitutional Reform Act 2005) 49

6	O Reino Unido possui Constituição?	50
IV	O Direito dos Estados Unidos da América e o *common law*	51
V	A racionalidade no *common law*	53
VI	A segurança jurídica no *civil law* (na lei) e no *common law* (no precedente)	55
VII	A igualdade na tradição do *civil law* (formal, na lei) e do *common law* (material, no resultado) como aspecto distintivo das tradições. A crise no *civil law*	57
VIII	O impacto das Revoluções Americana e Francesa na separação dos Poderes no *common law* e *civil law*. A separação dos Poderes: confiança e desconfiança no Judiciário	58

CAPÍTULO II
JURISDIÇÕES MISTAS 61

I	Jurisdições mistas (*mixed jurisdictions*) e sistemas jurídicos mistos (*mixed legal systems*)	61
II	Crítica à ausência de definição e sua dificuldade	69
III	*Mixed jurisdiction* na sua acepção originária	73
IV	Jurisdição mista: um conceito em construção e suas características identificadoras	76
V	Jurisdições mistas como resultado da transferência de colônias	84
VI	A estrutura das instituições judiciais e o comportamento dos juízes nas jurisdições mistas	86
VII	Israel: um caso que desafia a definição clássica e sua relevância para o presente estudo; ao desafiar, reforça a abrangência da expressão	88
VIII	Jurisdições misturadas e contemporâneas. Mistura de jurisdições por transformação lenta e gradual. Um fenômeno contemporâneo que origina uma nova categoria (um novo tipo) de jurisdição mista?	91
IX	O processo de mistura das jurisdições	93
X	*Civil law, common law*, jurisdições mistas, desenvolvimento e crescimento econômico	98
XI	O momento da aquisição do *status* de jurisdição mista na proposição de Palmer	100
XII	Os precedentes como fonte do direito nas jurisdições mistas e no Brasil. A técnica que combina códigos e casos (*double reasoning*)	102
XIII	*Double reasoning* e a mistura dos métodos dedutivo e indutivo	104

XIV	A incorporação das regras processuais (*procedure and evidence*) do *common law* pelas jurisdições mistas 105
XV	A mistura de jurisdições no Brasil. A influência remota e crescente do *common law* e a incorporação do sistema adversarial 106
XVI	Um episódio da série de transformações graduais no nosso modelo em direção à vinculação às decisões precedentes: o esvaziamento da participação do Senado Federal no controle de constitucionalidade e a aproximação dos efeitos da declaração de constitucionalidade na via incidental e na via direta 110
XVII	O sistema brasileiro: com *stare decisis* e supremacia do Judiciário (e não do Legislativo). *Civil law* ou jurisdição mista? 112
XVIII	Sistemas jurídicos mistos (*mixed legal systems*) 113
XIX	A sistematização proposta por Esin Örücü 114
XX	Considerações sobre as misturas de jurisdições 117

CAPÍTULO III
O CONSTITUCIONALISMO CONTEMPORÂNEO NO BRASIL E SEU IMPACTO NO DESLOCAMENTO DA RACIONALIDADE DA LEI PARA O PRECEDENTE 119

I	O advento do constitucionalismo contemporâneo 119
II	A racionalidade no Direito na ótica de Max Weber 127
III	O impacto do constitucionalismo na racionalidade e seu deslocamento da lei (*civil law*) para o precedente (*common law*) 130
IV	O constitucionalismo contemporâneo aproxima a concepção de regra do direito ou *règle de droit* (do *civil law*) e de *legal rule* (do *common law*)? 132

CAPÍTULO IV
O SISTEMA DE PRECEDENTES 137

I	Os precedentes e os desafios para sua assimilação pelo sistema brasileiro 137
II	Distinção entre precedente e jurisprudência 138
III	Conveniência (relacionada à segurança) de decisões judiciais com efeitos vinculantes 139
IV	Conveniência (relacionada à matéria) de decisões judiciais com efeitos vinculantes 141
V	O *core* 143
VI	*Ratio decidendi* ou *holding* 144

1	*Ratio* a partir do segundo precedente	146
2	*Ratio* a partir da aplicação ao caso concreto	148
3	A identificação dos fatos relevantes como método fundamental na definição da *ratio*	149
VII	O *distinguish*	151
VIII	O precedente vertical e o precedente horizontal	152
1	Vinculação vertical e eficiência. Vinculação horizontal e humildade	153
2	O *distinguish* no precedente vertical e no precedente horizontal	156
IX	A força dos precedentes: precedente vinculante e precedente persuasivo, e o uso persuasivo de direito não vinculante	156
X	O precedente como método de racionalização	159
XI	Os precedentes e sua formação: compromisso com o futuro *vs.* estagnação do Direito	162
XII	Estamos em processo de aproximação ou distanciamento do *common law*?	166

CAPÍTULO V
A ASSIMILAÇÃO DO SISTEMA DE PRECEDENTES NO BRASIL 171

I	A racionalidade do Direito romano e seu emprego como fundamento ideológico no Brasil imperial	171
II	O aspecto sociológico brasileiro na resistência ao sistema de precedentes	174
III	O *distinguishing* com "método" de desvinculação do precedente. O aspecto cultural na introdução do precedente no sistema brasileiro	177
IV	A persecução da eficiência, a limitação do *distinguishing* e a realização da justiça	178

CONCLUSÕES PRELIMINARES 183

POSFÁCIO
Humberto Dalla Bernardina de Pinho 187

REFERÊNCIAS 189

PREFÁCIO

O ordenamento brasileiro experimenta na atualidade um verdadeiro *turning point*. O formalismo e o legicentrismo, heranças ibéricas que resistiram a tantas reformas do Direito pátrio, vêm cedendo lugar, de forma mais acelerada, a um método de realização da justiça baseado no *case law* e na aplicação direta de preceitos vagos contidos na Constituição. Essa marcha em direção ao *common law* ocorre em meio a um movimento de convergência entre diferentes sistemas no Direito Comparado. Países como a Inglaterra, berço da tradição anglo-saxã, introduziram mudanças até então típicas do *civil law*, aumentando as prerrogativas do Juiz e atribuindo-lhe maiores instrumentos de gestão processual. Em nossa nação, as recentes inovações buscam ampliar a esfera de atuação das partes, privilegiando uma visão liberal em detrimento da concepção excessivamente publicista e paternalista do processo, bem como objetivam fornecer aos jurisdicionados uma estrutura coerente e racional de aplicação do direito, a fim de evitar que o número excessivo de processos sobrecarregue Juízes e que decisões contraditórias prejudiquem os cidadãos.

O Código de Processo Civil de 2015 é um ícone da transformação do sistema jurídico brasileiro, mormente no que concerne ao papel central que os precedentes passam a assumir no cotidiano dos operadores do Direito. A elaboração do novo diploma legal se baseou na ideia, capitaneada por Richard Posner, da jurisprudência como um estoque de capital – é dizer, um conhecimento acumulado de tarefas passadas, que incrementa a produtividade do Judiciário, facilitando a tomada de futuras decisões, e produz utilidade a potenciais litigantes, em formato de informações sobre suas obrigações jurídicas.[1] Um ordenamento que preza pela observância dos precedentes potencializa a segurança jurídica – essencial à atuação dos agentes econômicos –, mitiga as chances de erros judiciários e reduz o número de litígios, estimulando o engajamento em atividades produtivas à luz da confiança na escorreita aplicação do direito.

---

[1] POSNER, Richard A. *Economic Analysis of Law*. 9. ed. New York: Wolters Kluwer, 2014. p. 759.

A presente obra, cunhada pela pena segura de Fabíola Utzig Haselof, atinge com sucesso o propósito de elucidar, ordenar e nos prover de profunda compreensão sobre os desafios apresentados pela combinação dos sistemas jurídicos romano-germânico e anglo-saxão, explorando valiosos exemplos de Direito Comparado e lançando luzes sobre o caso brasileiro no contexto das chamadas "jurisdições mistas".

Aquele que degusta as lições expostas com suavidade pela autora pode não atentar para a complexidade da empreitada por ela assumida. Um dos maiores estudiosos do tema, Mirjan Damaska, ao identificar as mutações e mútuas influências entre os ordenamentos, sugeriu o abandono da separação entre os sistemas *adversarial* e *inquisitorial*, decorrentes da dicotomia *common law* e *civil law*, adotando classificação de dois formatos ideais de processo, quais sejam, o de solução de conflitos (*conflict-solving type of proceeding*) e o de implementação de políticas públicas (*policy-implementing type of proceeding*).[2] Não é sequer necessário o aprofundamento das ideias do Professor da Universidade de Yale para perceber a árdua missão do acadêmico que se propõe a estudar o fenômeno da interação entre os dois principais sistemas jurídicos conhecidos.

Nada obstante as adversidades inatas à matéria, a talentosa autora as enfrentou com brilhantismo, permitindo ao leitor acessar com simplicidade as bases do que denominou "modelo contemporâneo de jurisdição". O raciocínio observado durante todo o trabalho é linear. Começando pelo escorço histórico sobre as origens das tradições do *civil law* e do *common law*, segue-se a determinação das características da jurisdição mista e as formas assumidas por essa espécie no Direito moderno. Os diferentes fatores que propiciam a mistura das jurisdições são sistematizados com maestria, incluindo aspectos geopolíticos e econômicos. Relativamente à realidade brasileira, é traçado percuciente paralelo entre a expansão da jurisdição constitucional provocada pelo advento da Carta de 1988 e a adaptação do arcabouço processual aos consectários da constitucionalização do direito, culminando com a paradigmática aprovação do novo Código de Processo Civil.

Diversas inovações do Código de 2015 inspiradas na tradição anglo-saxã são destacadas na obra, como as modificações nas regras de produção probatória para aumentar o protagonismo das partes na colheita dos elementos que informarão a convicção do julgador e o

---

[2] DAMASKA, Mirjan. *The Faces of Justice and State Authority* – A Comparative Approach to the Legal Process. New Haven: Yale University Press, 1986.

destaque aos métodos alternativos de solução de controvérsias. Análise específica é dirigida a uma das mais importantes inovações do novel diploma processual: o sistema de precedentes vinculantes, também designado pela parêmia *stare decisis et non quieta movere*. Não apenas as especificidades dessa técnica de gestão do aparato jurisdicional são categorizadas e pormenorizadas, senão também são abordados os óbices estruturais e culturais nos quais a implementação do novo Código pode esbarrar no caminho para a sua concreta efetivação no Brasil. Com efeito, nenhum sistema pode funcionar quando os sujeitos que o compõem se comportam como atores isolados, integrantes de uma orquestra na qual só há maestros, mas que, por isso mesmo, não produz espetáculo. Sem o cuidado na fundamentação de precedentes com parâmetros claros e objetivos, sem a fidelidade de cada órgão jurisdicional ao *case law* e sem a compreensão de que o *overruling* é medida excepcionalíssima e deletéria quando mal utilizada, o resultado será um Judiciário sem credibilidade e uma sociedade sem segurança jurídica.

Adianto ao leitor que a esperada inquietação decorrente das tormentosas questões aqui suscitadas dará lugar, com o passar das páginas, à convicção e à sabedoria que apenas o conhecimento de ponta pode proporcionar. A excelência do material que ora se tem em mãos pode ser creditada à seriedade acadêmica e à experiência judicante que qualificam a autora. Por tudo isso, trata-se de um livro para manter na estante em posição conveniente às leituras e releituras, certamente constantes e sempre recompensadoras.

Brasília, 21 de julho de 2017.

Luiz Fux
Ministro do Supremo Tribunal Federal

APRESENTAÇÃO

A transposição das fronteiras no âmbito do conhecimento vem sendo uma tendência atual, cada vez mais presente também na área do Direito e que vem sendo especialmente sentida no Direito Processual. Dentro desta perspectiva, ocorre o fortalecimento do Direito Processual Comparado e a aproximação, em termos de estudo e aplicação, entre institutos de sistemas diferentes e países distintos. Neste cenário e considerando as necessidades vivenciadas no contexto processual brasileiro, o papel da jurisprudência e dos precedentes vai assumindo uma importância crescente no quadro nacional, culminando com a edição do novo Código de Processo Civil, de 2015. Como tive a oportunidade de assinalar anteriormente,[1] "pode-se afirmar que os precedentes passam a ter mais significado para a definição das normas de conduta, no cenário atual, não apenas nos países de *common law*, mas também para os ordenamentos considerados de *civil law*. Em termos formais, o ordenamento processual brasileiro se refere especialmente à jurisprudência ou apenas a um dos seus instrumentos de exteriorização: a súmula. Entretanto, a evolução do sistema pressupõe o amadurecimento do tratamento conferido tanto à jurisprudência quanto aos precedentes. Isso porque ambos representam estágios correlacionados do fortalecimento do pronunciamento judicial, envolvendo as suas diversas qualidades. Dentro deste cenário, as decisões judiciais passam a ter uma importância não apenas sob o prisma da resolução do caso concreto, mas como fixadoras de padrões de conduta".

---

[1] MENDES, Aluisio Gonçalves de Castro. Precedentes e Jurisprudência: papel, fatores e perspectivas no direito brasileiro contemporâneo, In: MENDES, Aluisio Gonçalves de Castro; MARINONI, Luiz Guilherme; WAMBIER, Teresa Arruda Alvim. *Direito Jurisprudencial* – volume II. São Paulo: Revista dos Tribunais, 2014, p. 18.

O livro *Jurisdições mistas: um novo conceito de jurisdição*, de Fabíola Utzig Haselof, por certo, é um amplo, profundo, inovador e qualificado trabalho escrito sobre este relevante e atualíssimo assunto. A autora conseguiu reunir na obra aspectos teóricos e práticos fundamentais sobre a questão. Discorreu, assim, inicialmente, sobre a tradicional classificação e divisão entre as famílias de *common* e *civil law*, procurando mostrar as respectivas distinções e aproximações. Procurou estabelecer, em seguida, a definição deste fenômeno denominado "jurisdição mista", indicando as diversas modalidades de combinação resultantes da confluência entre as respectivas famílias. O estudo é precioso. No Brasil, o estudo do Direito é realizado, por vezes, sem a necessária análise e comparação com os ordenamentos estrangeiros. A própria aproximação do sistema brasileiro com institutos de outros países, especialmente do *common law*, é apontada como se fosse um fenômeno isolado.

Fabíola Haselof foi muito além do lugar comum, pesquisou e encontrou outras nações que viveram mais intensamente esta experiência. Trouxe à luz estudos que também indicavam a ocorrência da integração de culturas e de instituições jurídicas oriundas da diversidade, decorrente de vivências históricas diversas. Procurou analisar as características centrais de cada família, bem como as suas variações. Demonstrou que as jurisdições mistas são um fenômeno global, permeando realidades jurídicas em localidades espalhadas pelo mundo: Louisiana, Quebec, Porto Rico, África do Sul, Zimbabwe, Botswana, Lesotho, Swaziland, Namíbia, Filipinas, Sri Lanka, Escócia e Israel são alguns exemplos de jurisdição mista. Neste contexto de aproximação, a autora retrata o constitucionalismo contemporâneo no Brasil e o deslocamento da racionalidade centrada na lei para o precedente. Em seguida, expõe a concepção dos precedentes judiciais como sistema, o seu significado e enquadramento como fonte do direito, o debate comparativo entre o precedente e a jurisprudência, o caráter vinculativo e persuasivo, a questão da eficácia vertical e horizontal, bem como diversos aspectos centrais. Buscou dissecar o instituto dos precedentes, fazendo um paralelo da sua utilização nos países de *common law* e pelo Direito brasileiro. Tratou, assim, do cotejo entre precedentes, decisão judicial e súmulas, os elementos do precedente, abordando a *ratio decidendi*, o *obter dictum*, assim como as técnicas de *distinguishing* e *overruling*. Por fim, mergulhou na discussão dos aspectos nacionais relacionados ao precedente.

A autora tratou com amplitude e profundidade o assunto abordado, sistematizando a matéria com senso crítico e demonstrando elevadíssimo conhecimento em torno do tema. O resultado foi esta belíssima obra, que considero leitura importante para os profissionais e estudiosos do Direito.

Fabíola Utzig Haselof é uma brilhante magistrada federal, com reconhecimento na área jurídica. Mestre em Direito pelo respeitado programa de pós-graduação *stricto sensu* da Universidade Estácio de Sá (com conceito 5 na última avaliação da CAPES, o melhor no Rio de Janeiro na área jurídica, juntamente com a UERJ e a PUC), a autora cursou disciplinas que ministrei no respectivo programa. Na ocasião, pude testemunhar o seu interesse e participação destacada e inteligente em torno dos diversos assuntos tratados. Tive a satisfação de ser seu orientador neste curso de mestrado, que resultou na dissertação defendida perante a qualificada banca integrada pelos Professores Humberto Dalla e Theóphilo Antonio Miguel, tendo sido aprovada com distinção, louvor e recomendação para a publicação, que ora se realiza pela conceituada editora Fórum.

Sinto-me honrado e distinguido com o convite formulado para a orientação da autora no seu mestrado, bem como para efetuar a apresentação do presente livro. Devo, contudo, conter-me na tarefa, pois não há comentário que se faça suficiente para substituir o bom vinho ou a boa obra. Recomendo, assim, em benefício do próprio leitor, que se passe, imediatamente, a sorver o resultado desta boa colheita.

Rio de Janeiro, 1º de agosto de 2017.

Aluisio Gonçalves de Castro Mendes
Desembargador Federal. Especialista, Mestre, Doutor e Pós-Doutor em Direito. Professor Titular de Direito Processual Civil da Universidade do Estado do Rio de Janeiro (UERJ) e Universidade Estácio de Sá (UNESA). Diretor do Instituto Ibero-Americano de Direito Processual (IIDP), do Instituto Brasileiro de Direito Processual (IBDP) e do Instituto Carioca de Direito Processual (ICPC). Membro da Associação Teuto-Brasileira de Juristas e da *International Association of Procedural Law* (IAPL).

INTRODUÇÃO

Diferente do que normalmente se pensa, jurisdição mista não é uma expressão que possa ser utilizada inadvertidamente para se referir a qualquer tipo de mistura de sistemas jurídicos, pois alude a uma mistura específica, que é a combinação do *civil law* com o *common law*. Esse entrelaçamento das jurisdições, que faz com que se tornem mistas, pode ser provocado por diversos acontecimentos, como conquistas e aquisições de territórios de um país por outro, o que caracteriza uma jurisdição mista por imposição, ou assinatura de tratados, que seria uma forma espontânea de mistura de jurisdições. Uma terceira hipótese, que pretendemos explorar, ocorre mediante transformação gradual na legislação de um país.

O termo jurisdições mistas foi reconhecido pela doutrina estrangeira como relacionado às duas primeiras hipóteses. Relativamente à primeira, jurisdições mistas que resultaram de aquisições e conquistas territoriais, podem ser mencionados como exemplos Louisiana, Quebec, Malta, Porto Rico, África do Sul, Filipinas, dentre outros. Relativamente à segunda hipótese, Escócia e Israel são exemplos de misturas que ocorreram de forma espontânea.

A terceira hipótese, ou seja, a mistura de jurisdições que ocorre a partir da transformação lenta e gradual na legislação de um país, que passa a adotar institutos típicos de outra tradição, resultando desta mistura uma aproximação das tradições, é um fenômeno mais atual, que pode ser observado a partir da segunda metade do século XX. Surge nos sistemas de *civil law* como método que objetiva preservar a segurança jurídica diante das modificações que ocorreram por influência de vários fenômenos reciprocamente implicados no contexto de reconhecimento da força normativa da constituição, relacionados ao fenômeno da expansão da jurisdição constitucional propiciada pela ascensão do pós-positivismo e a reaproximação do direito com a moral e a filosofia, que marcam a evolução do pensamento jurídico e podem ser abarcados, de modo amplo, pelo constitucionalismo contemporâneo ou neoconstitucionalismo.

A partir do reconhecimento de que o constitucionalismo provocou o deslocamento da racionalidade, que se encontrava bem fixada na lei, movendo-a em direção ao precedente, ou seja, o deslocamento da previsão genérica e abstrata da lei para a norma jurídica, como resultado do processo de interpretação, o que também pode ser lido como o deslocamento da racionalidade do *civil law* em direção ao *common law*, provocando uma mudança de paradigma, pode ser considerado um importante fator provocador de aproximação dos sistemas *civil law* e *common law*. Por certo que não se trata de sistemas excludentes, apenas nos habituamos a uma visão dualista, quando, no atual contexto de mundo, eles se revelam complementares, na medida em que a associação dos seus institutos assegura que a previsibilidade assentada na lei se confirme no resultado.

Tais transformações tiveram grande impacto nos países de tradição do *civil law*, nos quais a racionalidade segurada na lei ficou mais fragilizada pela possibilidade ampliada de interpretação e criação da norma jurídica pelo julgador, fazendo necessária a adoção de mecanismos próprios de vinculação de resultados das decisões aos precedentes, com o objetivo de garantir mais segurança ao sistema jurídico e como método de coerência das decisões e de racionalização dos trabalhos.

O estudo se propõe a enfrentar as alterações observadas no modelo brasileiro de administração da justiça, que, apesar de nossas raízes romano-germânicas e a consequente vinculação ao *civil law*, também absorveu institutos do *common law*, resultando numa composição de sistemas. Com o intuito de aclarar a transformação pela qual passamos, buscamos luzes em sistemas que experimentaram esta integração dos sistemas romano-germânico com o anglo-saxão e as modificações que ocorreram nos seus modelos de prestação de jurisdição, estrutura de poder e administração da justiça, comportamento dos juízes e disciplina processual.

O fenômeno da incorporação de institutos típicos do *common law* por países do *civil law* vem recebendo a denominação de jurisdição mista, embora a doutrina estrangeira não se tenha referido especificamente à mistura que surge, não de forma repentina, como uma conquista ou uma aquisição de território ou assinatura de um tratado, mas de forma lenta e gradual, mediante transformações que ao longo dos anos vão sendo incorporadas a um sistema a ponto de sofrer uma influência tão intensa que se torna impreciso continuar definindo o sistema deste país como vinculado à sua tradição original. No caso do Brasil veremos que a influência do *common law*, especialmente o estadunidense, veio ganhando intensidade, produzindo como resultado um sistema misto e autêntico.

É com o objetivo de abordar o tema da mistura das jurisdições, como fenômeno que ocorre no mundo e que foi identificado no início do século XX por comparatistas estrangeiros, que o presente trabalho é estruturado, com a intenção de conhecer melhor estes sistemas autênticos que são as jurisdições mistas, um fenômeno que se encontra em expansão.

Serão abordados o que a doutrina estrangeira considera requisitos que devem estar reunidos para identificar uma jurisdição mista, os países que se enquadram nesta definição, e uma reflexão sobre as transformações ocorridas no nosso sistema e em outros que se deparam com a crise da incoerência jurisprudencial do *civil law*, suas causas e mecanismos de vinculação aos precedentes que são adotados para resgatar a racionalidade do sistema.

O capítulo I trata do *civil law* e do *common law*, especialmente das origens destas duas tradições e os fatores que contribuíram para que assumissem as características que as identificam e principalmente as distinguem, fazendo com que ao longo da história ocidental tenham sido consideradas jurisdições rivais.

Essa diferenciação, com destaque às suas principais características e aos fatores históricos que moldaram cada uma das tradições, é relevante para preparar para os capítulos seguintes, tanto o que trata das jurisdições mistas propriamente ditas, nas quais, como é intuitivo, as duas tradições vão se entrelaçar, quanto os capítulos que vão abordar a introdução do sistema de precedentes no sistema brasileiro, pois é fundamental enfatizar os fatores históricos que fizeram com que o ponto distintivo do *civil law* fosse a previsão genérica e abstrata na lei e, do *common law*, o desenvolvimento da argumentação como método de persuasão e convencimento, pelo julgador, do acerto de sua decisão.

O capítulo II trata do tema central do trabalho. Nessa abordagem buscamos identificar o que a doutrina estrangeira considera jurisdição mista. Apesar da ausência de um conceito definitivo, procuramos apresentar as características essenciais que necessitam estar reunidas para que um sistema possa ser reconhecido como jurisdição mista, pois não se trata de um fenômeno novo, já que a primeira jurisdição mista identificada ocorre no início do séc. XVIII, e tampouco se trata de uma denominação que possa ser utilizada indistintamente, pois se refere a uma mistura com características específicas.

Ao tempo em que procuramos expor o que se entende por jurisdição mista no mundo e quais são os países assim reconhecidos, também buscamos elementos para identificar um novo tipo de mistura, que se associa a um modelo contemporâneo de jurisdição, ou seja, um modelo que surge a partir da superação do positivismo jurídico e das transformações que tiraram o Código Civil e colocaram a Constituição no centro do debate jurídico.

Os países de *civil law* foram mais diretamente impactados por esta revolução, fazendo com que o alargamento das possibilidades de interpretação legislativa provocasse um volume alarmante de decisões judiciais que não guardavam coerência entre si (plano horizontal) e tampouco relativamente às instâncias superiores (plano vertical). Tal contexto fomentou a adoção de mecanismos de vinculação aos precedentes típicos do *common law*.

Para desenvolver o raciocínio, especificamente com relação ao modelo brasileiro, percorremos as alterações legislativas que introduziram entre nós institutos do *common law*, iniciando na Constituição de 1891, dando um salto no tempo, chegando ao período pósConstituição de 1988, quando surgem os recursos repetitivos, a repercussão geral, as súmulas vinculantes, a mutação constitucional que passa a dispensar a reserva de plenário e a comunicação ao Senado Federal, alcançado seu ponto decisivo com o advento do Código de Processo Civil de 2015, a partir do qual houve uma opção evidente pela adoção do sistema de vinculação obrigatória aos precedentes e adoção de regras típicas do chamado sistema adversarial, selando a mistura de jurisdições.

Portanto, no capítulo III a abordagem do constitucionalismo contemporâneo objetiva contextualizar o impacto que vai provocar no nosso sistema a aplicação direta da Constituição e a interpretação jurídica à luz da efetividade das normas constitucionais, propiciando decisões discrepantes que vão produzir uma jurisprudência muito incoerente e fragilizar a segurança jurídica. Como método de contenção das discrepâncias e de racionalização dos trabalhos, passamos a incorporar institutos do *common law*.

Em outras palavras, este capítulo aborda o que consideramos o fator deflagrador deste novo tipo de mistura de jurisdições. Este efeito de incoerência jurisprudencial produzido pelo constitucionalismo ocorre também em outros países de tradição do *civil law*. Na Itália, por exemplo, veremos que ocorre uma situação de caos jurisprudencial muito similar à nossa.

O movimento que observamos no Brasil, de encaminhamento e adequação ao que se reconhece como uma mistura de jurisdições, possivelmente é um fenômeno com expectativa de expansão, seja como método de coerência e racionalização dos trabalhos e/ou como efeito das interações proporcionadas pela globalização, do qual também resulta a formação de blocos supranacionais, nos quais, naturalmente, irá ocorrer também uma mistura de jurisdições. Os blocos supranacionais, especialmente o formado pela União Europeia, que é o que alcançou maior nível de integração, não serão objeto específico deste estudo, mas a referência serve para ilustrar o potencial expansivo da mistura de jurisdições no ambiente globalizado.

O desenvolvimento dos capítulos seguintes está todo direcionado a explorar a transformação do modelo brasileiro, o que fazemos a partir da exposição do contexto do constitucionalismo contemporâneo como deflagrador da necessidade de aproximação do nosso sistema do sistema de precedentes.

Os precedentes são abordados no capítulo IV com o intuito de verificar as diferenças deste modelo e as modificações que deverão ocorrer para sua assimilação e consolidação da mistura de sistemas. O estudo não é sobre precedentes, é importante frisar, de modo que a abordagem ocorre com o objetivo de apontar alguns elementos essenciais e novos que passam a ser incorporados ao nosso sistema de administração da justiça. Portanto, não é nosso objetivo a abordagem introdutória ao sistema de precedentes, para tanto existem obras muito bem estruturadas, que aprofundam o tema, às quais remetemos o leitor nas notas de rodapé do capítulo específico.

A abordagem dos precedentes no presente estudo tem o intuito específico de expor a transformação que deverá ser assimilada pelo nosso sistema para que o método de vinculação aos precedentes seja efetivamente incorporado pela nossa jurisdição, sendo certo que teremos de tratar de algumas noções básicas do sistema de precedentes, como o *core*, a *ratio decidendi*, o *distinguish*, até mesmo com o objetivo de explicitar o novo método de pensar e expor o raciocínio em uma decisão judicial, que é muito distinto do que vínhamos fazendo até aqui, bem como o método de extrair o resultado vinculante que vai originar o precedente.

A intenção, portanto, é analisar o encaminhamento que o sistema de precedentes deve receber na prática da atividade jurisdicional, destacando algumas dificuldades que já são conhecidas dos países de tradição do *common law* e o modo como lidam com elas, sempre mirando a verificação da mistura das jurisdições na prática, pois, na lei, a mistura deve ter ficado bem demonstrada no capítulo que tratou das jurisdições mistas propriamente ditas.

Não significa que de uma hora para a outra vamos passar a pensar o direito e produzir decisões judiciais como ocorre nos países do *common law*. A assimilação dos institutos deve ocorrer com autenticidade relacionada às nossas características. Entretanto, a mudança existe e é significativa, e a autenticidade na incorporação de institutos pode ser considerada um traço distintivo do próprio sistema de mistura de jurisdições, especialmente das jurisdições mistas.

O capítulo V se propõe a uma breve análise, ainda que superficial, dadas a complexidade do tema e a limitação do trabalho, da assimilação do sistema de precedentes sob o aspecto sociológico e cultural brasileiro, especialmente considerando as nossas características de estado patrimonialista e os efeitos positivos e negativos que a adoção dos precedentes potencialmente provoca no modelo brasileiro.

Em síntese, a partir de uma sucinta exposição do *civil law* e do *common law* e da análise da introdução, impacto e perspectivas no nosso sistema de institutos de vinculação aos precedentes, típicos do *common law*, buscamos no que já foi identificado como jurisdição mista um novo olhar para os sistemas que passam a incorporar institutos de outra tradição, procurando investigar a amplitude que pode alcançar o modelo de mistura de jurisdições, considerando que se apresenta bastante completo ao aportar a segurança jurídica na lei (*civil law*) e também no resultado (*common law*).

A questão central parece bastante relacionada à expansão do *judicial review* nos países de ambas as tradições, impulsionado pelo constitucionalismo contemporâneo, que, em considerável medida, estimula a judicialização. Tais acontecimentos tiveram como efeito, no *civil law*, a necessidade de vinculação aos precedentes com o objetivo de conferir mais segurança jurídica e evitar decisões conflitantes, e, no *common law*, impulsionaram a produção legislativa, com o objetivo de gerar segurança a partir de regras previamente estabelecidas. Portanto, a mistura das tradições no modelo contemporâneo vai fornecer as ferramentas para produzir um sistema mais completo, consequentemente, melhor.

CAPÍTULO I

CIVIL LAW E *COMMON LAW*

I *Civil law*. Origem e racionalidade

Tradicionalmente o *civil law* foi concebido como sistema que objetivava restringir a interpretação do Direito e, consequentemente, o poder dos juízes. Tal intento era alcançado através da sua principal característica, que também é sua principal vantagem, que é a definição prévia das regras em códigos e leis, normalmente na forma escrita, permitindo que os interessados conheçam com antecedência a disciplina que vai reger as relações de modo geral, proporcionando segurança jurídica ao viabilizar que *os jogadores* conheçam as *regras do jogo*.

O *civil law* ou sistema romano-germânico tem sua origem no direito romano compilado no *Corpus Iuris Civilis*, que reúne a produção legislativa do século VI, do reinado do Imperador bizantino Justiniano I (527-565). Posteriormente, no século XI, os antigos textos romanos foram *redescobertos*, interpretados e organizados pelos glosadores, que eram estudiosos do direito que anotavam interpretações e comentários nas entrelinhas ou margens dos textos antigos (glosas interlineares ou marginais) e deram origem, na Itália, à fundação da Escola de Bolonha ou Escola de Glosadores, tornando a cidade de Bolonha o centro dos esforços para organização, intepretação e sistematização do direito romano, onde também surge o que foi considerada uma das primeiras e mais importante universidade de Direito da Europa.

A partir do século XVIII observamos o fenômeno da codificação do direito na Europa Continental, sendo os principais o Código Civil francês de 1804 (*Code Civil*) ou código napoleônico e o Código Civil alemão de 1900 (*Bürgerliches Gesetzbuch* ou BGB).

Esse esforço na organização das regras, que ocorreu na reforma legislativa promovida pelo Imperador Justiniano e, posteriormente, em Bolonha, nos estudos que objetivavam a construção de um sistema coerente, é uma característica muito marcante do *civil law* e também um importante aspecto que o distingue do *common law*. Veremos mais à frente que o esforço maior do *common law* está relacionado ao aspecto argumentativo das decisões, logicamente para compensar a ausência de uma base legal que lhe sirva de fundamento.

Portanto, uma diferença essencial entre o *civil law* e o *common law* reside no fato de que neste, tradicionalmente, existe a necessidade de uma fundamentação persuasiva suficiente para convencer do acerto da decisão, ao passo que no *civil law* o esforço está mais voltado para a sistematização das regras, de modo a gerar um conjunto harmonioso, cuja aplicação é como que dispensasse o julgador do ônus do convencimento alheio, pois nada mais fez do que aplicar o que estava previsto na lei.

Atualmente o *civil law* ou direito romano-germânico é adotado em toda a Europa Continental e América Latina, em quase toda a Ásia, exceto países do Oriente Médio, e também em grande parte da África. Considera-se que a expressão Europa Continental exclui o Reino Unido, a Irlanda e a Islândia, mas é necessário atentar que a Escócia adota também a tradição do *civil law* (é país de jurisdição mista) e integra o Reino Unido, composto pela Inglaterra, País de Gales, Escócia e Irlanda do Norte.

É a tradição mais difundida no mundo, havendo registros que apontam que aproximadamente 60% dos países do globo estejam submetidos ao *civil law* e a este integrado com sistemas mistos, em contraste com o *common law*, que corresponderia a 35%,[1] sendo o percentual restante de 5% correspondente a países que adotam o sistema costumeiro ou a lei muçulmana ou outra de base religiosa, sem vínculo significativo com as duas principais tradições.

Como mencionado anteriormente, esta tradição, ao estatuir previamente as regras aplicáveis, teve como intenção subjacente o controle das decisões dos julgadores e a restrição da interpretação das regras escritas ou costumeiras por estes e pelos jurisconsultos. Tal aspecto é fundamental na medida em que pode ser considerado importante fator distintivo desta tradição em relação ao *common law*. Embora a forma

---

[1] Disponível em: <https://www.lexisnexis.com/legalnewsroom/international-law/b/civillaw mixedjurisdictiontoolbox/archive/2011/02/18/civil-law-amp-mixed-jurisdictions-toolbox. aspx?Redirected=true>. Acesso em: 8 ago. 2016.

escrita seja uma característica do *civil law*, países como Escócia e África do Sul adotam a tradição, porém de forma descodificada (*uncodified roman law*).

A definição de regras jurídicas proporciona um sistema muito mais seguro e previsível, especialmente no período que antecedeu o que pode ser identificado como a revolução dos direitos humanos e o neoconstitucionalismo, pois, como veremos, tais acontecimentos mais recentes abalaram consideravelmente a previsibilidade garantida pela da lei formal. No passado, a dificuldade de divulgação da informação, como o resultado de julgamentos, por exemplo, que não chegava facilmente ao conhecimento do público, e a maior simplicidade das relações sociais faziam com que a definição das regras em leis e códigos representassem uma vantagem extraordinária em termos de segurança jurídica que proporcionava, e por isso acabou gradualmente absorvendo em regras escritas os costumes locais e, pouco a pouco, o direito costumeiro (*costumary law*) foi sendo substituído pelo *civil law*.

Outro ponto que representava grande vantagem era o fato de o *civil law*, na medida em que se propunha a definir regras disciplinando as relações, tinha a preocupação de assegurar uma equivalência de forças entre as partes, razão pela qual esta tradição também ficou conhecida por promover o equilíbrio entre os envolvidos. Essa forma de pensar o direito na elaboração de princípios e regras que, de forma genérica e abstrata, garantissem um sistema equilibrado de forças foi responsável pelo desenvolvimento, especialmente na Europa Continental, de princípios regentes das relações entre as partes. A título ilustrativo mencione-se o princípio da ampla defesa e do contraditório, que se encontra em constante evolução e tem na jurisprudência e doutrina alemã[2] sua maior fonte de inspiração para outros países.

A racionalidade do Direito, desde tempos remotos, tem sido identificada muito mais no *civil law*, se comparada ao *common law*. Veremos que Max Weber,[3] ao desenvolver uma *classificação* dos sistemas da sua época, enquadrou o *civil law* como formalmente racional e o *common law* como formalmente irracional.

---

[2] Gilmar Mendes anota que o direito à ampla defesa e ao contraditório previsto no art. 5º, LV da Constituição de 1988, abarca um catálogo de direitos, destacando a importância da doutrina alemã no seu desenvolvimento. Menciona o direito de informação (*Recht auf Information*); direito de manifestação (*Recht auf Äusserung*); direito de ver seus argumentos considerados (*Recht auf Berücksichtigung*), In: *Curso de Direito Constitucional*. 10. ed. São Paulo: Saraiva, 2015.

[3] Max Weber, na sua obra *A Ética Protestante e o 'Espírito' do Capitalismo, 1920.*

Portanto existe uma conjunção de fatores que desde a antiguidade contribuiu para que o *civil law* fosse um sistema considerado mais racional se comparado ao sistema costumeiro (*costumary law*) ou ao *common law*, podendo ser destacados como principais aspectos que justificavam essa visão: a maior segurança proporcionada pelo conhecimento das regras previamente estabelecidas; a menor complexidade das relações sociais, que possibilitavam que a lei formal as disciplinasse satisfatoriamente; a preocupação do *civil law* na definição de regras que assegurassem o equilíbrio entre as partes; a dificuldade de difusão da informação dos julgamentos pelo sistema do *common law*, dificultando o entendimento de pessoas comuns sobre as decisões dos julgadores.

Como mencionado anteriormente, as inovações que chegaram ao século XX na Europa Continental no período pósSegunda Guerra, e no Brasil após a Constituição de 1988, do nosso ponto de vista, abalaram consideravelmente essa racionalidade, o que será tema abordado no capítulo III, dedicado ao impacto do constitucionalismo contemporâneo. Por ora, o estudo da tradição do *civil law* recomenda uma passagem sobre o que pode ser considerado seus momentos mais marcantes, que são sua origem no direito romano, que chega até nosso conhecimento pela obra denominada *Corpus Iuris Civilis*, e a feição que ganhou no período que sucedeu à Revolução Francesa.

1 O *Corpus Iuris Civilis*

Corpus Iuris Civilis foi o nome dado à compilação do regramento elaborado sob orientação do Imperador Justiniano (século VI a.C.), reunindo a disciplina existente sobre temas como direito de família, propriedade e contratos, com o objetivo de criar uma legislação coerente e com capacidade de disciplinar os conflitos da época, ademais, que permitisse a unificação do Império Bizantino e viabilizasse sua expansão. Teve também o objetivo de reduzir a necessidade de comentários e interpretações dos juristas (jurisconsultos) às leis.

O Imperador Justiniano, cujo reinado vai de 527 a 565, assume o poder e logo inicia sua ampla reforma legislativa e expansão militar, e foi sob o seu reinado que o Império Romano atingiu sua maior expansão territorial. Pouco tempo após assumir o poder, incumbiu a Triboniano, ministro da justiça, professor de Direito da escola de Constantinopla, e emérito jurisconsulto, a formação de comissões para realizar um trabalho de seleção e compilação das constituições imperiais e legislação em vigor, que constituíam um vasto e confuso amontoado de regras, que deu origem ao Código Justiniano, bem como a organização da jurisprudência e doutrinas seletas, um volume enorme de textos, muitas vezes com decisões e pontos de vista divergentes, que precisavam ser reunidos em um todo coerente, dando origem ao Digesto ou Pandectas.

No período de 529 a 534 são publicadas as obras que vão dar origem ao que, muitos séculos mais tarde, recebeu o nome de *Corpus Iuris Civilis*.[4] Isso porque o que conhecemos atualmente por *Corpus Iuris Civilis* é a edição feita pelo romanista francês Dionísio Godofredo, em 1538, do conjunto da obra legislativa de Justiniano, que pode ser dividida em quatro obras: o Digesto ou Pandectas, as Institutas, o Código (*Codex Justinianeus*) e as Novelas.

Em 529 é publicado o Código Justiniano (*Novus Justinianus Codex* – Código Novo de Justiniano), que, mais tarde, com a publicação do Digesto ou Pandectas, acaba se tornando incoerente e necessita ser substituído, o que ocorre em 534, com a publicação do Código Novo (*Codex Justinianus repetitae praelectiones* ou Código revisado), sendo que somente este último veio a integrar o *Corpus Iuris Civilis*, ou seja, o primeiro nem chegou ao nosso conhecimento.

O Digesto ou Pandectas é o que pode ser considerado o mais grandioso trabalho de compilação e organização do Direito romano, sendo a obra mais completa da codificação justinianeia, ao reunir, organizar e sistematizar os *iura* (obras dos jurisconsultos clássicos), dentre os quais havia muitos pontos controvertidos. Foi publicado em 533, sendo uma obra composta por 50 livros.

As Institutas, também publicadas em 533, consistiam em um manual escolar de introdução ao direito compilado no Digesto. As Novelas (*Nouellae*) ou Novas Leis consistem nas modificações legislativas promovidas por Justiniano após a promulgação do Digesto e do *Codex Justinianeus*.

A obra de Justiniano foi *redescoberta* no século XI, na Europa Continental, e houve um esforço para recomposição desse direito de modo sistematizado. Merece transcrição a narrativa de Wambier:

> No século XI, em Bolonha, foram reestudados os textos romanos. Estes textos foram objeto de refinado processo de estudo na universidade de Bolonha, cujo objetivo fundamental era o de transformá-los num todo o quanto possível coerente. Tarefa árdua, já que os textos encontrados

---

[4] *Corpus Iuris Civilis* foi o nome dado, em 1583, pelo romanista francês Dionísio Godofredo, à obra que reuniu o Digesto ou Pandectas, as Institutas, o Código e as Novelas.

eram decisões judiciais, textos de leis, textos doutrinários, alguns recentes, outros bem antigos. Portanto, num esboço do que depois viria a ser o pensamento 'sistemático', conceberam-se técnicas para gerar coerência e harmonia entre textos que, originalmente, não eram, rigorosamente, nem coerentes, nem harmônicos. Parece claro que a intenção destes estudiosos, que iam a Bolonha, vindos de muitas partes da Europa, era a de 'por ordem', 'criar segurança', gerando uma certa situação 'confortável' de coerência a ponto de se chegar a chamar o conjunto de textos encontrados de Corpus Juris Civilis – quando este conjunto de textos, na verdade, nunca foi um código.[5]

Vê-se que o esforço na busca da organização, da coerência e do desenvolvimento da capacidade de sistematizar, ou seja, de reunir o universo de regras e decisões em um todo harmônico que faça sentido, é uma característica marcante no *civil law* presente desde a sua origem.

2 A Revolução Francesa

A desconfiança relacionada à figura do juiz de *civil law* e a necessidade de limitar-lhe os poderes encontram sua justificativa histórica na França do século XVIII, nos movimentos e conspirações que culminaram na Revolução Francesa de 1789. O juiz foi uma figura idealizada no bojo de um movimento revolucionário e com as características que objetivavam pavimentar o caminho para a realização do desejo de ruptura com o passado.

Na França pré-revolucionária o juiz era integrante da nobreza, titular de privilégios e integrante da classe considerada responsável pela opressão do povo. O cargo de juiz era adquirido por compra ou doação e poderia ser transmitido aos sucessores. Seus ocupantes o consideravam como algo que lhes pudesse render vantagens pessoais. Sob essa ótica, era natural que o cargo de juiz pudesse ser utilizado para manejar interesses pessoais do nobre que o ocupava ou de outros integrantes da nobreza, sem qualquer compromisso com a realização da justiça.

É neste caldo de revolta que surge a figura de um juiz limitado na sua liberdade de decidir, subordinado à lei, já que na lei depositava-se a convicção utópica de que ela seria suficiente para solucionar as

---

[5] WAMBIER, Teresa Arruda Alvim. Precedente e Evolução do Direito. In: *Direito Jurisprudencial*. 1. ed. São Paulo: Revista dos Tribunais, pág. 24.

situações de conflito. A lei, na sua generalidade e abstração, traria todas as respostas, e o fato de somente a lei ser aplicada é que garantiria a certeza e segurança jurídica. Na lógica revolucionária, ao vedar ao juiz a possibilidade de interpretar a lei, consequentemente, estaria ele impedido de deturpar seus preceitos. Em outras palavras, os revolucionários entendiam que a segurança jurídica era alcançada pela subordinação do juiz à lei, pois isso impediria que o juiz, a pretexto de interpretála, tergiversasse na realização da justiça, repetindo as iniquidades que contribuíram para motivar a revolução ou, pior, frustrando seus objetivos revolucionários.

Portanto, esse juiz que inspirou a definição do juiz de *civil law* é uma figura que provocava desconfiança e necessitava de ter seus poderes contidos. Daí a necessidade de limitar-lhe a liberdade de decisão. Vê-se que o enfoque da Revolução Francesa era coerente com a ideia de juiz que foi concebido. Quando houvesse dúvida na interpretação da lei, os juízes deveriam recorrer ao órgão legislativo para que o próprio Parlamento aclarasse a dúvida a respeito do direito que criou. Essa sistemática, de interpelação do legislador para esclarecer a lei, precedeu a instalação da Corte de Cassação francesa (*Cour de Cassation*), ocorrida em 1790.

A Corte de Cassação[6] surge com o intuito de reprimir a atuação judicial e teve por objetivo limitar o poder dos juízes mediante cassação das decisões judiciais que desbordassem da previsão legal. Foi a forma encontrada pela Revolução Francesa para controlar o Judiciário, sobre o qual pesava desconfiança. Portanto, poderia cassar a interpretação considerada incorreta, ou seja, que de alguma forma contrariasse a lei produzida pelo Legislativo. Em 1799, surge o Conselho de Estado[7] (*Conseil d'Etat*), órgão integrante da estrutura governamental e última instância para julgamento dos casos envolvendo interesses da Administração Pública.

---

[6] Disponível em: <https://www.courdecassation.fr/cour_cassation_1/presentation_2845/r_cour_cassation_30989.html>, acesso em: abr. 2017.

[7] O *Conseil d'Etat* atualmente está instalado no *Palais-Royal*. Está vinculado ao Poder Executivo e desempenha a dupla função de órgão de assessoramento do Governo na elaboração de projetos de atos normativos e é a Suprema Corte Administrativa, que, na França, é competente para julgamento em última instância das causas envolvendo a Administração Pública, embora não integre o Poder Judiciário, mas a Justiça Administrativa. No *Palais-Royal* também está instalado o Conselho Constitucional (*Conseil Constitutionnel*), instituído em 1958, encarregado de fazer o controle da adequação da lei à Constituição. Fontes: <http://www.conseil-constitutionnel.fr/conseil-constitutionnel/francais/le-conseil-constitutionnel> e <http://www.conseil-etat.fr/Conseil-d-Etat/Missions>, acesso em: abr. 2017.

Vê-se que o juiz de *civil law* deve limitar-se a declarar o direito contido na lei, sem interpretação ou criação de uma norma, praticando atividade que, grosso modo, consistiria numa operação de subsunção dos fatos à lei. Um mero raciocínio silogístico, no qual a lei constituiria a premissa maior e o fato a premissa menor, e mediante raciocínio lógico-dedutivo o juiz encontraria o direito aplicável ao caso concreto.

O problema é que tanto a ideia do resultado igualitário mediante simples vinculação do juiz à lei quanto a ideia de que a lei contém todas as respostas são expectativas que não se realizam na vida real, não obstante as diversas teorias que objetivaram desenvolver um método seguro de aplicação da lei, no item seguinte.

II O desenvolvimento da metodologia da interpretação (itinerário do raciocínio jurídico desde o problema até a solução) no *civil law*

A interpretação jurídica recebe influência de fatores históricos, políticos, culturais, sociais e filosóficos da sociedade na qual inserida e vai orientar o desenvolvimento do raciocínio lógico produzido para chegar à solução do caso. Tal trajetória pode ser percorrida a partir de diferentes perspectivas ou planos.

Para a finalidade do presente estudo, a sistematização formulada[8] nos planos jurídico ou dogmático, teórico ou metodológico e de legitimação democrática ou justificação política, parece atender ao objetivo didático de auxiliar a compreender os variados processos mentais envolvidos e evidenciar as características na elaboração do raciocínio jurídico no *civil law*. Para tanto, o aspecto que nos parece que assume maior relevância para o objetivo do estudo é o plano teórico

---

[8] A formulação é de Luís Roberto Barroso. O *plano jurídico ou dogmático* envolve as categorias operacionais do Direito e da interpretação jurídica, que abarca as regras de hermenêutica; os elementos de interpretação (gramatical, histórico, sistemático e teleológico); os princípios específicos da interpretação constitucional (supremacia constitucional; interpretação conforme a constituição; unidade; razoabilidade; efetividade). O *plano teórico ou metodológico* compreende a construção racional da decisão, o itinerário lógico percorrido entre a apresentação do problema e a formulação da solução e abrange quatro grandes categorias: (i) o formalismo, (ii) a reação antiformalista, (iii) o positivismo e (iv) a volta dos valores. O *plano da justificação política ou da legitimação democrática* cuida, substancialmente, da questão da separação de Poderes e da legitimação democrática das decisões judiciais, de modo que é nesse ambiente que se colocam questões como ativismo judicial e autocontenção; supremacia judicial, supremacia legislativa e populismo constitucional, dificuldade contramajoritária e soberania popular (BARROSO, Luís Roberto. *Curso de Direito Constitucional Contemporâneo*. 5. ed. São Paulo: Saraiva, 2016. pág. 307/322).

ou metodológico, pois é nele que será desenvolvido o percurso que vai desde a apresentação do problema até que seja formulada uma solução para o caso.

Nos países de tradição romano-germânica o Direito Civil sempre foi o Direito comum e também o ponto de concentração a partir do qual desenvolveu-se o pensamento jurídico e as escolas de pensamento jurídico. Tal situação apenas sofreu modificação substancial a partir da Segunda Guerra, quando a Constituição se tornou o centro do debate jurídico, passando a desempenhar papel de maior destaque.[9]

Portanto, do período pré-revolucionário até a segunda metade do século XX, a interpretação das regras e a formulação do pensamento jurídico, especificamente no plano teórico ou metodológico, vão ser influenciadas, inicialmente, pelo formalismo jurídico, passando pela reação antiformalista, pelo positivismo jurídico e pela volta aos valores. Uma breve referência às quatro categorias é suficiente para o propósito de ilustrar as transformações pelas quais passou a elaboração do raciocínio jurídico nos países de tradição romano-germânica (*civil law*).

1 O formalismo jurídico

O formalismo jurídico[10] consiste, essencialmente, na aplicação da lei ao caso concreto a partir de uma operação mecanicista de subsunção dos fatos à lei, não havendo espaço reconhecido para interpretação dos seus comandos, considerados premissa maior, aos quais eram submetidos os fatos, considerados premissa menor. Tal raciocínio silogístico produziria a decisão judicial. O formalismo jurídico vai inspirar a Escola da Exegese,[11] que se desenvolve na França a partir de 1804, no período do advento do Código Napoleônico, e tem seu ápice no

---

[9] Cf. capítulo III, O advento do constitucionalismo contemporâneo.

[10] "O formalismo jurídico tem como marca essencial uma concepção mecanicista do Direito, pela qual a interpretação jurídica seria uma atividade acrítica de subsunção dos fatos à norma. Nele se cultiva uma visão romântica e onipotente da lei, compreendida como expressão da razão e da vontade geral rousseauniana. O formalismo pregava o apego à literalidade do texto legal e à intenção do legislador, e via com desconfiança o Judiciário, ao qual não reconhecia a possibilidade de qualquer atuação criativa" (BARROSO, Luís Roberto. *Curso de Direito Constitucional Contemporâneo*. 5. ed. São Paulo: Saraiva. pág. 307/322).

[11] A Escola da Exegese surge na França e passa a influenciar o pensamento da Europa continental e países de tradição romano-germânica. Consiste na ideia tipicamente oriunda da Revolução Francesa de que a lei contém as respostas, especialmente o texto literal, de modo que sua interpretação apenas é legitimada com o objetivo de desvendar a intenção do legislador que a produziu e que traduz a vontade do povo.

período que vai de 1830 a 1880, quando começa a ser superada. Também vai inspirar, na Alemanha, a Jurisprudência dos Conceitos, que, de mesma essência, consiste em método lógico-dedutivo de aplicação da lei ao caso concreto, e tem como fundador o jurista alemão Puchta.[12]

2 A reação antiformalista

Como resposta, surge a reação antiformalista,[13] cujo maior expoente foi o jurista alemão Rudolph Von Ihering, e consiste na percepção de que o Direito não pode estar contido integralmente na lei e que o aplicador da lei desenvolve atividade criativa e não apenas realiza uma mera operação mecânica de subsunção normativa. As ideias de Ihering influenciaram o pensamento jurídico e inspiraram outras correntes de pensamento, como o Movimento para o Direito Livre,[14] na Alemanha, e o Realismo Jurídico,[15] nos Estados Unidos.

---

[12] Georg Friedrich Puchta (1798-1846), membro da Escola Histórica do Direito, substituiu Savigny na cátedra da Universidade Humboldt de Berlim e é considerado o fundador da Jurisprudência dos Conceitos, cf. LARENZ, Karl. *Metodologia da ciência do Direito*, 1997. pág. 23 e 28/29; WILHELM, Walter. *La Metodología Jurídica en el Siglo XIX*. Tradução de Rolf Bethmann. Madrid: EDERSA, 1980; WIEACKER, Franz. *História do Direito Privado Moderno*. 3. ed., trad. portuguesa de A. M. Botelho Hespana, Lisboa: Fundação Calouste Gulbenkian, 2004.

[13] "A reação antiformalista desenvolveu-se em diversas partes do mundo. Uma das vozes de maior expressão foi o jurista alemão Rudolph Von Ihering, que, em peça clássica, defendeu que o Direito deve servir aos fins sociais, antes que aos conceitos e às formas. Sua influência pode ser sentida nas principais manifestações pela reforma do pensamento jurídico, como a defesa da 'livre investigação científica' de François Gény, na França, o Movimento para o Direito Livre, na Alemanha, e o Realismo Jurídico, nos Estados Unidos e na Escandinávia. Características comuns dessas diferentes Escolas do pensamento eram: (i) a reação à crença de que o Direito poderia ser encontrado integralmente no texto da lei e nos precedentes judiciais; (ii) a rejeição da tese de que a função judicial seria meramente declaratória, para reconhecer, ao contrário, que em diversas situações o juiz desempenha um papel criativo; e (iii) a compreensão da importância dos fatos sociais, das ciências sociais e da necessidade de interpretar o Direito de acordo com a evolução da sociedade e visando à realização de suas finalidades" (BARROSO, Luís Roberto. *Curso de Direito Constitucional Contemporâneo*. 5. ed. São Paulo: Saraiva. pág. 309/311).

[14] Consistiu numa "tendência que marcou o pensamento jurídico alemão na virada do século XIX para o século XX. Na onda da reação ao formalismo legalista e à jurisprudência dos conceitos, sustentou a tese de que o Direito não se esgota nas fontes estatais, brotando igualmente – e com maior legitimidade – da dinâmica social. Como consequência natural, o juiz desempenha o papel criativo de identificar e aplicar aos casos concretos esse Direito que não está nos livros" (Ob. cit., pág. 310, nota de rodapé 15).

[15] O movimento surge nos Estados Unidos na década de 20 e trazia três críticas às teorias formalistas de justificação do processo de decisão judicial. "A crítica lógica era a de que conceitos gerais não resolviam casos concretos e, menos ainda, produziam decisões unívocas, permitindo ao juiz a escolha dos resultados. A crítica psicológica afirmava que a decisão judicial, frequentemente, ocultava a motivação real, funcionando como uma

3 O positivismo jurídico. A Teoria Pura de Kelsen

O positivismo jurídico tem como característica essencial a separação entre o Direito e a moral, entre a lei natural e a lei humana, esta considerada o direito positivo. Para esta corrente, direito positivo são as normas postas pela autoridade a quem se atribui a competência para o ato político de definir as regras do ordenamento jurídico (escrito, em regra, no *civil law*, e especialmente derivado dos costumes e precedentes no *common law*). Portanto, a legitimidade de uma norma decorre exclusivamente do seu aspecto formal, desvinculado de um juízo moral, ético ou político e também da visão dualista de que o direito positivo conviveria com o direito natural. O positivismo tem no austríaco Hans Kelsen e no filósofo inglês H. L. A. Hart[16] seus maiores expoentes, e as teorias que elaboraram se afastam da visão estritamente mecanicista do formalismo jurídico. Kelsen, na sua Teoria Pura do Direito,[17] procura isolar a ciência jurídica, que teria caráter objetivo, da política, especialmente da ideologia, que teria caráter subjetivo, bem como da ciência natural, não obstante reconheça que a decisão judicial é um ato político[18] de escolha entre as possibilidades oferecidas pela moldura

---

racionalização *a posteriori* da decisão tomada por outras razões. E a crítica sociológica fundava-se em que os fatos sociais por trás da decisão judicial é que forneciam sua verdadeira motivação" (Ob. cit., pág. 311, nota de rodapé 16).

[16] Herbert Lionel Adolphus Hart (1907-1992), filósofo do direito e um dos principais expoentes do estudo da moral e da filosofia política. Titular da cátedra de Teoria Geral do Direito da New College em Oxford, na qual substituiu Arthur Goodhart. Seu trabalho principal é a obra The Concept of Law, 1961, na qual aprofunda a distinção entre o direito e a moral como fenômenos sociais distintos, porém, relacionados.

[17] A 1ª edição foi lançada em 1934, em Genebra, e a 2ª edição, em 1960, em Berkeley, Califórnia. No prefácio à 1ª edição, justificou: "Há mais de duas décadas que empreendi desenvolver uma teoria jurídica pura, isto é, purificada de toda a ideologia política e de todos os elementos de ciência natural, uma teoria jurídica consciente da sua especificidade porque consciente da legalidade específica do seu objeto. Logo, desde o começo, foi meu intento elevar a Jurisprudência, que – aberta ou veladamente – se esgotava quase por completo em raciocínios de política jurídica, à altura de uma genuína ciência, de uma ciência do espírito". Esclarecido o que considerava fundamental para depuração da ciência jurídica, que considerava objetiva, portanto, não poderia ser contaminada pela política, em razão do seu caráter subjetivo, afirmou que: "A luta não se trava na verdade – como as aparências sugerem – pela posição da Jurisprudência dentro da ciência e pelas consequências que daí resultam, mas pela relação entre a ciência jurídica e a política, pela rigorosa separação entre uma e outra, pela renúncia ao enraizado costume de, em nome da ciência do Direito e, portanto, fazendo apelo a uma instância objetiva, advogar postulados políticos que apenas podem ter um caráter altamente subjetivo, mesmo que surjam, com a melhor das boas fés, como ideal de uma religião, de uma nação ou de uma classe" (KELSEN, Hans. *Teoria Pura do Direito*. 4. ed. Coimbra: Armênio Amado Editor, 1976, pág. 7/8).

[18] "A questão de saber qual é, de entre as possibilidades que se apresentam nos quadros do Direito a aplicar, a 'correcta', não é sequer – segundo o próprio pressuposto de que se

da norma,[19] ou seja, reconhece que a aplicação do direito não é um ato que se limita à revelação do sentido de uma norma preexistente (formalismo), mas um ato de vontade a partir da escolha dentre as várias possibilidades que a norma (moldura) apresenta e disponibiliza ao intérprete.[20]

Kelsen considera interpretação autêntica a interpretação criadora do direito. Ela ocorre quando assume a forma de uma lei e tenha caráter geral, ou seja, crie direito não apenas para um caso concreto, mas para todos os casos iguais, e também quando é feita por um órgão aplicador do direito ainda quando o crie apenas para o caso concreto, vale dizer, quando crie uma norma individual ou execute uma sanção, desde que esse ato não possa ser revisto, tenha transitado em julgado.[21] "É facto bem conhecido que, pela via de uma interpretação autêntica deste tipo, é muitas vezes criado Direito novo – especialmente pelos tribunais de última instância".[22]

---

parte – uma questão de conhecimento dirigido ao Direito positivo, não é um problema de teoria do Direito, mas um problema de política Direito. A tarefa que consiste em obter, a partir da lei, a única sentença justa (certa) ou o único ato administrativo correcto é, no essencial, idêntica à tarefa de quem se proponha, nos quadros da Constituição, criar as únicas leis justas (certas). Assim como da Constituição, através da interpretação, não podemos extrair as únicas leis correctas, tampouco podemos, a partir da lei, por interpretação, obter as únicas sentenças correctas" (KELSEN, Hans. *Teoria Pura do Direito*. 5. ed. Coimbra: Armênio Amado Editor, 1979, pág. 469).

[19] BARROSO, Ob. cit., pág. 311.

[20] "A relação entre um escalão superior e um escalão inferior da ordem jurídica, como a relação entre a Constituição e a lei, ou lei e sentença judicial, é uma relação de determinação ou vinculação: a norma do escalão superior regula – como já se mostrou – o acto através do qual é produzida a norma do escalão inferior, ou o acto de execução, quando já deste apenas se trata; ela determina não só o processo em que a norma inferior ou o acto de execução são postos, mas também, eventualmente, o conteúdo da norma a estabelecer ou do acto de execução a realizar.
Esta determinação nunca é, porém, completa. A norma do escalão superior não pode vincular em todas as direções (sob todos os aspectos) o acto através do qual é aplicada. Tem sempre que ficar uma margem, ora maior ora menor, de livre apreciação, de tal forma que a norma do escalão superior tem sempre, em relação ao acto de produção normativa ou de execução que a aplica, o caráter de um quadro ou moldura a preencher por este acto" (KELSEN, Hans. *Teoria Pura do Direito*. 5. ed. Coimbra: Armênio Amado Editor, 1979, pág. 464).

[21] "Através de uma interpretação autêntica deste tipo pode criar-se Direito, não só no caso em que a interpretação tem carácter geral, em que, portanto, existe interpretação autêntica no sentido usual da palavra, mas também no caso em que é produzida uma norma jurídica individual através de um órgão aplicador do Direito, desde que o acto deste órgão já não possa ser anulado, desde que ele tenha transitado em julgado" (KELSEN, Hans. *Teoria Pura do Direito*. 5. ed. Coimbra: Armênio Amado Editor, 1979, pág. 471).

[22] Idem, ibidem.

Porém, esta interpretação deverá basear-se exclusivamente em critérios científicos, pois "a interpretação jurídico-científica não pode fazer outra coisa senão estabelecer as possíveis significações de uma norma jurídica".[23] E o direito novo criado é o que cabe na moldura da norma jurídica, ainda que esta moldura comporte várias interpretações, porque, se, por um lado, reconhecia que não havia uma única interpretação correta da norma, por outro lado, rejeitava a possibilidade de que uma interpretação baseada em um juízo de valor político pudesse ser justificada como jurídico-científica. Dizia ele:

> A interpretação jurídico-científica tem de evitar, com o máximo cuidado, a ficção de que uma norma jurídica apenas permite, sempre e em todos os casos, uma só interpretação: a interpretação 'correcta'. Isso é uma ficção de que se serve a jurisprudência tradicional para consolidar o ideal da segurança jurídica. Em vista da plurissignificação da maioria das normas jurídicas, este ideal somente é realizável aproximativamente. Não se pretende negar que esta ficção da univocidade das normas jurídicas vista de uma certa posição política, pode ter grandes vantagens. Mas nenhuma vantagem política pode justificar que se faça uso desta ficção numa exposição científica do Direito positivo, proclamando como única correcta, de um ponto de vista científico objetivo, uma interpretação que, de um ponto de vista político subjetivo, é mais desejável do que uma outra, igualmente possível do ponto de vista lógico. Nesse caso, com efeito, apresenta-se falsamente como uma verdade científica aquilo que é tãosomente um juízo de valor político.[24]

Kelsen considerava que uma interpretação estritamente científica de uma lei, baseada na análise crítica e que contemplasse todas as significações possíveis, mesmo aquelas politicamente indesejáveis, poderia ter um efeito prático que seria superior à vantagem política de defesa da ficção do sentido único, que seria a seguinte: "É que tal interpretação científica pode mostrar à autoridade legisladora quão longe está a sua obra de satisfazer à exigência técnico-jurídica de uma formulação de normas jurídicas o mais possível inequívocas ou,

---

[23] "A interpretação científica é pura determinação cognoscitiva do sentido das normas jurídicas. Diferentemente da interpretação feita pelos órgãos jurídicos, ela não é criação jurídica. A ideia de que é possível, através de uma interpretação simplesmente cognoscitiva, obter Direito novo, é o fundamento da chamada jurisprudência dos conceitos, que é repudiada pela Teoria Pura do Direito" (KELSEN, Hans. *Teoria Pura do Direito*. 5. ed. Coimbra: Armênio Amado Editor, 1979, pág. 471).
[24] KELSEN, Hans. *Teoria Pura do Direito*. 5. ed. Coimbra: Armênio Amado Editor, 1979, pág. 472/473.

pelo menos, de uma formulação feita por maneira tal que a inevitável pluralidade de significações seja reduzida a um mínimo e, assim, se obtenha o maior grau possível de segurança jurídica" (KELSEN, Hans. *Teoria Pura do Direito*. 5. ed. Coimbra: Armênio Amado Editor, 1979, pág. 473).

Vê-se que, mediante a indicação de um critério científico, que afaste o juízo de valoração política, a Teoria Pura busca o que considera ser o melhor método de interpretação e aprimoramento do direito positivo, mirando a segurança jurídica. Ainda assim, não assegura resultado isonômico, pois reconhece a possibilidade de vários resultados possíveis. O que é segurança jurídica senão resultado igualitário?

4 O retorno aos valores (pós-positivismo)

O retorno ou a volta aos valores marca a fase do pensamento jurídico na qual o direito vai buscar uma reaproximação com a moral e com a filosofia. Tem seu início na segunda metade do século XX, no período pós-guerra, após as pessoas se depararem com os horrores do fascismo e do nazismo. Os regimes totalitários, que encontravam sua base de sustentação e legitimação na supremacia da lei, deflagraram o que pode ser considerada uma crise moral no positivismo jurídico,[25] que estimulou a reconciliação do direito dos povos de modo geral com valores morais e de preservação e respeito à pessoa humana.[26]

Foi o período do surgimento de constituições, e tratados e documentos internacionais de proteção aos direitos humanos e às liberdades fundamentais,[27] e pode ser definido como o momento no qual

---

[25] Na Alemanha, e na Europa de modo geral, a obra de Gustav Radbruch (*Fünf minuten rechtsphilosphie*, no Brasil, Cinco minutos de filosofia), de 1945, foi marcante na reação contra o positivismo e teve notada influência no desenvolvimento da jurisprudência dos valores.

[26] Podemos citar como autores influentes no desenvolvimento da cultura pós-positivista: Karl Larenz, na obra Methodenlehre der Rechtswissenschaft, de 1960, ou Metodologia da Ciência do Direito; Jonh Rawls, com sua obra A theory of Justice, de 1971; Ronald Dworkin, no artigo The Model of Rules, publicado na University of Chicago Law Review, n. 35, em 1967; Carlos Santiago Nino, em 1984 publica, na América Latina, a obra Ética y Derechos Humanos, lançada em inglês, em 1991, The Ethics and Human Rights. Merecem menção também Konrad Hesse, Luigi Ferrajoli, Robert Alexy, dentre outros.

[27] Declaração Americana dos Direitos e Deveres do Homem, Bogotá, abril de 1948; Declaração Universal dos Direitos Humanos, Paris, 10 de dezembro de 1948; Convenção para Prevenção e Repressão do Crime de Genocídio, Paris, 1948 (Decreto nº 30.822, de 6 de maio de 1952); Pacto Internacional sobre Direitos Civis e Políticos, Nova York, 16 de dezembro de 1966 (Decreto nº 592, de 6 de julho de 1992); Pacto Internacional sobre Direitos Econômicos, Sociais e Culturais, Nova York, 19 de dezembro de 1966 (Decreto

a dignidade da pessoa humana passou a ser reconhecida como núcleo essencial em torno do qual orbitam demais direitos fundamentais e também princípio jurídico que orienta a ponderação de interesses e a definição do alcance de outros direitos.[28]

O pós-positivismo, representado pelo resgate dos valores, marca o que pode ser definido em uma palavra como a *abertura* do Direito, que passa a acolher como elementos de interpretação princípios e valores éticos, morais e filosóficos. Não obstante a relevância fundamental de tais elementos, dada sua plasticidade e amplitude que podem alcançar ao serem trabalhados na fundamentação decisória, vão contribuir para criar um contexto de incoerência jurisprudencial nos países de tradição do *civil law*, estimulando a adoção de mecanismos de vinculação aos precedentes, típico do *common law*.

III *Common law*. O Direito inglês e o desenvolvimento do *common law*

O *common law* é tradição que tem sua origem na Inglaterra, especialmente pela atuação dos Tribunais Reais de Justiça, e compreende, além do direito inglês que marca sua origem, o direito de todos os países de língua inglesa, com poucas exceções, e também de países politicamente associados à Inglaterra. Relativamente a estes países, é possível que tenham conservado em alguns campos sua tradição originária,[29] entretanto, a influência inglesa marcou profundamente a maneira de pensar de seus juristas, pois tanto a organização

---

nº 591, de 6 de julho de 1992); Convenção Americana sobre Direitos Humanos, San José da Costa Rica, 22 de novembro de 1969 (Decreto nº 678, de 6 de novembro de 1992), dentre outros.

[28] "A dignidade da pessoa humana é um conceito encontrado na maioria das constituições redigidas após a Segunda Guerra Mundial. É geralmente reconhecido que a ascensão da dignidade como um conceito jurídico tem suas origens mais diretas no direito constitucional alemão. De fato, baseado nas disposições da Lei Fundamental de 1949, que declara que a dignidade humana deve ser 'inviolável' (art. 1.1) e estabelece o direito ao 'livre desenvolvimento da personalidade' (art. 2.1), o Tribunal Constitucional Federal alemão desenvolveu uma jurisprudência que influencia decisões judiciais e escritos doutrinários por todo o mundo. De acordo com o Tribunal, a dignidade humana se situa no ápice do sistema constitucional, representando um valor supremo, um bem absoluto, à luz do qual cada um dos outros dispositivos deve ser interpretado". BARROSO, Luís Roberto. "Aqui, Lá e Em Todo Lugar": A Dignidade Humana no Direito Contemporâneo e no Discurso Transnacional. *Revista dos Tribunais*, RT 919, p. 135, maio 2012.

[29] Países como Índia, Sudão e Paquistão, que receberam influência inglesa, mas mantiveram-se, em muitos aspectos, fieis a uma tradição diferente do direito inglês, adotando uma mistura da lei muçulmana e, no caso da Índia, também da lei costumeira.

administrativa e judiciária quanto as regras do processo civil e criminal, e as provas, foram influenciadas segundo o modelo inglês.[30] Até o século XVIII, a história do *common law* é a história do direito inglês, que é bastante diferente do direito estadunidense. Por razões práticas e de delimitação do objeto do presente estudo, iremos abordar esses dois direitos, inglês e dos Estados Unidos, aquele por marcar a origem e este por ser o que apresenta maior influência no modelo brasileiro, especialmente nas transformações que vimos experimentando, em razão da quantidade de incorporações de institutos do direito estadunidense.

Sobre o domínio geográfico do direito inglês, René David esclarece que "está limitado, no seu domínio de aplicação à Inglaterra e ao País de Gales. Não é nem o direito do Reino Unido, nem mesmo da Grã-Bretanha, visto que a Irlanda do Norte, por um lado, a Escócia, as Ilhas do Canal da Mancha e a Ilha de Man, por outro, não estão submetidas ao direito inglês"[31] numa concepção estrita.

Historicamente o direito inglês desenvolveu-se de forma autônoma, diferente do que ocorreu com o direito francês e dos demais países de tradição romano-germânica, que surgem a partir de um direito romano revigorado. Embora o direito inglês tenha sofrido influência do direito continental, prevalece nos ingleses o orgulho de destacar o caráter tradicional do seu direito, ao passo que os franceses preferem destacar o caráter lógico e racional do *civil law*.

Podemos dividir a história do direito inglês em cinco períodos:
1 – Período anglo-saxônico ou precedente à conquista normanda, em 1066;
2 – Período da formação do *common law* (1066-1485);
3 – Período do surgimento da *equity* e da sua coexistência com o *common law* (1485-1832);
4 – Período moderno – A Reforma (*Judicature Acts* 1873-1875) que fundiu a *equity* e o *common law*;
5 – Reforma Constitucional de 2005 (*The Constitucional Reform Act* 2005).

---

[30] René David, *Os Grandes Sistemas do Direito Contemporâneo*, pág. 351/352.
[31] Ob. cit., pág. 353.

1 Período anglo-saxônico ou precedente à conquista normanda, em 1066

O direito no período anglo-saxônico é pouco conhecido. Embora a Inglaterra tenha estado sob domínio romano por quatro séculos, até o começo do século V, os historiadores consideram que a história do direito se inicia na Inglaterra na época em que, encerrado o domínio romano, o território da Inglaterra foi partilhado entre diversas tribos de origem germânica (saxões, anglos, dinamarqueses). As leis começam a ser redigidas na Inglaterra após sua conversão ao cristianismo, que ocorre na mesma época na Europa continental, com a diferença de que as leis da primeira eram escritas em língua anglo-saxônica e, da segunda, em latim. O direito nas leis anglo-saxônicas, como nas leis bárbaras, era bastante limitado e um direito estritamente local, pois somente após a conquista normanda haverá um direito comum para toda a Inglaterra.

2 Período da formação do *common law* (1066-1485)

O período seguinte (1066-1485) é o da formação do *common law*, iniciado após a invasão e conquista do Reino da Inglaterra, no século XI, por Guilherme II da Normandia (ou Willian, o Conquistador), e seu exército normando, bretão e francês, que vai inaugurar o período feudal na Inglaterra, com o poder altamente centralizado em torno do soberano. O *common law* surge como o direito comum à Inglaterra e sua elaboração ocorrerá por obra dos Tribunais Reais de Justiça, conhecidos pelo nome do local onde se estabeleciam. Assim, no século XIII, surgem os Tribunais Reais de Westminster.[32] [33]

Nos Tribunais de Westminster, atuavam o Chanceler, que era um alto oficial da Coroa, e os juízes reais. Os pedidos de justiça ao Rei eram dirigidos ao Chanceler mediante requerimento de concessão de um *writ* e pagamento das respectivas taxas à chancelaria. Os *writs* eram

---

[32] Westminster é a cidade contígua à cidade de Londres e ao norte do rio Tâmisa. Centro de poder político da Inglaterra, pois abriga as Casas do Parlamento (Houses of Parliament: House of Commons e House of Lords), situadas no Westminster Square. Atualmente os Tribunais de Westminster permanecem na mesma cidade, mas em outro local, em prédio histórico no qual instaladas as Royal Courts of Justice, onde funciona o que seria a nossa primeira instância.

[33] Os Tribunais Reais de Westminster eram três: Tribunal de Apelação (Exchequer), Tribunal de Pleitos Comuns (Common Pleas), Tribunal do Banco do Rei (King's Bench), que decidiam questões relacionadas às finanças reais (impostos), propriedade imobiliária e posse de imóveis, e questões criminais graves (Ob. cit., pág. 360/361).

remédios para situações específicas, que não incluíam todos os casos de injustiça, e cada *writ* tinha o seu processo com regras próprias de condições para admissão de provas e meios de execução das decisões. Por exemplo, em alguns *writs* era permitido o julgamento à revelia, em outros não; em determinados casos exigia-se um determinado número de testemunhas, outros previam a instalação de um tribunal do júri. Caso não houvesse um *writ* específico para o direito violado, a alternativa era dirigir o pedido aos juízes reais através de queixas e petições. Eventualmente tais casos poderiam originar um novo *writ*.

Vê-se pelo rigor do regramento dedicado aos *writs* que são as regras de direito processual as destinatárias da atenção e do trabalho dos juristas ingleses, diferente do que ocorre na Europa continental, que se dedica à elaboração das regras de direito material. Tal aspecto é de essencial relevância no encadeamento do raciocínio que será desenvolvido mais à frente, sobre as transformações operadas em um sistema que se torna de jurisdição mista.

Além dos Tribunais Reais de Westminster, a justiça também era prestada, fora das jurisdições reais, pelas *Hundred Courts* e *County Courts*, pelas jurisdições senhoriais e eclesiásticas e também pelas jurisdições municipais ou comerciais, às quais concedido o poder de administrar a justiça, no âmbito das quais, com base nos costumes locais, eram solucionadas questões que envolviam relações de direito privado, ou seja, não relacionadas a interesses da Coroa. Entretanto, os poderes dessas outras jurisdições eram muito reduzidos, o que contribuiu para que aos poucos acabassem extintas ou com sua competência reduzida a questões de menor importância, de modo que, ao final da Idade Média, os Tribunais Reais são os únicos a administrar a justiça.

Somente os Tribunais Reais possuíam meios efetivos para assegurar o comparecimento de testemunhas e executar suas decisões, por isso eram considerados pelos particulares uma justiça superior. Ademais, o Chanceler e os juízes reais tinham interesse em apreciar o maior número de casos, em razão dos lucros que a administração da justiça proporcionava e, por ser considerada a melhor justiça, eram estimulados a alargar sua competência.[34]

Com a extinção gradual das modalidades de administração da justiça diversas da jurisdição real, e que se ocupavam das matérias de direito privado, e considerando que a jurisdição real abarcava

---

[34] René David, Ob. cit., pág. 360/361.

competência exclusivamente para assuntos que fossem de interesse da Coroa, haja vista que o processo inglês é de direito público,[35] ocorre o que René David relata como um enfraquecimento do direito privado,[36] que, na verdade, nunca foi destinatário de muita atenção pelo *common law*, tanto que era campo do direito no qual a administração da justiça não dispunha de meios coercitivos para a produção de provas e sequer para a execução das decisões.

Os Tribunais de Westminster, na essência e na origem, eram jurisdições com competência restrita somente para casos excepcionais e cada um tinha a previsão de regras de direito processual que deveriam ser aplicadas no caso particular. Essa característica de jurisdição excepcional e regras de processo muito rigorosas[37] impedia a incorporação do modelo do direito romano, eminentemente voltado ao direito privado. É neste contexto que surge a necessidade de os Tribunais Reais de Westminster elaborarem um novo direito, comum a toda a Inglaterra, que é o *common law* ou *comune ley*, inspirada nos costumes locais.[38] Os Tribunais Reais de Westminster também tiveram que adquirir plenitude de jurisdição para que pudessem passar a

---

[35] "O aspecto de 'direito público' do direito inglês aparece na técnica particular do *writ*, que marca o começo da ação diante dos Tribunais. O *writ* não é uma simples autorização de agir dada ao autor. Apresenta-se, tecnicamente, como uma ordem dada pelo rei aos seus agentes, para que eles ordenem ao demandado agir de acordo com o direito, satisfazendo, assim, a pretensão do demandante. Se o demandado se recusa a obedecer, o demandante agirá contra ele. A sua ação será justificada diante do Tribunal Real, menos pela contradição que ele opõe à pretensão do autor do que pela desobediência, que lhe é imputada a uma ordem da administração". *Idem*, pág. 368.

[36] "As jurisdições ampliaram sua competência, desenvolvendo a ideia originária de que a intervenção da Coroa justificava a sua intervenção. Outras jurisdições eram competentes quando se tratava apenas de interesses privados. Entretanto, estes outros tribunais desapareceram, e com eles desapareceu também a ideia do próprio direito privado na Inglaterra. Todos os litígios submetidos aos Tribunais Reais ingleses surgem, na Inglaterra, como sendo, em certa medida, questões de direito público". *Idem*, pág. 368.

[37] "A complexidade e a tecnicidade dos seus processos eram tais que não podiam ser apreendidos senão pela prática. Uma formação universitária, baseada no direito romano, poderia ajudar a encontrar a solução justa para um determinado litígio; no entanto, não permitiria ganhar um processo. Juristas e juízes, na Inglaterra, continuam, até hoje, a ser formados essencialmente pela prática; diferentemente dos países do continente europeu, jamais lhes será exigida uma formação universitária e só excepcionalmente um advogado ou jurista terá recebido uma tal formação". *Idem*, pág. 370.

[38] É interessante a advertência de René David: "O direito inglês não é um direito consuetudinário. O costume geral imemorial do reino, sobre o qual teoricamente está fundada a *common law*, sempre foi uma simples ficção. A *common law* pode retirar algumas das suas regras dos vários costumes locais outrora em vigor, porém o processo em si de constituição da *common law* consistiu em elaborar um direito jurisprudencial, fundado sobre a razão, que substituísse o direito da época anglo-saxônica, fundado sobre o costume (*Idem*, pág. 437).

enfrentar e julgar questões puramente de direito privado, em razão do vácuo deixado pela extinção dos tribunais que cuidavam dos casos envolvendo tal matéria.com o *common law*, que surge para promover certeza e dar consistência aos costumes locais, surge também a doutrina do *stare decisis*, que significa que o que foi decidido é mantido (*the decision stands*), e começa a se desenvolver o sistema de precedentes.[39]

É da limitação do *common law*,[40] que não conseguia produzir um direito abrangente e tampouco justo, porque produzido a partir de um número restrito de *writs* (*no remedy without a writ* ou *writs precede rights*), bem como da necessidade de ampliação da competência dos Tribunais Reais, que surge a *equity*.

3 Período do surgimento da *equity* e da sua coexistência com o *common law* (1485-1832)

O surgimento da *equity* marca o terceiro período da história do Direito inglês (1485-1832), no qual o *common law* e a *equity* vão coexistir e rivalizar.

Aqueles insatisfeitos por não terem seus direitos reconhecidos com base no *common law* poderiam peticionar ao Rei, através de pedidos direcionados ao Chanceler, que os transmitia ao Rei. A *equity*, portanto, surge para corrigir ou completar uma decisão com base no sistema do *common law*, que era limitado e insuficiente. Tal possibilidade, enquanto ocorria de forma extraordinária, era considerada um recurso natural.[41]

---

[39] "A common law was established by the 'general eyre', which eventually created the first national courts. Good local customs were applied promoting certainty and consistency; the doctrine of stare decisis ('the decision stands') was born. The system of precedent began to emerge" (English Legal System, United Kingdom: Routledge, 2012).

[40] "The early common law system was complex and expensive. Legal actions were based on writs, which had to be spoken precisely in Latin. Consequently, cases were often lost on a technicality due to mistakes being made in their delivery. The problem of this system was compounded by the Provisions of Oxford 1258 and the Statute of Westminster, which limited the number of writs and sometimes precluded a legal action simply because there was no legal writ which cover it – no remedy without a writ. The strict application of common law rules could also lead to injustice" (McDONALD, Ian; STREET, Anne. *Equity & Trusts*. 4th edition. United Kingdom: Oxford, 2014).

[41] "Os obstáculos existentes na administração da justiça pelos Tribunais de Westminster davam inevitavelmente origem a que, em numerosos casos, não fosse dada uma solução justa aos litígios. Nestes casos, aflorava naturalmente ao espírito da parte perdedora que lhe restava ainda uma possibilidade de obter justiça: era o recurso direto ao rei, fonte de toda a justiça e generosidade. As jurisdições reais decidiram mal na concreta espécie; não deveria o rei remediar o erro dos seus tribunais? Esse recurso supremo ao rei, nas concepções da Idade Média, surgia como uma coisa natural, e os Tribunais Reais,

No entanto, ao ganhar outra dimensão, de recurso institucionalizado ao Rei, o desempenho de tal função foi delegado ao Chanceler (*Lord Chancellor*), que, no primeiro momento, era um religioso do alto escalão, e a justiça era prestada com base em preceitos morais e religiosos da época. À medida que o número de apelos crescia, foi necessário criar um Tribunal de Equidade separado, o Tribunal da Chancelaria (*Chancery Court*), que surge no século XV e começa a se desenhar como um sistema rival do *common law*, num processo que continua se desenvolvendo ao longo do século XVI, sendo que, aos poucos, o cargo do *Lord Chancellor* passa a ser ocupado por advogados, que vão substituindo os religiosos.[42]

Não obstante o caráter discricionário das decisões em *equity*, fundado em preceitos de moralidade e religiosidade, aos poucos as decisões da Chancelaria foram sendo organizadas de modo mais sistemático, reduzindo o número de intervenções a determinados casos típicos e desenvolvendo instituições, sendo o *trust* a principal, bem como conceitos, mas sempre conservando a discricionariedade do Chanceler.[43]

A coexistência dos tribunais que aplicavam o *common law* e do Tribunal da Chancelaria, que decidia com base na equidade (*equity*), fez com que o Direito na Inglaterra e no País de Gales passasse a englobar as regras do *common law* e as decisões da Chancelaria, e fez com que esta última se tornasse uma justiça que verificava se a aplicação das regras de *common law* pelos Tribunais Reais não havia conduzido a uma decisão manifestamente injusta. Com frequência, juízes dos tribunais de *common law* aplicavam suas regras cientes de que a decisão seria revista pela Chancelaria. Em muitos casos era necessário ingressar com uma ação perante os Tribunais Reais (*common law*) e com outra perante a *Chancery Court*, em razão, normalmente, do alcance limitado das

---

inicialmente, de forma alguma se sentiam desprestigiados, por verem as partes solicitarem ao rei que fizesse uso de suas 'prerrogativas'". René David, Ob. cit., pág. 371.

[42] "Alongside the common law system, it was possible for individuals to appeal to the King's conscience to provide them with justice. As the number of these appeal rose, the King delegate this role to the Lord Chancellor. Originally, the position of Lord Chancellor was held by high-ranking religious officials, and the justice dispensed was rooted in the religious morality of the times. As the number of appeals continued to grow, a separate court of equity, the Chancery Court, was established in the fifteenth century, and equity as a rival system of law began to take shape. This process was continued during the sixteenth century as the position of Lord Chancellor gradually came to be held by lawyers, rather than religious officials". (McDONALD, Ian; STREET, Anne. *Equity & Trusts*. 4th edition. United Kingdom: Oxford, 2014, pág. 2/3).

[43] René David, Ob. cit., pág. 392.

decisões daqueles tribunais, que eram insuficientes para uma decisão satisfatória no caso concreto, que necessitava de complementação à Chancelaria. Basta imaginar o caso dos contratos, que tinham uma disciplina débil e defeituosa. Os Tribunais Reais, por exemplo, não previam a possibilidade de ordenar o cumprimento de obrigações *in natura*, como obrigações de fazer ou de entregar coisa, apenas podiam, com base nas regras do *common law*, condenar ao pagamento de perdas e danos (*damages*) pelo descumprimento contratual. Por outro lado, a *Chancery Court* não podia condenar a perdas e danos, mas podia condenar ao cumprimento de uma prestação *in natura*.[44] Então, num caso frequente de descumprimento contratual no qual interessasse ao contratante o cumprimento da obrigação em espécie e tivesse também direito ao ressarcimento de danos pelo atraso, as duas esferas teriam que ser acionadas, uma para cada providência, o que tornava o sistema caro, desgastante e moroso. E nos casos em que havia possibilidade de decisões sobrepostas sobre o mesmo tema, nos quais a Chancelaria aferia a justiça da decisão fundada no *common law*, o sistema causava sensação de incoerência e confusão. Ademais, as diferentes abordagens de um e outro sistema conduziam a um ressentimento de que a *equity* estava interferindo com a certeza das regras do *common law*.[45]

Esse quadro de coexistência de dois sistemas de jurisdição, no qual as regras de *common law* transmitem alguma segurança, mas, ao mesmo tempo, revelam um sistema limitado e defeituoso, ao lado da *equity*, fundada numa ordem moral discricionária, criou uma tensão entre os sistemas, especialmente quando a solução alcançada em *equity* se opusesse à solução com base nas regras do *common law*. O ponto alto desta rivalidade é o histórico caso *Earl of Oxford's Case* (21 ER 485),[46]

---

[44] Segundo René David, "A *common law* pode apenas, no caso de inexecução de um contrato, outorgar perdas e danos à parte que se queixa desta inexecução. A ação de *assumpsit*, pela qual são sancionados os contratos, é, com efeito, modelada sobe a ação delituosa de *tresspass*, que pode resultar apenas em uma condenação por perdas e danos. Pode acontecer que esta sanção seja inadequada, e que seja do interesse de um contratante obter a própria prestação que lhe foi prometida. Nenhuma ação diante do tribunal da *common law* permite conseguir este resultado. Já na jurisdição do Chanceler, poder-se-á obter uma decisão de execução forçada (*decree of specific performance*), ordenando ao contratante que execute *in natura* a obrigação por ele assumida". Observe-se, que, por outro lado, "O Tribunal de *equity*, por exemplo, nunca pronunciava a condenação ao pagamento de perdas e danos (*damages*)" (Ob. cit., pág. 390 e 393).

[45] McDONALD, Ian; STREET, Anne. *Equity & Trusts*. 4th edition. United Kingdom: Oxford, 2014, pág. 3.

[46] Earl Oxford's Case (1615) 1 Rep Ch1. A defendant appealed against a judgment in the common law courts on the grounds that the judgment had been obtained through fraud. The Lord Chancellor, Lord Ellesmere, agreed and issued a 'common injunction' restraining

de 1615, no qual é originada a máxima da *equity* que é a seguinte: no caso de conflito entre as regras do *common law* e a equidade, prevalece a equidade.[47]

4 Período moderno – A reforma (*Judicature Acts* 1873-1875) que fundiu o *common law* e a *equity*

Com a Reforma de 1873-1875, que marca o nascimento do período moderno do sistema jurídico da Inglaterra e do País de Gales, ocorre a unificação do sistema de administração da justiça.

O sistema dual anterior, que compreendia os tribunais de *common law* e os tribunais de *equity*, foi unificado em uma Suprema Corte, que passou a abarcar a competência para julgar casos oriundos da *High Court* e da *Court of Appeal*. Como esta Suprema Corte recém-criada era o resultado de uma fusão do *common law* e da *equity*, todos os juízes passaram a poder decidir com base nos dois sistemas, o que significou que os litigantes não precisavam mais enfrentar os custos e a morosidade de movimentar duas ações separadas de *common law* e *equity*.[48]

A *equity*, especialmente durante o século XIX, desenvolveu muitos princípios,[49] novos procedimentos foram introduzidos, como a *subpoena*, *writ* manejado para compelir a testemunha a comparecer, testemunhar, apresentar documentos que estejam em seu poder,[50] bem

---

the claimant from enforcing the judgment. These 'common injunctions' were seen as a direct challenge to the authority of the common law courts as the effectively deprived the recipient of the ability to pursue a remedy from the common law courts. However, the Lord Chancellor argued that there was no conflict between the two courts, as equity did not interfere with the operation of the common law. Instead, it acted *in personam*, meaning against the conscience of the recipient. Therefore, the common law decision was left undisturbed; equity only acted to compel the recipient to act according to good conscience. This dispute was finally resolved by King James I in 1616, when he declared in favor of the Court of Chancery. This gave birth to the equitable maxim that where the law and equity conflict, equity prevails (McDONALD, Ian; STREET, Anne. *Equity & Trusts*. 4th edition. United Kingdom: Oxford, 2014, pág. 13).

[47] Equity prevails over the common law in the event of a conflict (*Idem*, pág. 13).

[48] *Idem*, pág. 4.

[49] Podemos citar como exemplo: 1) "Equity will not suffer a wrong without a remedy", que significa que a equidade não vai atuar em relação a qualquer violação moral, mas somente para prevenir uma conduta que viola a boa-fé (unconscionability); 2) Equity acts in personam, que consiste no fato de que a *equity* vai incidir no caso concreto, resultando vários desdobramentos, dentre eles que a equidade não interfere com as regras do common law; 3) Equity follows the law, que reflete a relação existente com a common law, no sentido de complementar as regras visando a assegurar justiça (*Idem*, pág. 8).

[50] English Legal System, pág. 5.

como regras gerais. Atualmente a *equity* se tornou um corpo de regras jurídicas bastante desenvolvido que continua prevenindo a atuação que viola a boa-fé e suavizando o rigor da aplicação das regras do *common law*. A *equity* e o *trust*,[51] que é sua mais famosa invenção, juntos, continuam desenvolvendo a flexibilidade e criatividade necessária para fazer frente às mudanças sociais.[52]

Os *Judicature Acts* solucionaram as dificuldades e reorganizaram as cortes existentes, promovendo a fusão das cortes de *common law* (Tribunais Reais) com as cortes de *equity* (*Chancery Courts*). A partir destes atos, ambas as cortes poderiam proferir decisões com base tanto no *common law* quanto em *equity*. Entretanto é importante anotar que estes dois segmentos da justiça foram mantidos e permanecem separados,[53] seguindo suas regras próprias de procedimento, de modo que os juízes vinculados à Divisão do Banco Real (atual *Queen's Bench Division*) decidem com base no processo oral e contraditório do *common law*, enquanto os juízes vinculados à Divisão da Chancelaria (*Chancery Division*) decidem com base no processo escrito e inquisitório típico do processo seguido em *equity*,[54] e, novamente, ambos os segmentos podendo aplicar as regras de *common law* e *equity* e reunidos sob o âmbito do Supremo Tribunal criado pelos atos. Os *Judicature Acts* também previram que, em caso de conflito entre as regras de *common law* e *equity*, as regras de *equity* (equidade) devem prevalecer.[55]

---

[51] Não existe um consenso sobre a definição de *trust*, mas, grosso modo, o *trust* vai habilitar o seu detentor a negociar em benefício de quem não pode ou não quer pessoalmente negociar. "(...) a trust relationship can be identified when the legal title is owned by one person (the trustee) and the beneficial interest is held by another (the beneficiary). The trust provides for a legal owner to be able to deal property for the benefit those who cannot or do not want to deal with it themselves" (McDONALD, Ian; STREET, Anne. *Equity & Trusts*. 4th edition. United Kingdom: Oxford, 2014, pág. 17).

[52] Ob. cit., pág. 12.

[53] English Legal System, pág. 5.

[54] "Contudo, uma questão se colocou desde o início. Existiam dois processos diferentes em matéria de *common law* e de *equity*. Qual iria ser adotado? De fato, foram ambos conservados; no seio do novo Supremo Tribunal, criado pelos *Judicatures Acts*, certos juízes, agrupados na Divisão do Banco do Rei, estatuem segundo o processo oral e contraditório do *common law*; outros juízes, da Divisão da Chancelaria, estatuem segundo um processo escrito e inquisitório, inspirado diretamente no antigo processo de *equity*. Os juristas que advogam diante de uma ou de outra destas câmaras não são os mesmos: os advogados continuam a ser *common lawyers* ou *equity lawyers*; os dois ofícios não exigem nem as mesmas inclinações, nem as mesmas aptidões, nem o conhecimento dos mesmos ramos do direito. A distinção da *common law* e da *equity* continua, assim, fundamental no direito inglês de hoje, mas é necessário reconhecer que se transformou consideravelmente". René David, Ob. cit., pág. 395.

[55] A prevalência das regras de *equity* sobre as regras do *common law* está prevista no Supreme Court Act 1981, English Legal System, pág. 5.

5 A Reforma de 2005 (The Constitutional Reform Act 2005)

A Reforma Constitucional de 2005 pode ser considerada o quinto período da história do Direito inglês, pois operou uma profunda transformação no sistema de administração da justiça do Reino Unido.[56] Antes da Reforma a mais alta Corte de Apelação do Reino Unido era a *House of Lords*, composta pelos *Law Lords*, que eram indicados pela Rainha. O *Lord Chancellor* ocupava uma posição incongruente, pois era Chefe do Judiciário e ao mesmo tempo membro do governo. Isso porque a *House of Lords*, que é uma das casas do Parlamento britânico, tinha, antes da reforma, atribuições jurisdicionais e como seu representante e porta-voz atuava o *Lord Chacellor*.[57] Com a reforma, muitas das atribuições judiciais do *Lord Chancellor* foram transferidas aos Presidentes dos Tribunais da Inglaterra e do País de Gales.

A partir do ano 2005, a Reforma Constitucional estabeleceu a separação entre os juízes e os membros do Parlamento. As indicações dos membros do Judiciário passaram a ser feitas pela também criada comissão que tem essa finalidade (JAC – *Judicial Appointments Comission*), o que assegurou maior independência para o Judiciário e também que as escolhas recaíssem sobre profissionais com conhecimento do Direito em todo o Reino Unido.

Atualmente a Suprema Corte do Reino Unido tem competência para julgar em última instância as causas cíveis de todas as partes do Reino Unido (Inglaterra, País de Gales, Escócia e Irlanda do Norte) e as causas criminais da Inglaterra, País de Gales e Irlanda do Norte.

O Ato de Reforma de 2005 criou uma nova Suprema Corte. Nova porque surge independente, haja vista que incorporou as funções

---

[56] As of 1st April, 2010, the composition of the judiciary is as follow: a) 12 Justices of the Supreme Court (formerly Lords of Appeal in Ordinary, or Law Lords following implementation of the changes introduced by the Constitutional Reform Act 2005); b) 5 Heads of Division: Lord Chief Justice, currently Lord Judge, who is the most senior judge in England and Wales, taking over the role of Lord Chancellor; Master of the Rolls; President of the Queen's Bench Division; President of the Family Division; Chancellor of the High Court; c) 37 Lord Justices of Appeal in the Ordinary who is sit in the Court of Appeal; d) 108 High Court Judges spread across the three divisions of the High Court with 18 Judges in the Chancery Division, 72 in the Queen's Bench Division and 18 in the Family Division; e) 9 Judges Advocates and 5 Deputy Judge Advocates; f) 680 Circuit Judges who sit in crown and county courts; g) 1233 Recorders; h) 448 District Judges and 640 deputy district judges who deal whit the majority cases in the county courts and 249 district and deputy district judges who hear cases in magistrat's courts that are too long or complicated to be heard by magistrates; i) 26966 magistrates (English Legal System, pág. 20).

[57] English Legal System, pág. 21.

jurisdicionais da *House of Lords*, eliminando a situação estranha que antes havia, de ingerência administrativa e política da Coroa sobre o Poder Judiciário. A mudança ocorreu em 1º de outubro de 2009, a partir de quando a nova Suprema Corte surge com servidores, orçamento e instalações próprias, assim como com sistema independente de indicações para seus cargos.[58] O dia 1º de outubro de 2009 também é o marco a partir do qual a Suprema Corte assume a jurisdição como mais alta corte de apelação, competência que antes era da *House of Lords*,[59] ocasião na qual ocorre definitivamente a separação da função jurisdicional das funções do Parlamento no sistema inglês.

6 O Reino Unido possui Constituição?

Depois de tanto falar em reforma constitucional, não podemos encerrar este tópico sem esclarecer que a Constituição do Reino Unido é não escrita, o que é bastante incomum, pois, em regra, a Constituição é o documento escrito que estabelece a lei fundamental e superior de um país. A Constituição do Reino Unido é não escrita no sentido de que não está contida em um único documento. Considerando que uma constituição escrita, em regra, é rígida, no sentido de que existem mecanismos que dificultam a mudança de suas regras, como matérias protegidas contra alteração (cláusulas pétreas) e o quórum qualificado para sua emenda, podemos concluir que a Constituição do Reino Unido, ao contrário do que ocorre com a maioria das constituições, não é uma constituição rígida. Como consequência, é uma constituição relativamente flexível, no sentido de que qualquer aspecto pode ser alterado pelo processo legislativo ordinário ou por convenções.[60]

---

[58] *Idem, ibidem*.

[59] "Under the old system, the 12 Law Lords not only sat in the House of Lords as the highest appellate court but also, in theory at least, participated in political debate by virtue of the membership of the House of Lords in the sense of Parliamentary function" (*Idem*, pág. 25).

[60] "The constitution of the United Kingdom is unwritten/uncodified in the sense that it is not contained in any single document. Furthermore, a codified constitution, as a form of higher order law, will generally be entrenched. A specified procedural device (eg a referendum or a higher majority plus federal ratification) must be followed to introduce changes, which makes a codified constitution relatively difficult to amend. In contrast to most others, the UK constitution is not entrenched. In consequence, it is relatively flexible, in the sense that any aspect can be changed by way of ordinary legislation and certain aspects can be modified by convention". Peter Leyland. *The Constitution of The United Kingdom*, pág. 2).

IV O Direito dos Estados Unidos da América e o *common law*

A primeira divergência entre o ponto de vista inglês e o de suas colônias situadas em território norte-americano surge nos anos que se seguiram à chegada dos primeiros núcleos de população inglesa no território americano, no século XVII, quando os ingleses inauguraram colônias na Virgínia (1607), Plymouth (1620), Nova York, que era colônia holandesa e torna-se inglesa em 1664, Pensilvânia, que era sueca e torna-se inglesa em 1681, e, assim, sucessivamente, até que, em 1722, treze colônias britânicas estavam instituídas nos Estados Unidos.[61]

Na Inglaterra, o julgamento do *Calvin's case*, de 1608, estatuiu que o *common law* inglês era, em princípio, aplicável a todas as suas colônias na medida em que suas regras fossem apropriadas às condições de vida existentes nestas colônias. Exatamente neste ponto de adequação das regras do *common law* é que reside o primeiro ponto controverso relativo à sua aplicabilidade, pois o *common law* era um sistema que havia se desenvolvido na prática das cortes inglesas, ademais era um sistema gerado no âmbito da sociedade feudal inglesa, enquanto que nas colônias não havia juristas de *common law*, que é um sistema desconhecido das pessoas comuns e estranho a uma sociedade muito diferente de uma sociedade feudal. Por isso, num primeiro momento, ainda no século XVII, surgem algumas leis escritas.[62]

Entretanto, tal situação se modifica no século XVIII, quando a colônia passa a enxergar no *common law* uma alternativa ao absolutismo real e proteção das liberdades públicas, bem como se identificam com o sistema inglês, em oposição ao sistema vigente na Louisiana, colônia francesa, e no Canadá Francês (Quebec), que adotavam o *civil law*.

Com a proclamação da independência, em 1776, consagrada em 1783, desaparece a ameaça francesa sobre as ex-colônias inglesas, agora Estados Unidos da América, considerando a anexação do Canadá pela Inglaterra, em 1763, bem como pela aquisição da Louisiana pelos Estados Unidos, em 1803.[63] Sobre este momento histórico pós-independência, no qual os Estados Unidos iniciaram vigorosa produção de um direito codificado e se inclinaram para a tradição romano-germânica, merece transcrição a seguinte passagem da obra de René David:[64]

---

[61] RENÉ DAVID, ob. cit., pág. 448.
[62] René David dá como exemplo os códigos sumários redigidos de Massachusetts (1634) e Pensilvânia (1682), Ob. cit., pág. 449/451.
[63] *Idem, ibidem*.
[64] *Idem*, pág. 452.

Com a independência política recentemente adquirida, harmonizava-se, e era necessário tornar popular, a ideia de autonomia do direito americano. O ideal republicano e o sentimento do direito natural deviam, por outro lado, fazer ver com bons olhos a codificação; parecia normal que as Declarações dos Direitos e a Constituição dos Estados Unidos (promulgada em 17 de setembro de 1787) fossem contempladas em códigos. O território de New Orleans, destacado da antiga Louisiana, parecia dar o exemplo quando, logo após sua incorporação à União, adotava códigos à maneira francesa, especialmente um código civil (1808). Betham oferecia em 1811 os seus serviços ao presidente Madison para dotar os Estados Unidos de um código.

Até meados dos séculos XIX, poder-se-á hesitar sobre o desfecho da luta que vai travar-se na América entre aqueles que preferem a *common law* e os defensores da codificação. Uma comissão legislativa pede, em 1846, em Massachusetts, a redação de um código; a Constituição do Estado de Nova York, em 1846, prevê a redação de um código escrito e sistemático, englobando a totalidade do direito do Estado; ainda em 1854, o historiador do direito inglês, sir Henry Maine, prevê a adesão dos Estados Unidos ao sistema romano-germânico. Diversos acontecimentos parecem anunciar, ou favorecer, esta conversão; diversos Estados, no início da independência, proibiram a citação de acórdãos ingleses proferidos depois de 1776; numerosos territórios são anexados à União, nos quais é aplicado, pelo menos em teoria, o direito francês ou o direito espanhol e onde não existe nenhuma tradição de *common law*.[65]

Não obstante essa tendência de inclinação dos Estados Unidos para o *civil law*, que se desenhou até meados do século XIX, a partir de então, ficou clara a opção pelo *common law*. Entretanto, a tensão que ocorreu durante muitas décadas entre o sistema romanogermânico e o anglo-saxão, e que foi intensificada no período pós-independência, contribuiu para originar nos Estados Unidos um *common law* autêntico e que em muitos aspectos se distingue consideravelmente do *common law* inglês.[66]

---

[65] *Idem*, pág. 452.
[66] "O mais importante a notar é, contudo, o seguinte: o direito inglês admitido na América é, na medida em que foi admitido, o direito que vigorava na Inglaterra na época em que a dominação inglesa se exercia na América. Nunca esteve em questão a aplicação nos Estados Unidos das leis posteriores a 1776. O desenvolvimento que se produziu na *common law* na Inglaterra, depois de 1776, nunca foi considerado, por outro lado, como devendo produzir-se inevitavelmente também nos Estados Unidos. O desenvolvimento dos dois direitos, inglês e americano, é, em princípio, independente desde o advento da soberania americana". René David, Ob. cit., pág. 454.

V A racionalidade no *common law*

A valorização dos precedentes é traço marcante da tradição do *common law*. Wambier afirma:

> O *common law*, é interessante observar, não teve início com a adoção da explícita premissa ou da regra expressa de que os precedentes seriam vinculantes. Isto acabou acontecendo imperceptivelmente, desde quando a decisão dos casos era tida como a aplicação do direito costumeiro, antes referido, em todas as partes do reino, até o momento em que as próprias decisões passaram a ser consideradas direto. Assim, desenvolveu-se o processo de confiança nos precedentes e, a rigor, nunca foi definido com precisão o papel dos precedentes e o método correto de argumentação a partir dos precedentes. Neste contexto é que foi concebida a teoria declaratória, já que os juízes declaram um direito que 'já existia' (sob forma de costume), embora fossem às suas decisões que se dava (e se dá) o valor e o status de ser direito.[67]

Desde o nascimento, o *common law* foi marcado pelo dissenso, já que a autoridade do julgamento vai ser muito mais forte quanto for a capacidade de persuasão do raciocínio desenvolvido, que nada tem a ver com um comando autoritário. É exatamente essa ruptura do direito com a autoridade representada pela figura do monarca absolutista que vai marcar o nascimento do *common law*, como oposição ao poder do Estado desempenhado pelo Rei.

O episódio que ficou conhecido como *Prohibitions Del Roy*[68] marca o nascimento do *common law* autônomo e confiado a juízes, ou

---

[67] Ob. cit., pág. 20/21.

[68] Narram Antoine Garapon e Ioannis Papadopoulos que a tradição das opiniões dissidentes está ligada a um episódio histórico, erigido em verdadeiro mito fundador da *common law*, as *Prohibitions del Roy*, formuladas por um dos chefes da oposição liberal no Parlamento: "Antes da Revolução Gloriosa de 1688, Lord Coke, figura legendária do mundo judiciário inglês. Na manhã de 10 de novembro de 1612, a totalidade da magistratura inglesa se apresentou diante do rei James I para acabar com um conflito que o opunha ao arcebispo de Canterbury. Com efeito, um tribunal eclesiástico, a *Court of High Commission*, tinha começado, por volta de 1580, a utilizar procedimentos contrários a *common law* que podiam levar até o encarceramento de cidadãos, em uma estreita ligação com outra jurisdição penal de sinistra memória, a *Star Chamber*. A reação da *Court of Common Pleas* (uma jurisdição de *common law*) foi vigorosa: ela interrompeu esse procedimento por um *writ of prohibition*, o que provocou a ira do arcebispo, que solicitou ao rei que utilizasse seu poder de afastar, quando desejasse, qualquer juiz do reino de todos os casos que ele mesmo quisesse julgar. Naquele dia, o arcebispo lembrou que os juízes não eram mais do que representantes de uma justiça delegada que pertencia ao rei em pessoa. Ao que Lord Coke respondeu, em nome de todos os magistrados de *common law*, que, segundo o direito da

seja, aos estudiosos das leis, dos precedentes e do que era considerado uma racionalidade autônoma e artificial do direito, assim entendida em contraposição à racionalidade humana, quase divina, em que se baseavam as prerrogativas do rei. Desde Lord Coke, o juiz anglo-saxão se apoia em seu prestígio intelectual e capacidade de persuasão argumentativa para desafiar, se necessário, os poderes públicos. E a incorporação da opinião minoritária provoca, em compensação, uma melhoria da argumentação majoritária, que tem de se mostrar à altura da dissidência. Não obstante o incontestável enriquecimento do debate que é alcançado a partir da valorização da opinião dissidente, por outro lado, gera com alguma frequência dificuldade de extrair a *ratio decidendi* do julgamento.

Ironicamente podemos afirmar que o juiz de *common law* tem menos liberdade de decisão que o juiz de *civil law*. Entretanto, essa vinculação do juiz do *common law* aos precedentes das Cortes Superiores, a rigor, não lhes restringe a liberdade. A concepção de liberdade como algo inato e natural é uma noção que se choca com a ideia de coerência, unidade do sistema e igualdade de tratamento aos destinatários da jurisdição. É falsa a noção de liberdade de decidir de modo discrepante das instâncias superiores, no âmbito de uma estrutura hierarquizada[69] de administração da justiça, se, mediante o sistema de recursos, essa decisão deverá ser modificada. E se eventualmente prevalecer, será ela injusta, seja porque prejudica alguém que deveria ter sido favorecido pela aplicação da jurisprudência das instâncias superiores, seja

---

Inglaterra, o rei em pessoa não podia julgar nenhum caso contencioso: todos os casos, civis ou penais, deviam ser decididos por uma corte de justiça de acordo com o direito e os costumes do reino: 'Mas, protestou o rei, eu pensava que o direito era fundado na razão, e eu, como outros, a possuo tanto quanto os juízes. Lord Coke lançou então uma fórmula que passou para a posteridade: 'É bem verdade que Deus dotou Vossa Majestade de um excelente saber e de grandes dons da natureza, mas Vossa Majestade não tem conhecimento das leis do vosso reino de Inglaterra, e as questões que concernem à vida ou à herança de bens ou ao patrimônio de vossos súditos não devem ser decididos pela razão natural e, sim, pela razão artificial e pelo julgamento em direito, direito esse que é uma arte que exige um longo estudo e experiência antes que um homem possa se prevalecer do seu conhecimento'. O rei ficou ofendido e respondeu que nesse caso seria preciso que ele próprio se subordinasse à lei, o que significaria trair o seu papel. 'O rei, retrucou Lord Coke não está subordinado a homem algum, mas a Deus e ao Direito'" (*Julgar nos Estados Unidos e na França*: Cultura Jurídica Francesa e *Common law* em uma Perspectiva Comparada. Rio de Janeiro: Lumen Juris, 2008).

[69] No ponto é interessante a distinção feita por Mirjan Damaska, na sua obra *The Faces of Justice and State Authority*, ao associar o *civil law* a um sistema hierárquico, com foco na solução de conflitos e o *common law* a um sistema coordenado, com foco na implementação de políticas públicas.

porque favorece alguém que, contrariando tal jurisprudência, teve sua pretensão reconhecida, retratando uma situação de falta de isonomia. Independente da solução, não terá havido distribuição igualitária do resultado do julgamento. Em um sistema de estrutura hierarquizada, como é o nosso Poder Judiciário, é natural que as instâncias inferiores reverenciem as decisões das instâncias superiores. Nesse contexto, a vinculação obrigatória é o que falta no *civil law* para conferir maior previsibilidade e segurança jurídica ao sistema.

VI A segurança jurídica no *civil law* (na lei) e no *common law* (no precedente)

Enquanto o *civil law* entende que a segurança jurídica e a previsibilidade estão assentadas na lei, o *common law* assenta a observância de tais princípios nos precedentes (*stare decisis*).

Para o *civil law*, a lei, no seu comando abstrato e genérico a todos aplicável, assegura igualdade de tratamento. O *common law*, por sua vez, admite que a igualdade não pode ser obtida na previsão abstrata da lei, mas apenas na concretização dos seus comandos a partir da sua aplicação ao caso concreto e suas peculiaridades, pois é exatamente a aplicação discrepante da lei diante do mesmo caso que elimina o tratamento igualitário e impede a materialização de previsões universais, como a igualdade de todos perante a lei e a realização da isonomia no seu aspecto material.

O ideário da Revolução Francesa (de que a segurança jurídica seria alcançada mediante o cerceamento de liberdade do Juiz e sua submissão ao Parlamento) contribuiu para a formação de um sistema indiferente à importância dos precedentes. Na utopia revolucionária que talhou o juiz do *civil law* não se concebia a possibilidade de ele interpretar a lei. Portanto, a previsão genérica e abstrata era bastante e nela seria encontrada a solução para todas as situações, à semelhança do que ocorre numa operação matemática.

O fato de o *civil law* ter como traço distintivo fundamental a codificação do direito contribui de modo decisivo para a imagem que lhe é subjacente de um magistrado que pode se considerar menos responsável por suas decisões, no sentido que a figura do juiz não está completamente comprometida com a solução encontrada ao caso, pois se trata de uma solução prevista na lei e que o julgador somente explicitou como resultado de um raciocínio "lógico", marcadamente de dedução e não de construção do significado da lei.[70] Seria o mero desempenho de uma função como delegatário de um poder estatal de administração da justiça.

Na Europa continental a exigência de transparência democrática nas decisões judiciais é considerada contraditória com a autoridade do julgamento, que, na concepção do *civil law*, não pode ostentar ambiguidade, sob pena de ser enfraquecida. Sob tal ótica, a autoridade do julgamento não pode ser dialógica.

No *common law*, em razão de ter sua fonte nos comportamentos que foram sendo observados na sociedade e nos costumes locais, a legitimidade do julgador não é buscada na lei que fundamenta suas decisões, mas na sua imparcialidade e respeito à autonomia das práticas sociais traduzidas nos costumes. Portanto, esse julgador se percebe mais como um terceiro que se coloca entre o Estado e o cidadão, e que necessita justificar aos jurisdicionados as opções que orientaram a solução que deu ao caso. É o que o direito anglo-saxão tem como dever de transparência, de o julgador expor suas razões como uma prestação de contas aos jurisdicionados (*accountability*). Então esse magistrado tem o dever de assumir abertamente suas escolhas e dar conta delas ao justificá-las na argumentação que vai desenvolver nas suas decisões. Tal aspecto vai definir a principal característica do *common law*, que é a ênfase na argumentação jurídica.

---

[70] "A diferença cultural entre o *common law* e o *civil law* se reflete simultaneamente na forma e no alcance do julgamento. É na forma do julgamento que todos pensam quando buscam o critério específico que distingue o julgamento inglês ou americano do julgamento francês. Um julgamento continental assume a forma de um silogismo, de um raciocínio dedutivo e até mesmo mecânico, que se limita a subsumir os fatos da espécie sobre uma regra jurídica para chegar a uma conclusão. A famosa 'sentença de uma única frase' das jurisdições francesas não é apenas um efeito de estilo: a concisão – e mesmo o hermetismo – do juiz francês reflete sua posição intermediária entre a lei, única fonte do direito, e o indiciado. (...) Finalmente, o juiz de *civil law* se assemelha ao matemático, que oculta sua inventividade sob uma formulação simbolizada e elegante". Além da questão referente à extensão, Garapon e Papadopoulos destacam que a distinção mais importante reside no estatuto discursivo da opinião judiciária: "O juiz de common law escreve opiniões, não raciocínios silogísticos. Na cultura judiciária de common law o juiz não é um matemático, e sim um contador, um narrador do direito. Seu prestígio junto ao seu meio profissional lhe impõe, como contrapartida, que assuma plena e abertamente sua próprias interpretações e dê conta delas através da argumentação na primeira pessoa do plural (quando fala pela maioria) ou do singular (quando sua opinião é dissidente). Para isso, assina opiniões geralmente longas e bem documentadas (redigidas, é preciso dizê-lo com a ajuda de seus *clerks*, jovens juristas brilhantes). Até mesmo opiniões judiciárias em língua inglesa, que carecem de brilhantismo contam uma história sobre o sentido do direito aplicável à espécie e exprimem frequentemente uma moral política que não embaraça o juiz (ao passo que na França se denunciaria imediatamente uma colusão do direito e da moral" (*Julgar nos Estados Unidos e na França*: Cultura Jurídica Francesa e *Common law* em uma Perspectiva Comparada. Rio de Janeiro: Lumen Juris, 2008).

Possivelmente a dificuldade do trabalho de selecionar, dentre toda a linha argumentativa desenvolvida, o que é motivação essencial da decisão (*ratio decidendi*) e o que são referências complementares (*obiter dicta*), de mero reforço, aliada à questão, atualmente superada, da dificuldade de propagar a informação que havia naquele tempo são fatores que pesam quando constatamos como o direito de tradição do *civil law* era considerado mais vantajoso e seguro se comparado ao *common law*. Tal ideia decorria de variadas razões, com destaque para o fato de ser um direito escrito e de guardar características importantes do Direito romano, como a exigência de que a regra do direito deveria ser abstrata e geral, preponderância da lei como fonte do direito e o princípio de que o direito deve ser justo e razoável,[71] desenvolvendo regras que buscavam equilibrar as forças dos adversários e os direitos contrapostos, transmitindo uma sensação de segurança.

VII A igualdade na tradição do *civil law* (formal, na lei) e do *common law* (material, no resultado) como aspecto distintivo das tradições. A crise no *civil law*

A concepção de igualdade observa diferentes lógicas em cada uma das tradições. O *civil law* se dedica a elaborar uma boa regra, genérica e abstrata, com potencial de abrangência e disciplina ampla dos casos de que ela trata. Portanto, a preocupação maior está na previsão da igualdade perante a lei, o que, em tese, estaria garantido pela aplicação da mesma lei pelo juiz, ainda que o resultado dos julgamentos fosse discrepante (igualdade formal). No *common law* a lógica da igualdade está no resultado, que justifica a aplicação da mesma decisão aos casos iguais (igualdade material). E o fato de haver sido aplicada no passado, reforça a ideia de que a mesma solução deve ser aplicada aos casos futuros, por questão de isonomia.

O que é importante anotar é que atualmente integra o senso comum em todos os países que adotam o *civil law* que a lei, embora

---

[71] Estefânia Maria de Queiroz Barboza, citando John Glissen, "aponta as seguintes vantagens para este direito erudito: i) era um direito escrito, em oposição à maioria dos direitos consuetudinários na época, 'com todas as consequências que derivam da incerteza e da insegurança do costume'; ii) era comum a todos, tendo sido reconhecido como *ius commune* da Europa continental; iii) era mais completo que os direitos locais, tornando-se, por isso, supletivo aos direitos locais; iv) era mais evoluído, pois elaborado com base num direito de uma sociedade mais desenvolvida" (*Stare Decisis*, Integridade e Segurança Jurídica: Reflexões Críticas a partir da Aproximação dos Sistemas de *Common law* e *Civil law* na Sociedade Contemporânea, pág. 52/53).

seja a mesma, recebe diferentes aplicações. Mesmo o juiz vinculado à dogmática que restringe a interpretação irá aplicar a lei de modo discrepante da aplicação que recebeu em caso idêntico. Partindo da premissa de que o que legitima o direito é a justiça como ideal, os casos idênticos que recebem soluções discrepantes revelam incoerência no sistema. Em consequência, não realizam a justiça, ou seja, não alcançam sua finalidade maior e tampouco o ideal que legitima a aplicação do direito.

E nesse ponto reside o que se mostrou o ponto mais vulnerável e que provoca o que vem sendo considerada a crise do *civil law*. Especialmente a partir da superação do positivismo, ficou mais evidenciado que o mesmo fato, subsumido à mesma lei, pode chegar com mais frequência a resultados diferentes, e assim de fato ocorre nos juízos e tribunais do *civil law*, já que tal tradição assenta na lei a garantia da segurança jurídica. Ficou mais evidente a distinção entre igualdade formal, assegurada na lei, e igualdade material, proporcionada pelo resultado da interpretação da lei, ou seja, a norma jurídica, e que decisões judiciais discrepantes para casos que contenham semelhança no seu núcleo essencial se contrapõem à ideia de segurança jurídica.

VIII O impacto das Revoluções Americana e Francesa na separação dos Poderes no *common law* e *civil law*.
A separação dos Poderes: confiança e desconfiança no Judiciário

As Revoluções Americana e Francesa transformaram as respectivas sociedades, com importantes reflexos na separação dos Poderes, que surge como princípio do ideário da revolução, e racionalização do direito, especialmente o direito público de tradição romano-germânica ou *civil law*.

Nos Estados Unidos, prevaleceu a ideia de *checks and balances*, ou seja, mecanismo de controle recíproco entre Poderes, e a maior preocupação era limitar o Poder Legislativo. Na França, a grande preocupação estava em limitar o Poder Judiciário e, com o objetivo de alcançar esse que era um dos desideratos revolucionários, houve emprego demasiado de mecanismos de limitação da atuação deste Poder mediante a criação de sistema separado de Cortes administrativas e restringindo a atuação do magistrado, o que se traduziu numa descompensação do sistema de controle recíproco entre os Poderes (*checks and balances*). A *rule of law* na França se tornou equivalente ao conceito de supremacia do Parlamento e seu corolário princípio da legalidade.

Ao passo em que na Inglaterra o *common law* foi sendo aprimorado, na Europa Continental a revolução representou o rompimento com a antiga ordem jurídica, e fontes do direito como o *ius commune* e o direito canônico perderam espaço, passando o Estado a ser considerado como única fonte do Direito, mediante a elaboração de códigos que tinham como pretensão a plenitude de previsão das regras de comportamento, bastando ao magistrado *descobrir* a regra prevista. O Poder Legislativo na Europa Continental é o órgão competente para elaboração de leis porque representa a vontade do povo. Por essa razão o Poder Judiciário deveria estar subordinado a ele, Poder Legislativo.[72]

Situados os principais acontecimentos que moldaram as características das duas maiores tradições, no próximo capítulo entraremos no tema central deste estudo, que são as jurisdições mistas, nas quais essas características vão se integrar das mais diversas formas, originando misturas autênticas, mas nem por isso insuscetíveis a uma abordagem sistemática.

---

[72] "Enquanto na França buscou-se a codificação sem que os Códigos tivessem qualquer ligação com o Direito que o antecedeu, na Alemanha a ideia não foi de substituição do antigo sistema, ao contrário, a ideia era de codificar os princípios do direito alemão que foram construídos historicamente. Na Alemanha, Savigny tratou do direito mais como sendo um reflexo dos costumes do que propriamente dos direitos estabelecidos nas leis escritas, defendendo, destarte, que o direito residiria fundamentalmente no espírito do povo e que, portanto, deveria ser para ele elaborado por seus juristas. (...) Em sentido contrário, na França, a codificação foi concebida como um instrumento privilegiado para promover a reorganização do direito, com o objetivo de facilitar o acesso ao direito, reunindo diversas normas num texto único. Ou seja, buscava-se, mediante a codificação, tornar o direito mais conhecido da população e, dessa forma, garantir a segurança jurídica de modo mais abrangente. O direito deveria ser conhecido por todos, e a codificação faria este papel. Não obstante, apesar das boas intenções, os Códigos acabavam precisando de estudiosos para ser interpretados" (BARBOZA, Estefânia Maria de Queiroz. *Stare Decisis*, Integridade e Segurança Jurídica: Reflexões Críticas a partir da Aproximação dos Sistemas de *Common law* e *Civil law* na Sociedade Contemporânea, pág. 56/57).

CAPÍTULO II

JURISDIÇÕES MISTAS

I Jurisdições mistas (*mixed jurisdictions*) e sistemas jurídicos mistos (*mixed legal systems*)

Jurisdição mista,[73] como resultado da mistura de sistemas dando origem a um sistema novo, autêntico, foi um fenômeno identificado há mais de cem anos, no início do século XX, quando F. P. Walton[74] definiu

---

[73] VERNON V. PALMER, *Mixed Jurisdictions Worldwide*. The Third Legal Family. 2nd ed., UK: Cambridge University Press, 2012; SUE FARRAN, ESIN ÖRÜCÜ and SÉAN PATRICK DONLAN, A Study of Mixed Legal Systems: Endangered, Entrenched or Blended, UK: Ashgate Publishing Limited, 2014; VERNON V. PALMER, Mixed Jurisdictions, in JM Smits (eds.), Elgar Encyclopedia of Comparative Law , 2nd ed. Edward Elgar, 2012; JANE MATTHEWS GLENN, Mixed Jurisdictions in the Commonwealth Caribbean: Mixing, Unmixing, Remixing, Second World Society of Mixed Jurisdiction Jurists Conference (Edinburgh, UK, 2007), em: <http://www.ejcl.org/121/papers121.html>, acesso em: 17 nov. 2016; SÉAN PATRICK DONLAN, Mixed and Mixing Systems Worldwide, European Journal of Comparative Law and Governance 1 (2014) 5-9, em: <http://booksandjournals.brillonline.com/content/journals/22134514>, acesso em: 15 nov. 2016; MAURO BUSSANI, A Pluralistic Approach to Mixed Jurisdictions, em <http://booksandjournals.brillonline.com/content/journals/22134514>, acesso em: 11 nov. 2016; SHAEL HERMAN, Civil Recodification in an Anglophone Mixed Jurisdiction: A Bricoleur's Playbook, em: <http://booksandjournals.brillonline.com/content/journals/22134514>, acesso em: 11 nov. 2016; SALVATORE MANCUSO, Creating Mixed Jurisdictions: Legal Integration in the Southern African Development Community Region, em: <http://booksandjournals.brillonline.com/content/journals/22134514>, acesso em: 11 nov. 2016; MÓNIKA JÓZON, Unification of Private Law in Europe and 'Mixed Jurisdictions': A Model for Civil Codes in Central Europe, disponível em: <http://booksandjournals.brillonline.com/content/journals/22134514>, acesso em: 19 dez. 2016; JOHN A. LOVETT, Love, Loyalty and the Louisiana Civil Code: Rules, Standards and Hybrid Discretion in a Mixed Jurisdiction, disponível em: <http://booksandjournals.brillonline.com/content/journals/22134514>, acesso em: 19 dez. 2016.

[74] WALTON, F. P. The Legal System of Québec. 13 Col. L. Rev. 2013 (1913). Disponível em: <https://archive.org/details/jstor-1110357>; The Civil Law and The Common Law in Canada. 11 Jurid. Rev. 282 (1899). Disponível em: <https://archive.org/details/cihm_27161>. Acesso em: fev. 2017.

que jurisdições mistas são sistemas legais nos quais a tradição romano-germânica foi permeada em algum nível pelo direito angloamericano ("*Mixed jurisdictions are legal systems in which the Roman-Germanic tradition has become suffused to some degree by Anglo-American law*").[75]

O fenômeno observado por Walton está inserido em um contexto de domínio de territórios e imposição de novo sistema legal ou de adoção espontânea de uma jurisdição mista por meio de compromissos assumidos, sendo que essas modalidades podem ser identificadas como jurisdições que se tornaram mistas a partir de um determinado marco histórico ou temporal,[76] como a aquisição ou conquista de um território, por exemplo, mediante entrega como espólio de guerra ao país vencedor ou assinatura de um tratado no qual existe uma fusão de tradições espontaneamente aceita.

Além desses dois tipos de jurisdições mistas, que já estão amplamente reconhecidas pela doutrina estrangeira, e que possuem na sua mistura, basicamente, o *common law* e o *civil law*, existem muitas outras misturas, envolvendo várias combinações. Estas últimas combinações, que vão além desta mistura básica do *civil law* com o *common law*, e que são identificados pela doutrina estrangeira como sistemas jurídicos mistos (*mixed legal systems*) serão referidas no presente estudo de modo superficial, apenas com o objetivo de proporcionar uma visão do entrelaçamento de sistemas jurídicos que ocorre no mundo e a variedade de combinações que podem originar um sistema legal misto.[77]

---

[75] The Scope and Interpretation of the Civil Code, 1907, *apud* Willian Tetley, Ob. cit., pág. 592.

[76] Existe algum consenso relativamente a 16 países ou divisões políticas como sendo de jurisdições mistas, embora com alguma divergência relativamente ao seu enquadramento nas sistematizações propostas: Louisiana, Quebec, África do Sul, Filipinas, Porto Rico, Israel, Escócia, Botswana, Lesotho, Suazilândia, Sri Lanka, Mauricius, Seicheles, Santa Lucia, Zimbabwe, Namíbia. Estes são considerados jurisdição mista por Valentine Palmer e por Örücü, sendo que este último exclui Israel desta lista, por entender que a mistura no sistema de Israel, além do *common law* e do *civil law*, também inclui lei religiosa.

[77] Na concepção de Esin Örücü, alguns sistemas mistos podem ser combinações do *common law* e *civil law*, como Louisiana, Quebec, Escócia e Seichelles; alguns *civil law*, *common law*, lei religiosa e, até recentemente, lei otomana, como Israel; alguns *civil law*, lei religiosa, lei socialista e lei tribal, como Argélia; outros, como Hong Kong, que são combinações do Direito chinês tradicional, *common law* e lei socialista chinesa, que incorpora elementos da tradição civil; alguns como *common law*, lei religiosa e lei costumeira, como a Índia e o Paquistão, e assim por diante. Há países, ainda, que se encontram em transição e procuram por sua identidade, após deixarem o socialismo e ingressarem na tradição civil. A Polônia, por exemplo, possui uma mistura da lei socialista, Direito romano, lei polonesa, esta consistindo em uma mistura do Direito alemão, francês, russo e húngaro (*What is a Mixed Legal System*: Exclusion or Expansion?).

Neste ponto apresentamos a distinção que é feita pelos estudiosos do direito comparado entre jurisdição mista e sistema jurídico misto:[78] aquela abarca os sistemas de *civil law* que incorporaram institutos do *common law*, e este compreende as misturas de modo geral que transformam o sistema jurídico em algo diferente do que havia antes, incluindo também leis religiosas (muçulmana, hindu, judaica), tribais, costumeiras, ou seja, mais ingredientes, resultando numa mistura ainda mais complexa.

O enfoque do estudo são as jurisdições mistas propriamente ditas, considerada sua concepção clássica ou primeiramente identificada pelos pesquisadores estrangeiros, ou seja, o *civil law* pressionado pelo *common law* como desdobramento de fatos históricos, com marco histórico e temporal bem definido, e que tem como seu maior expoente na atualidade o comparatista estadunidense Vernon Valentine Palmer.[79]

A partir das características identificadas nestes sistemas mistos, que receberam a denominação singular de *jurisdições mistas*, o presente estudo objetiva pesquisar a possibilidade de surgimento de outro tipo de jurisdição mista, inserido em outro contexto, no qual o sistema misto não surge a partir de determinado marco histórico, mas vai se desenhando de forma lenta e gradual mediante transformações que ocorrem no seu sistema de prestação jurisdicional.

No Brasil, partimos de uma tradição do *civil law*, decorrente de fatos históricos, especialmente nossa colonização por Portugal e da influência que demais países de Europa Continental exerceram sobre nós e sobre a América Latina de modo geral, mas também com influência do *common law* desde a nossa Constituição Republicana de 1891, quando adotamos o controle difuso de constitucionalidade, típico do *common law*. Com o tempo, nosso sistema processual e de controle de constitucionalidade continuou recebendo influência do *common law*, especialmente do direito anglo-americano, de modo que gradualmente fomos introduzindo mecanismos de vinculação aos precedentes (*stare decisis*), encaminhamento consolidado com o advento do Código de Processo Civil de 2015.

Apesar de o termo *mixed jurisdiction* haver sido cunhado com referência a uma mistura específica do *civil law* com o *common law*,

---

[78] Örücü, ao apresentar seus mapas dos sistemas mistos, inseriu as jurisdições mistas como *numerous clauses* 15 países como uma deferência a Valentine Palmer, dentro de sistemas mistos, na subdivisão misturas simples.

[79] Palmer é natural da Louisiana, jurista acadêmico e professor na Universidade de Tulane e codiretor do Eason Weinmann Center of Comparative Law, Louisiana.

para ser mais preciso, do *civil law* sendo permeado e pressionado pelo *common law*, atualmente observamos que a mesclagem de sistemas legais ocorre em um nível muito maior, pois assim como o *civil law* adota institutos do *common law*, a situação recíproca também ocorre, e existem países que também adotam a lei costumeira e leis religiosas. Todas essas interações e integrações vão dar origem ao que pode ser definido em sentido amplo como sistemas que se misturam, se transformam e se distanciam do que havia antes. Entretanto, para que uma jurisdição seja reconhecida como mista é necessário que ocorra uma modificação mais significativa no seu sistema de administração da justiça do que simplesmente incorporar algum instituto de outra tradição.

A mesclagem de institutos de diversas tradições[80] como *common law, civil law*, direito costumeiro, lei religiosa (hindu, muçulmana, judaica), nada mais é do que o retrato da complexidade do mundo contemporâneo, globalizado, no qual a diversidade não é mais contida pelas fronteiras, e o intercâmbio de ideias, culturas, valores, regras de convívio social e negócios necessita de maior abrangência e segurança.

Possivelmente a segurança jurídica e a previsibilidade das relações jurídicas sejam os maiores fatores propulsores deste movimento que estamos vivenciando cada vez mais de interação dos sistemas legais, nos quais tanto o *common law* quanto o *civil law* buscam reciprocamente mecanismos de aprimoramento. As distâncias e as fronteiras não representam mais os limites que representavam no passado, de modo que o intercâmbio de experiências, de informações sobre vantagens e desvantagens de um e outro sistema é muito mais acessível no atual contexto globalizado, o que contribui para maior conscientização das pessoas

---

[80] J. H. Merryman, em obra de 1985, afirmou a existência de três tradições mais influentes no mundo contemporâneo: *civil law, common law* e *socialist law*. Registrese que a referência à lei socialista (*socialist law*) caiu em desuso, sendo rara sua menção nas obras mais atuais. Merryman define tradição legal como um conjunto de posturas profundamente enraizado, historicamente condicionadas sobre a natureza da lei, sobre o papel da lei na sociedade e na política, sobre a própria organização e operação do sistema legal, e sobre o modo como a lei é ou deve ser elaborada, aplicada, estudada, aperfeiçoada e pensada. A tradição legal estabelece uma relação entre o sistema legal e a cultura na qual ele se expressa. Ela coloca o sistema legal em uma perspectiva cultural. Tradução livre de: "There are three highly influential legal traditions in the contemporary world: *civil law, common law* and socialist law. A legal tradition (...) is a set of deeply rooted, historically conditioned attitudes about the nature of law, about the role of law in the society and polity, about the proper organization and operation of a legal system, and about the way law is or should be made, applied, studied, perfected, and taught. The legal tradition relates the legal system to the culture which it is a partial expression. It puts the legal system into cultural perspective". In: The *Civil law* Tradition: An Introduction to the Legal Systems of Western Europe and Latin America. Stanford University Press. California: 1985.

acerca dos seus direitos, por sua vez impulsionada pela facilitação do acesso ao Poder Judiciário, o que é uma tendência observada ao redor do mundo.

Nessa perspectiva, ambas as tradições apresentam vantagens. Embora não seja possível afirmar que um sistema seja "intrinsecamente melhor que o outro, o *civil law* apresenta alguns pontos fortes, como sua acessibilidade pelo fato de ser amplamente consolidado em códigos",[81] o que permite maior previsibilidade dos possíveis desdobramentos. Outro ponto positivo deste sistema é que se mostra relativamente menos custoso[82] e mais acessível.

De outro lado, como veremos mais detalhadamente no capítulo III, o constitucionalismo contemporâneo promoveu um alargamento tão significativo da interpretação legislativa nos países de *civil law* que a previsibilidade do resultado do julgamento ficou impactada, principalmente diante da possibilidade de decisões diferentes e até divergentes para situações que sejam idênticas na sua essência, gerando insegurança jurídica. Aparentemente a vinculação a um sistema de precedentes, típico do *common law*, resolve satisfatoriamente essa questão da incoerência e instabilidade jurisprudencial.

As jurisdições mistas, além de fatores históricos, econômicos, sociais, estratégicos, também se originam do reconhecimento das vantagens de um e outro sistema, que, associados, permitem um sistema mais avançado. Portanto, nos países de jurisdição mista,[83] haverá uma

---

[81] "No system of law is intrinsically better than any other, but *civil law* has a number of strong points. It is accessible, having been largely consolidated into codes". Disponível em: <https://www.lexisnexis.com/legalnewsroom/international-law/b/civillawmixedjurisdiction toolbox/archive/2011/02/18/civil-law-amp-mixed-jurisdictions-toolbox.aspx?Redirected =true>, acesso em: 08 ago. 2016.

[82] "It is based on preventing litigation and promoting certainty in transactions. It rests on rules known in advance, rather than rules identified by a judge, after the fact. Civil law is also characterized by its concern for balance between contracting parties, its flexibility, and its openness to all sources of law (European sources in particular). Lastly it is a relatively inexpensive system of law, in terms of both legal advice and litigation. Accordingly it enables parties to reduce the legal costs related to their transactions" (*Idem*).

[83] "A mixed jurisdiction is a country or a political subdivision of a country in which a mixed legal system prevails. For example, Scotland may be said to be a mixed jurisdiction, because it has a mixed legal system, derived in part from de *civil law* tradition and in part from the *common law* tradition". Em tradução livre: Uma jurisdição mista é um país ou uma subdivisão política de um país no qual prevalece uma mistura de sistemas legais. Por exemplo, a Escócia pode ser considerada uma jurisdição mista porque possui um sistema legal misto, derivado em parte da tradição do *civil law* e em parte da tradição do *common law* (In: Mixed Jurisdictions: *common law* vs *civil law* (codified and uncodified), Willian Tetley, pág. 597).

mistura dos sistemas legais,[84] ou seja, as regras aplicáveis derivam de mais uma tradição, e isso ocorre com grau de intensidade maior do que aquelas imitações que acontecem em todos os sistemas, havendo efetivamente uma mesclagem que torna imprecisa a identificação com apenas uma tradição, considerada a quantidade de institutos incorporados do que seria a tradição rival.

A expressão sistema legal misto possui sentido mais amplo, que também pode sugerir a abrangência da jurisdição de países que se integram em blocos, sendo a União Europeia[85] o exemplo mais notável e bem-sucedido até o presente momento. No âmbito da União Europeia,[86] que se caracteriza pela liberdade de fluxo de pessoas, produtos, serviços e capitais, oriundos dos países integrantes do bloco, surgem inúmeras questões que necessitam ser decididas à luz de uma jurisdição de caráter supranacional.[87] Nem poderia ser diferente de um sistema misto, porque necessita contemplar a diversidade de regras, tradições, culturas e valores dos países que integram esta comunidade.

---

[84] "A mixed legal systems is one in which the law in force is derived from more than one legal tradition or legal family. For example, in the Quebec legal system, the basic private law is derived partly from the *civil law* tradition and partly from the *common law* tradition. Another examples is the Egyptian legal system, in which the basic private law is derived partly from the *civil law* tradition and partly from Moslem or other religiously-based legal traditions". Em tradução livre: Um sistema legal misto é aquele no qual a lei deriva de mais de uma tradição legal ou família. Por exemplo, no sistema legal do Quebec, o direito privado é derivado em parte da tradição do *civil law* e em parte da tradição do *common law*. Outro exemplo é o sistema legal do Egito, no qual o direito privado deriva em parte do *civil law* e em parte das regras muçulmanas ou outra tradição com base religiosa (*Idem, ibidem*).

[85] Segundo Örücü, atualmente existe um interesse crescente nos sistemas mistos na Europa, haja vista que, num contexto maior, o Direito da União Europeia também vai envolver a fusão do *civil law* com o *common law*. Entretanto, considerando as peculiaridades e a agenda política envolvida, não seria apropriado incluir tal situação de modo generalizado, mas deve ser deixado para um estudo específico.

[86] FIORINI, Aude. The Codification of Private International Law in Europe: Could the Community Learn from the Experience of Mixed Jurisdictions? Second World Society of Mixed Jurisdiction Jurists Conference (Edinburgh, UK, 2007), disponível em: <http://www.ejcl.org/121/papers121.html>, acesso em: 10 jan. 2017; JAN M. SMITS, Mixed Jurisdictions: Lessons for European Harmonization?, Second World Society of Mixed Jurisdiction Jurists Conference (Edinburgh, UK, 2007), em: <http://www.ejcl.org/121/papers121.html>, acesso em: 17 nov. 2016; MÓNIKA JÓZON, Unification of Private Law in Europe and 'Mixed Jurisdictions': A Model for Civil Codes in Central Europe, em: <http://booksandjournals.brillonline.com/content/journals/22134514>, acesso em: 19 dez. 2016.

[87] Sobre o tema: SMITS, J. M., The Making of European Private Law: Towards a *Ius Commune Europaeum* as a Mixed Legal System (Maastricht, Metro, 2002); A European Private Law as a Mixed Legal System (Maastricht Journal of European Comparative Law, 1998); The Contribution of Mixed Legal Systems to European Private Law (Groningen, Intersentia, 2001).

A característica principal comum à jurisdição mista e ao sistema jurídico misto, de acolher uma diversidade de tradições e culturas, é também o aspecto que vem impulsionando o seu crescimento. No presente trabalho, o enfoque vai recair sobre os países ou subdivisões políticas que, no decorrer do tempo, vão recebendo a influência de outros sistemas, que se integram a ponto de criar algo novo. Essa mistura pode ocorrer repentinamente, como nos exemplos reconhecidos pela doutrina estrangeira, ou gradualmente, sendo este último um tema especial deste estudo.

Como exemplo de jurisdição mista, podemos citar aquelas que foram assim consideradas na classificação de Palmer: Louisiana,[88] Quebec,[89] Porto Rico, África do Sul,[90] Zimbabwe (República do Zimbábue, ex-Rodésia), Botswana, Lesotho, Swaziland (Suazilândia), Namíbia, Filipinas, Sri Lanka e Escócia.[91]

Relativamente à Escócia, como as demais jurisdições mistas, adota um sistema que reúne institutos do *common law* e do *civil law*, mas é interessante observar que a Escócia é país integrante do Reino Unido, que é composto também pela Inglaterra, País de Gales e Irlanda,

---

[88] SHAEL HERMAN, The Louisiana Code of Practices (1825): A Civilian Essai Among Anglo-American Sources, part I, II, III, Second World Society of Mixed Jurisdiction Jurists Conference (Edinburgh, UK, 2007), em: <http://www.ejcl.org/121/papers121.html>, acesso em: 17 nov. 2016; JOHN LOVETT, Creating and Controlling Private Land Use Restrictions in Scotland and Louisiana: A Comparative Mixed Jurisdictions Analysis, Second World Society of Mixed Jurisdiction Jurists Conference (Edinburgh, UK, 2007), em: <http://www.ejcl.org/121/papers121.html>, acesso em: 17 nov. 2016; JOHN A. LOVETT, Love, Loyalty and the Louisiana Civil Code: Rules, Standards and Hybrid Discretion in a Mixed Jurisdiction, em: <http://booksandjournals.brillonline.com/content/journals/22134514>, acesso em: 19 dez. 2016.

[89] ROSALIE JUKIER, Inside the Judicial Mind: Exploring Methodology in the Mixed Legal System of Quebec, em: <http://booksandjournals.brillonline.com/content/journals/22134514>, acesso em: 11 nov. 2016.

[90] DAVID L. CAREY MILLER, Three of a Kind? Positive Prescription in Sri Lanka, South Africa and Scotland, Second World Society of Mixed Jurisdiction Jurists Conference (Edinburgh, UK, 2007), em: <http://www.ejcl.org/121/papers121.html>, acesso em: 17 nov. 2016; C.G. VAN DER MERWE, The Adaptation of the Institution of Apartment Ownrship to Civilian Property Law Structures in the Mixed Jurisdictions of South Africa, Sri Lanka and Louisiana, Second World Society of Mixed Jurisdiction Jurists Conference (Edinburgh, UK, 2007), em: <http://www.ejcl.org/121/papers121.html>, acesso em: 17 nov. 2016; THOMAS W. BENNETT, An African Doctrine of Equity in South African Public Law, em: <http://booksandjournals.brillonline.com/content/journals/22134514>, acesso em: 11 nov. 2016; SALVATORE MANCUSO, Creating Mixed Jurisdictions: Legal Integration in the Southern African Development Community Region, em: <http://booksandjournals.brillonline.com/content/journals/22134514>, acesso em: 11 nov. 2016.

[91] JOHN LOVETT, Creating and Controlling Private Land Use Restrictions in Scotland and Louisiana: A Comparative Mixed Jurisdictions Analysis, Second World Society of Mixed Jurisdiction Jurists Conference (Edinburgh, UK, 2007), em: <http://www.ejcl.org/121/papers121.html>, acesso em: 17 nov. 2016.

sendo estes últimos do *common law*. Ou seja, a Escócia é uma jurisdição mista inserida em um contexto de *common law*, haja vista que tem sua soberania integrada ao Reino Unido.

Há outras misturas que derivam, em parte, de tradições não ocidentais, como a lei muçulmana (*moslem law*), hindu (*hindu law*), judaica (*jewish law*) e outras de base religiosa, bem como de costumes típicos da cultura local, como leis tribais da África, podendo ser mencionados como exemplos países do norte da África, Irã, Egito, Síria, Iraque e Indonésia.

O resultado da nossa pesquisa permite concluir que as jurisdições mistas propriamente ditas e as misturas de jurisdições de modo geral são um fenômeno global e estão em processo de ampla expansão, devendo, em questão de tempo, ser identificada como a jurisdição mais difundida no mundo. Isso porque o fato de as tradições virem absorvendo institutos umas das outras que lhes eram considerados opostas, especialmente na concepção dualista do *civil law* e *common law*, tem como efeito a descaracterização ou caracterização imprecisa de um sistema como o *civil law* se ele passa a adotar a obrigatoriedade do efeito vinculante das decisões dos casos precedentes, ou de *common law* se ele se encontra em processo de vigorosa produção legislativa.

A precisão das tradições, com suas características que lhes identificavam e diferenciavam, ficou bastante nublada pela prática, normalmente salutar, de pegar de empréstimo, importar, institutos que funcionam bem em países vizinhos. Especificamente com relação às jurisdições mistas, a superação do positivismo jurídico e o advento do constitucionalismo deixaram claro que as vantagens dos sistemas são complementares, pois tanto o *common law* se beneficia da prévia definição da regra legal, que garante a racionalidade formal, quanto o *civil law* se beneficia da vinculação ao precedente, que garante a racionalidade material ou substancial.

Portanto, embora tenhamos a preocupação de deixar muito claro que a expressão *jurisdição mista* foi consagrada pela doutrina estrangeira relativamente a determinado tipo de jurisdição deflagrado por um acontecimento histórico, o fato de tratar-se de um conceito ainda em construção[92] não impede que tal mistura possa ser aceita de modo mais amplo e alinhado a fenômenos contemporâneos.

---

[92] Segundo Palmer, "There has never been an accepted definition of a mixed jurisdiction, and it would be premature to try to offer one here. It is conventionally agreed that all the systems within this study are indeed of that type, but it is natural to want to know why this is so. Comparative law writings continually use the term without explaining its significance or considering reasons for its contested meaning" (Ob. cit. pág. 7).

Caso tal possibilidade possa ser aceita, as jurisdições mistas teriam aptidão para abarcar todas as divisões políticas ou países que têm o rigor da sua tradição original do *civil law* neutralizado pela adoção de institutos da tradição que seria sua rival, tornando impreciso que depois dessas alterações permaneça sendo identificado como enquadrado na sua tradição original. A tradição subsiste como referência histórica originária, mas não pode seguir sendo utilizada para identificar um sistema que, de tantas incorporações, acabou se transformando em algo bem distinto da sua origem ou das características que deveria conservar para permanecer fiel à sua origem. A jurisdição mista, grosso modo, seria uma jurisdição que sofreu um processo de mutação com características específicas de combinar *civil law* e *common law*.

A mutação pode ocorrer por fatores históricos (conquistas e aquisições territoriais), de modo espontâneo (tratados e compromissos assumidos) e, conforme apontam as pesquisas realizadas no presente trabalho, nada impede que uma jurisdição mista possa resultar de uma transformação lenta e gradual na legislação de um país. Considerada a fusão das duas mais importantes (porque são as mais difundidas) tradições do mundo (*civil law* e *common law*), jurisdição mista pode ser uma categoria que viabiliza um sistema mais próximo do ideal,[93] ao reunir as vantagens do *civil law* (segurança e previsibilidade na lei) e do *common law* (segurança e previsibilidade no resultado).

II Crítica à ausência de definição e sua dificuldade

A crítica é feita por Palmer, ao disparar que os tradicionais esquemas de classificação basicamente nos mostram o que uma jurisdição mista não é.[94]

Para sustentar sua crítica, Palmer menciona autores que, embora tenham escrito sobre o tema, não arriscaram uma definição ou classificação das jurisdições mistas. Ele cita a obra de Arminjon, Nolde, and Wolff,[95] aos quais atribui a realização de extensa análise sobre

---

[93] Leonardo Greco, ao apontar características dos sistemas *civil law* e *common law*, observa que "os dois paradigmas têm qualidades e defeitos e que o processo ideal seria o que conseguisse conciliar as virtudes dos dois sistemas, minimizando os defeitos". Paradigmas da Justiça Contemporânea e Acesso à Justiça. Disponível em: <http://www.buscalegis.ufsc.br/revistas/files/anexos/33176-42004-1-PB.pdf>. Acesso em: nov. 2016, pág. 11.
[94] "Traditional classification schemes, as I will show in a moment, basically tell us what a mixed jurisdiction is not". Ob. cit. pág. 12.
[95] ARMINJON, Pierre; NOLDE, Boris; WOLFF, Martin. *Traité de Droit Comparé*, Librairie Generale de Dretroit et de Jurisprudence, 1952.

o tema das famílias legais, entretanto, afirma, destinaram apenas algumas linhas para a questão da classificação dos sistemas mistos. Cita Constantinesco,[96] afirmando que ignorou inteiramente o tema, e afirma que discussão de René David[97] se limita a um parágrafo reconhecendo que jurisdições como Escócia, África do Sul e Quebec não podem ser incluídas nem na família romano-germânica nem na família do *common law* porque elas incorporam elementos de ambas as famílias.[98]

Por outro lado, o tratamento dado ao tema por Zweigert e Körtz[99] é considerado equilibrado e novo, especialmente ao sugerirem uma nova metodologia que, embora, na visão de Palmer, conduza a uma conclusão insatisfatória. Os referidos autores propõem organizar famílias legais em termos de seu *estilo* distintivo e sugerem que cinco fatores podem determinar o estilo de uma família (1 – antecedentes históricos; 2 – modo característico de raciocínio; 3 – instituições distintas; 4 – fontes jurídicas reconhecidas; 5 – ideologia). Tal abordagem representa um avanço sobre as classificações baseadas em um único critério. Zweigert e Kötz concluem sua análise listando seis famílias: Romana, Germânica, Anglo-Americana, Nórdica, do Extremo Oriente (China e Japão) e Religiosa (Islâmica e Hindu). Seguindo sua análise, Zweigert e Kötz mencionam que existem sistemas *híbridos*, que não são facilmente encaixados na família *certa*, enfatizando que a questão é delicada, porque não seria uma questão fácil definir a qual família são mais próximos no estilo.

A perplexidade de Palmer é que, ao comparar os estilos de híbridos e as famílias mais próximas a eles, surge uma lista composta por Louisiana, África do Sul, Escócia, Quebec, Israel, Filipinas, Porto Rico, Grécia, República Popular da China e alguns outros, que, na visão de Palmer, é desconcertante, pois o único fator reconhecido como comum entre os referidos sistemas não foi sua semelhança, mas sua

---

[96] CONSTANTINESCO, Léontin. *Traité de Droit Comparé* – La Science des Droits Comparés. Economica, 1983.

[97] DAVID, René. *Os Grandes Sistemas do Direito Contemporâneo*. 4. ed. São Paulo: Martins Fontes, 2002, pág. 25/26.

[98] No original: "Arminjon, Nolde, and Wolff gave extended analysis of the subject of legal families but devoted only a few lines to the question of classifying the mixed systems. Constantinesco entirely ignored the subject, and David and Brierley's discussion is limited to a paragraph simply acknowledging that jurisdictions such as Scotland, South Africa and Quebec cannot be annexed to either the Romano-Germanic family or the *common law* family because 'they embody both Romano-Germanic and *Common law* elements'" (Ob. cit. pág. 12/13).

[99] ZWEIGERT, Konrad; KÖTZ, Hein. *An Introduction to Comparative Law*. 3rd edition. US: Oxford University Press, 1998.

incapacidade de se encaixarem em uma das seis famílias.[100] De fato, a classificação falha ao deixar solta uma quantidade enorme e cada vez maior de sistemas, porque não se encaixam na classificação sugerida por Zweigert e Körtz. Parece-nos que a falha irremediável da classificação sugerida está no seu caráter altamente restritivo e hermético, que vai de encontro à tendência global de incorporar institutos de outros sistemas.

Embora Palmer tenha considerado a classificação de Zweigert e Körtz como "balanced and fresh", entendemos que o termo *fresh* somente pode ser traduzido como novo, uma classificação nova, mas não uma classificação fresca, oxigenada, pois, ao compartimentar as famílias, o critério classificatório acaba excluindo sistemas e não atenta para a transformação observada no mundo, que é exatamente no sentido oposto, ou seja, incorporação e adaptação de institutos utilizados em sistemas vizinhos.

Diante desse contexto, Palmer optou por seguir outro caminho, qual seja, descrever e detalhar a experiência das jurisdições mistas numa tentativa de descobrir as mais evidentes semelhanças e mais significantes diferenças entre elas. Sua metodologia se baseia em fatos e com foco na comparação.

Sobre os critérios normalmente utilizados para apresentar uma classificação, Örücü afirma que as classificações vêm repousando nas características gerais, substanciais, fontes e estrutura. A essência não repousa na diversidade das regras em um determinado tópico. Somente as afinidades são consideradas.[101] Nossa leitura é que a principal

---

[100] No original: "The treatment in Zweigert and Kötz's acclaimed treatise is balanced and fresh, but, with respect, it too leads to an unsatisfactory conclusion, thought the suggested methodology for recognizing legal families may be useful to our purpose. The authors propose to arrange legal families in terms of their distinctive 'style' and suggest that five factors may determine a given family's style (1 – historical background, 2 – characteristic mode of thought, 3 – distinctive institutions, 4 – recognized legal sources, and 5 – ideology). This multidimensional approach represents an improvement over classification schemes based on single criterion. They conclude their analysis by listing six families: the Romano, Germanic, Anglo-American, Nordic, Far Eastern (China and Japan), and Religious (Islamic and Hindu). It is mentioned that there are 'hybrid' systems that are not easily put into the 'right' family. 'This calls for delicacy', they emphasize, because it is not an easy question to decide which family they are closest to in style. What emerges, however, from their comparing the styles of the hybrids and the closest families to them is a disconcerting list comprised Louisiana, South Africa, Scotland, Quebec, Israel, Philippines, Puerto Rico, as well as Greece, the People's Republic of China, 'and some others'. The only acknowledged factor in common between these systems is not their resemblance to one another but their failure to fit into one of the six families". Ob. cit. pág. 13/14.
[101] No original: "The bases for classification have been similarities and relationships. Classifications rely on general characteristics, substance, sources and structure. The essence does not lie in diversity of rules in a given topic, nor in external criteria and

dificuldade na elaboração de um método de identificação e classificação dos sistemas mistos reside exatamente no fato de que a característica essencial de um sistema misto é a sua autenticidade.

Relativamente às jurisdições mistas, e aos sistemas legais mistos de modo geral, é necessário atentar para o fato de que a autenticidade do sistema concebido a partir da mistura é da sua essência, de modo que as afinidades deverão ser buscadas dentro desse modelo autêntico. Essa, então, possivelmente, é a razão pela qual Örücü, ao expor os critérios em regra utilizados para elaborar uma classificação, acrescenta que atualmente é necessária uma abordagem totalmente nova, na qual os sistemas devem ser classificados de acordo com sua filiação, elementos constitutivos e o resultado da mistura, para então serem reagrupados de acordo com um princípio de predominância.[102]

No momento em que percebemos que a autenticidade é a principal característica deste sistema, sua essência, tal constatação exige a ampliação e não o estreitamento das categorias, como tem sido proposto. Em outras palavras, enquanto forem propostas classificações restritivas, as jurisdições mistas não encontrarão enquadramento, de modo que teremos, de um lado, as classificações, com utilidade meramente dogmática, sem utilidade prática e cada vez mais desconexas da realidade, e, de outro, sistemas no limbo, que pela sua própria natureza são insuscetíveis de enquadramento em moldes rígidos.

Isso não significa impossibilidade de desenvolver uma metodologia, apenas que o aspecto da autenticidade é o principal a ser considerado quando se trata de jurisdições mistas. Alguém poderá dizer que, ao afirmar que o ponto comum entre as jurisdições mistas é sua autenticidade, isso é o mesmo que dizer que não existe um ponto comum, pois autenticidade significa originalidade que diferencia dos demais, tal conclusão nos parece equivocada porque deturpa uma constatação verdadeira e fundada em fatos. Compreender as jurisdições mistas exige um ajustamento do enfoque para uma realidade diferente daquela que aprendemos e repetimos, de modo que, possivelmente, a própria metodologia para o agrupamento e desenvolvimento de uma classificação necessita de uma abordagem voltada para as características específicas das jurisdições mistas.

---

context. Only the affinities are considered" (What is a Mixed Legal System: Exclusion or Expansion?).

[102] "An entirely fresh approach is needed today, within which legal systems can be classified according to parentage, constituent elements and the resulting blend, and then be regrouped on the principle of predominance" (Ob. cit.).

Portanto, a classificação das jurisdições mistas, no primeiro momento, deve passar pelo critério de exclusão, ou seja, será jurisdição mista o sistema que não encontre enquadramento nas famílias de origem e, no segundo momento, poderá ser enquadrada em um critério classificatório que contemple apenas jurisdições mistas, no qual poderão ser classificadas conforme origem da mistura, institutos incorporados e seus reflexos no direito, especialmente o processual e estrutura do Poder Judiciário e reflexos nos demais Poderes de Estado, podendo o agrupamento ocorrer a partir de critério de predominância, conforme sugerido por Örücü.

Um critério distintivo dentro do grupo das jurisdições mistas pode ser o fato deflagrador da mistura, originando jurisdições mistas por imposição, jurisdições mistas espontâneas, jurisdições mistas por transformação gradual, jurisdições mistas pela união supranacional, sendo as duas últimas exemplos de um fenômeno mais recente, mais relacionado a um modelo de jurisdição contemporâneo ou mista contemporânea.

Portanto, a razão está com René David quando afirma que *não há um único paradigma e um único estilo de ser misto*,[103] e também com Esin Örücü quando observa que, quando falamos de sistema misto, tal fato pode servir simplesmente para lembrar que não existe um sistema legal puro[104] no mundo.[105]

III *Mixed jurisdiction* na sua acepção originária

Como mencionado anteriormente, a descoberta do fenômeno de mesclagem de jurisdições ocorre no séc. XIX e o desenvolvimento da noção de jurisdição mista é construído ao longo do séc. XX, especialmente pelo trabalho de F. P. Walton, R. W. Lee, M. S. Amos, A. Wood Renton, F. H. Lawson e T. B. Smith. Esses seis estudiosos do direito comparado, que não eram apenas teóricos, mas profissionais

---

[103] "There is no single paradigm and no single style of being mixed". DAVID, René. *Os Grandes Sistemas do Direito Contemporâneo*. São Paulo: Martins Fontes, 2012, pág. 15.

[104] Örücü afirma que alguns sistemas da Europa continental são combinações, como o sistema holandês, que combina Direito romano, alemão, francês e indígena; o sistema italiano combina Direito romano, alemão, francês; o sistema grego combina Direito costumeiro, neocanônico, alemão, grego e romano.

[105] Ligeiramente editado do original: "when we talk about of 'mixed system', this obvious fact can be put to one side and serve merely as a reminder that there are no pure legal systems in the world" (What is a Mixed Legal System: Exclusion or Expansion?).

que adquiriam conhecimento e experiência no sistema como juízes, acadêmicos, reitores e servidores públicos, e espalhados por lugares como Montreal-Canadá, Cairo-Egito, EdimburgoEscócia e Colombo-Sri Lanka, ademais, mantendo estreitos laços com a Sociedade Inglesa de Direito Comparado de Londres, estabeleceram as bases para o estudo destes sistemas pelos demais comparatistas ao redor do mundo.[106]

Embora a Escócia seja considerada a jurisdição mista mais antiga, pois sua identidade mista foi reconhecida com tranquilidade a partir de 1707, havendo historiadores que a reconheçam mesmo antes disso, o fato é o Quebec foi tomado como primeiro exemplo nos estudos deste fenômeno.

Palmer relata que Walton publicou, em 1899, enquanto atuava com Reitor da McGill Law School, em Montreal-Canadá, artigo no qual comparou as leis do Quebec, Louisiana e Escócia, e concluiu que essas jurisdições "ocupavam uma posição entre o *common law* e o *civil law*". Walton sustentava que a Escócia não poderia mais ser classificada como um país de *civil law*, como fora outrora, pois teria aceitado a lei comercial inglesa, a doutrina do *stare decisis* e uma quantidade de leis aplicáveis à Inglaterra e à Escócia. E enquadrou o Quebec na mesma situação da Escócia. O Quebec apresentava uma forte tendência a aceitar a doutrina do *stare decisis*, sua lei comercial era quase que integralmente inglesa, metade de suas regras processuais eram inglesas, e as cortes das províncias que aplicavam a lei francesa eram dotadas de poderes inerentes às cortes inglesas.[107]

---

[106] "The discovery and development of this notion must be credited to a group of British legal scholars, some of whom were born in the nineteenth century and lived and worked well into the twentieth. They were six remarkable comparative law scholars – F. P. Walton, R. W. Lee, M. S. Amos, A. Wood Renton, F. H. Lawson and T. B. Smith. Rather than mere armchair theorizers, they acquired firsthand knowledge and experience in these systems as judges, academics, deans or civil servants. With their feet diversely planted in such places as Montreal, Cairo, Edinburg, and Colombo, and maintaining strong ties to the English Society of Comparative Legislation in London, they laid the groundwork for an appreciation of these systems amongst Anglo-American lawyers and other comparatists around the world" (PALMER, Vernon Valentine. *Mixed Jurisdictions Worldwide* – The Third Legal Family. 2nd edition, pág. 19/20).

[107] "From the beginning, Quebec was taken to be a prime example of this phenomenon. In an essay published in 1899 while serving as the dean of the McGill law school in Montreal, F. P. Walton compared the laws of Quebec, Louisiana, and Scotland and concluded that these jurisdictions 'occupy a position midway between the *Common law* and the *Civil law*.' He argued that Scotland could no longer be classified as a *civil law* country, as it may once have been in earlier history. It had accepted English mercantile law, the doctrine of stare decisis, and a mass of legislation applicable to both England and Scotland. He pictured Quebec in much same category as Scotland. Quebec displayed a strong tendency to accept the doctrine of stare decisis, its mercantile law was almost wholly English, half of its rules

R.W. Lee[108] foi sucessor de Walton como reitor na McGill Law School e o mais proeminente estudioso do direito romano-holandês do seu tempo, havendo ampliado consideravelmente o tema da mistura das tradições como objeto do estudo. Em 1915 ele publicou um artigo no Michigan Law Review intitulado "The *Civil law* and the *Common law* – A World Survey". Neste trabalho, ele apresenta um mapa contendo três tipos de sistemas legais; *common law, civil law* e um terceiro denominado *mixed jurisdictions*, identificando como tal a Louisiana, Quebec, Guiana Britânica, África do Sul e Egito/Sudão. O mapa pretendia representar algo bastante novo, que era a interação do *civil law* e do *common law*.[109]

A contribuição de T. B. Smith[110] teve um enfoque diferente daquele dado pelos seus antecessores, pois sua preocupação era com a preservação da tradição do *civil law*, e, com esse intuito, liderou uma forte campanha em nome das jurisdições mistas. Como escocês e atuando ativamente na defesa do sistema legal nacional, receava o declínio da tradição do Direito Civil na legislação escocesa. Sua campanha iniciou-se em 1958 e se estendeu até os anos 80.

Em trabalho publicado em 1962, intitulado *"Studies Critical and Comparative"*, Smith introduziu a expressão *"mixed jurisdiction"* no prefácio, sendo o primeiro autor a usar o termo. Em 1963, ele empregou o termo no título de uma conferência que proferiu na Louisiana, fazendo com que o Juiz Albet Tate, da Corte de Apelação da Louisiana,

---

of procedure were English, and the provincial courts applying French law were endowed with the inherent powers of English courts" (Ob. cit., pág. 20).

[108] LEE, R. W., The Fate of the Roman-Dutch Law in the British Colonies. 7 Journal of Comparative Legislation 356 (1906); The interaction of Roman and Anglo-Saxon Law. 61 SALJ 155 (1944); The Disappearing Roman Law. 74 SALJ 79 (1957); Roman-Dutch Law in British Guiana. 14 Journal of Comparative Legislation 11 (1914).

[109] "R.W. Lee, Walton's successor as dean at McGill and the foremost scholar of Roman-Dutch law in his time, broadened the scope of the enquiry considerably. In 1915 he published an article in the Michigan Law Review entitled 'The *Civil law* and the *Common law* – A World Survey.' On the first page he presented a hand-drawn map which depicted three types of legal systems. The third of these was the 'mixed jurisdictions.' The eye is drawn instead to the third type of legal system, the horizontally striped areas where Louisiana, Quebec, Guyana, South Africa, and Egypt/Sudan stand in relief. This map attempted to depict something rather new, namely to present the laboratories of interaction between the civil and the *common law* worlds" (Ob. cit., pág. 20/21).

[110] SMITH, T. B., *The Preservation of the Civilian Tradition in Mixed Jurisdictions*. Louisiana State University Press, 1965. Disponível em: <https://www.econbiz.de/Record/the-preservation-of-the-civilian-tradition-in-mixed-jurisdictions-smith/10002821276>. Acesso em: dez. 2016; *Scotland: the Development of its laws* and constitution. London: Stevens, 1962. Sobre o legado de T. B. Smith: REID, Elspeth; MILLER, David Carey. A Mixed Legal System in Transition. T. B. Smith and The Progresso of Scots Law. Edinburgh: Edinburgh University Press, 2005.

considerasse a expressão cunhada por Smith.¹¹¹ Na definição de Smith, jurisdição mista consistia, basicamente, no sistema civil que teria ficado sob pressão do *common law* anglo-americano e havia sido parcialmente encoberto por esse sistema rival de jurisprudência.¹¹² A aceitação do termo foi conquistada quando Smith foi citado em referência ao termo *"mixed juridiction"* na *International Encyclopedia of Comparative Law*.

IV Jurisdição mista: um conceito em construção e suas características identificadoras

De início é importante enfatizar que a definição de jurisdição mista é um conceito em construção, pois, segundo Palmer,¹¹³ "nunca houve uma definição aceita de jurisdição mista e seria prematuro tentar oferecer uma".

É importante registrar também a crítica que é feita por Esin Örücü à expressão jurisdição mista adotada por Palmer. Segundo Örücü, a expressão não é satisfatória, porque nem todas as misturas terão os mesmos ingredientes. Prossegue afirmando que seria complicado situar, por exemplo, Quebec e Argélia, ambos sistemas mistos, em uma família. Na visão de Örücü, misturas simples, misturas complexas, sistemas dualistas e sistemas que adotam o pluralismo legal, não podem ser agrupadas. Por tal razão, entende que, se uma nova família vai ser criada, o termo *sistemas mistos* (ao invés de jurisdições mistas) seria mais apropriado, e deveria ter subcategorias. Portanto, Örücü entende que as jurisdições mistas como propostas por Palmer poderiam ser um subgrupo numa subcategoria dos vários cruzamentos entre *common law* e *civil law*.¹¹⁴

---

[111] Ob. cit., pág. 22.

[112] "Smith defined a mixed jurisdiction as 'basically civilian system that has been under pressure from the Anglo-American *common law* and has in part been overlaid by that rival system of jurisprudence'" (pág. 23).

[113] "There has never been an accepted definition of a mixed jurisdiction, and it would be premature to try to offer one here. It is conventionally agreed that all the systems within this study are indeed of that type, but it is natural to want to know why this is so. Comparative law writings continually use the term without explaining its significance or considering reasons for its contested meaning" (Ob. cit., pág. 7).

[114] "Vernon Palmer, for example, places crosses between civil law and common law, in a 'third family' called 'mixed jurisdictions'. To talk of a new family with the name 'mixed jurisdictions' however, is not satisfactory, as not all 'mixes' would have the same or similar ingredients. It would be difficult to place, for example, Quebec and Algeria, both mixed systems, into one family. Simple mixes, complex mixes, dual systems and systems adhering to legal pluralism cannot be pooled together. (...). If a new family were to be

Relativamente a tal crítica, é necessário esclarecer que o sistema da Argélia não foi considerado por Palmer no agrupamento das jurisdições mistas. Na sua obra *Mixed Jurisdictions Worldwide – The Third Legal Family*, sem tradução para o português, Palmer considerou jurisdições mistas África do Sul, Escócia, Louisiana, Quebec, Porto Rico, Filipinas, Botswana, Malta, Israel, Camarões, Sri Lanka, Seicheles, Santa Lucia, Maurícia, Lesoto, Namíbia, Zimbábue e Suazilândia.[115]

Örücü, por sua vez, ao apresentar seu mapa dos sistemas legais mistos, que reproduzimos mais à frente, insere todos esses países como jurisdições mistas, exceto Malta e Israel, como uma subcategoria do que denominou misturas simples (*civil law* e *common law*). Não obstante, alguns países vão aparecer novamente no seu mapa em outras classificações, como Camarões, Lesoto, Sri Lanka e África do Sul, que aparecem como sistemas que também incorporam a legislação costumeira, por isso considerados por Örücü uma mistura complexa, bem como Zimbábue, considerado um sistema de pluralismo legal, e Israel, que incluiria a lei religiosa e que será objeto de abordagem específica neste trabalho.

Em justiça à classificação de Örücü, registre-se que o grupo de estudos de Direito Comparado da Universidade de Ottawa também concluiu que Camarões, Lesoto, Sri Lanka e Zimbábue possuem na sua mistura também a lei costumeira, além do *civil law* e *common law*. E Israel, da mesma forma, teria na sua mistura a lei judaica e a lei muçulmana.[116]

Vê-se de pronto que o tema é polêmico, pois, considerado que todos os sistemas possuem algum grau de mistura, a intensidade da mistura sob a perspectiva do estudioso vai provocar divergências. E, aparentemente, é bastante controversa a inclusão, na proposta de Palmer, de alguns países como jurisdições mistas.

Entretanto, para o propósito deste estudo, que é tentar situar o modelo brasileiro numa moldura mais adequada às transformações

---

created, 'mixed systems' would be a more appropriate name for it, with sub-categories. 'Mixed Jurisdictions', as presented in the Palmer Project, could be a sub-group within the sub-category of various crosses between common law and civil law" (ÖRÜCÜ, E. What is a Mixed Legal System: Exclusion or Expansion?)

[115] Não existe consenso quanto aos países ou divisões políticas que integram a família das jurisdições mistas: Para Colin B. Picker, a família das jurisdições mistas inclui: Escócia, Quebec, Louisiana, Sri Lanka, Filipinas, África do Sul, Zimbábue, Namíbia, Lesotho, Suazilândia, Santa Lucia, Maurícia e Seicheles, The International Law's Mixed Heritage: A Common/Civil Law Jurisdiction, Vanderbilt Journal of Transnational Law, vol. 41:1083, disponível em: <https://papers.ssrn.com/sol3/papers.cfm?abstract_id=1125044>, acesso em: 3 jan. 2017.

[116] Disponível em: <http://www.juriglobe.ca/eng/sys-juri/class-poli/sys-mixtes.php>.

pelas quais estamos passando há alguns anos e que se intensificam com o advento do Código de Processo Civil de 2015, tudo indica que as jurisdições mistas, seja pela sua definição, seja pelo desenho de estrutura do Poder Judiciário, seja pelo comportamento dos seus integrantes e alcance de suas decisões, se apresentam como uma categoria de possível enquadramento.

Por isso, não obstante a relevância das eventuais críticas, a nossa opção em concentrar o estudo e trabalhar com esta categoria das jurisdições mistas, entretanto, reduzindo os parâmetros de comparação aos estados em relação aos quais não se identifica de pronto grande controvérsia acerca do seu enquadramento como jurisdição mista.

Portanto, embora não exista um conceito definitivo do que seja jurisdição mista, optamos por assim considerar os países ou divisões políticas em relação aos quais existe consenso no sentido de que constituem misturas simples do *civil law* com o *common law*. São os seguintes: África do Sul, Escócia, Louisiana, Quebec, Porto Rico, Filipinas, Botswana, Maurícia (Mauritius), Santa Lucia, Namíbia e Seicheles, em relação aos quais a expressão *mixed jurisdictions* poderia ser tranquilamente empregada, segundo as fontes pesquisadas.[117] O caso de Israel, não obstante alguma polêmica relativamente à sua inclusão na categoria jurisdição mista, por outro lado, muitos trabalhos consideram tranquila tal inclusão.[118]

---

[117] Foram utilizadas três fontes e, em relação a estes 11 entes políticos, houve concordância de que não possuem outros elementos na mistura além do *civil law* e do *common law*. As fontes foram a classificação de Vernon Valentine Palmer (*Mixed Jurisdiction Worldwide*), a classificação de Esin Örücü (mapas anexos ao estudo *What is a Mixed Legal System*) e a classificação elaborada pelo grupo de estudo da Universidade de Ottawa, disponível em: <http://www.juriglobe.ca/eng/sys-juri/class-poli/sys-mixtes.php>.

[118] Séan Patrick Donlan registrou que no Congresso realizado na Hebrew University of Jerusalem, em 2011, restou consolidado que as jurisdições mistas clássicas eram Israel, Louisiana, Filipinas, Porto Rico, Quebec, Escócia e África do Sul e que num novo horizonte encontravam-se Cyprus, Hong Kong e Macau, Malta, Nepal, dentre outros. Vê-se, portanto, que não existe consenso. Mixed and Mixing Systems Worldwide, European Journal of Comparative Law and Governance 1 (2014) 5-9, disponível em: <http://booksandjournals.brillonline.com/content/journals/22134514>, acesso em: 15 nov. 2016; Considerando Israel jurisdição mista: HAIM SANDEBERG, What Happens When the Judiciary Switches Roles with the Legislator? An Innovative Israeli Version of a Mixed Jurisdiction, available on line February, 2014, in: <http://booksandjournals.brillonline.com/content/journals/22134514>, acesso em: 11 nov. 2016; GABRIELA SHALEV, YEHUDA ADAR, The Law of Remedies in a Mixed Jurisdiction: The Israeli Experience, Second World Society of Mixed Jurisdiction Jurists Conference (Edinburgh, UK, 2007), em: <http://www.ejcl.org/121/papers121.html>, acesso em: 17 nov. 2016; TAMAR GIDRON, The Publicity Right in Israel: An Example of Mixed Origins, Values, Rules, Interests and Branches of Law, Second World Society of Mixed Jurisdiction Jurists Conference (Edinburgh, UK, 2007), em: <http://www.ejcl.org/121/papers121.html>, acesso em: 17 nov. 2016; considerando Israel uma mistura única,

Vimos que o eminente estudioso do direito comparado Sir Thomas Smith descreveu esses sistemas, em termos amplos, como sendo um sistema de *civil law* que teria ficado sob pressão do *common law* e havia sido parcialmente encoberto por esse sistema rival.[119] Tal definição, na visão de Palmer, embora não seja equivocada, é algo vaga e enganosa. Possivelmente a maior dificuldade em estabelecer uma definição conceitual esteja no fato de que se trata de um fenômeno em constante transformação e consiste justamente no esforço na acomodação e convivência harmônica de sistemas que, normalmente, ou se sobrepõem, no caso da imposição decorrente de domínio territorial, ou se combinam com o objetivo de aprimoramento do sistema.

Ou seja, se, por um lado, temos Botswana, protetorado britânico desde 1885, e Filipinas, ex-colônia espanhola, cuja independência não foi reconhecida pela Espanha, que cedeu seu território aos Estados Unidos, e estes somente vieram a reconhecer sua independência em 1946, nas quais a influência do *common law* ocorreu por imposição, por outro, temos Escócia e Israel como exemplos de países que espontaneamente adotaram a forma mista. No caso da Escócia, adotou estrutura mista ao integrar sua soberania à britânica, com a assinatura do *Act of Union*, em 1707.

Atento à inexistência de um conceito definitivo, Palmer apresenta três características que considera que satisfatoriamente descrevem as jurisdições mistas, valendo enfatizar que são características que restringem a expressão à sua noção dualista originária.

A primeira característica seria a especificidade da mistura a qual estamos nos referindo, pois esses sistemas são construídos sobre a dual fundação do *common law* e do *civil law*. Os sistemas ao redor do mundo certamente apresentam diversas misturas – de leis religiosas,

---

não necessariamente jurisdição mista: conclusões do grupo de estudos da universidade de Ottawa, em: <http://www.juriglobe.ca/eng/sys-juri/class-poli/sys-mixtes.php>; ÖRÜCÜ, E. What is a Mixed Legal System: Exclusion or Expansion?; MARGIT COHN, Pure or Mixed? The Evolution of Three Grounds of Judicial Review of the Administration in British and Israeli Administrative Law, available on line February, 2014, in: <http://booksandjournals.brillonline.com/content/journals/22134514>, acesso em: 11 nov. 2016; ANTONIO E. PLASTAS, The Enigmatic But Unique Nature of the Israeli Legal System, available on line February, 2014, in: <http://booksandjournals.brillonline.com/content/journals/22134514>, acesso em: 11 nov. 2016.

[119] "The eminent Scottish comparatist Sir Thomas Smith described these systems in the broadest terms, as being 'basically a civilian system that had been under pressure from Anglo-American common law and has in part been overlaid by that rival system of jurisprudence.' Even this generalization, though not inaccurate, is somewhat vague and misleading" (PALMER, Ob. cit. pág. 7).

costumes locais, lei comercial, lei canônica, lei romana e precedentes – e certamente não existe um modelo de pluralismo legal. Mas somente nas jurisdições mistas podemos considerar, não obstante a presença concomitante de outros elementos, que o *common law* e o *civil law* constituem a matéria básica desta construção. Palmer enfatiza que essa expressão realmente singulariza uma mistura que é exclusivamente ocidental.[120]

A segunda característica mencionada por Palmer é quantitativa e psicológica, assim por ele descrita:

> There is probably a quantitative threshold to be reached before this will occur. This threshold explains why the states of Texas and California, which indeed have some *civil law* in their legal systems, are generally regarded as '*common law*' states, while the state of Louisiana is regarded as a mixed jurisdiction. The *civil law* elements in the former are not nearly as obvious as in the later. It seems that an occasional transplant or even a series of them from one tradition to the other will not necessarily create this distinctive bijurality. In the mixed-jurisdiction family one expects a large number of principles and rules to be of distinguishable pedigree, even including non-substantive aspects of the law, such as the nature of institutions and the style of legal thinking.[121]

Os dois aspectos mencionados, quantitativo e psicológico, são muito relevantes na medida em que consideramos que se trata de um fenômeno em constante evolução, de modo que a transformação pode

---

[120] No original: The first characteristic feature is the specificity of the moisture to which we refer. These systems are built upon dual foundations of *common law* and *civil law* materials. Systems around the world certainly present diverse mixes – of religious law, indigenous custom, merchant law, canonical law, Roman law, and judge-made law – and there is certainly no shortage of legal pluralism, but only in 'mixed jurisdictions' do we find, notwithstanding the presence of other legal elements as well, that *common law* and *civil law* constitute the basic building blocks of the legal edifice. This unwieldy expression really singles out that mixture which is exclusively Western, drawn as it is from Romano-Germanic and Anglo-American legal materials (Ob. cit., pág. 8).

[121] Em tradução livre: Existe provavelmente um limite quantitativo que necessita ser alcançado para que ocorra o enquadramento. Esse limite explica por que o estado do Texas e da Califórnia, que efetivamente possuem um pouco de *civil law* no seu sistema, são geralmente considerados como estados do *common law*, enquanto estados como a Louisiana são considerados jurisdição mista. Os elementos de *civil law* naqueles não são tão óbvios quanto nestes. Aparentemente, um transplante (empréstimo, importação) ocasional ou mesmo uma série de transplantes de uma tradição para a outra não originaria necessariamente um sistema misto. A família das jurisdições mistas requer um maior número de princípios e regras para pertencer a este distinto pedigree, incluindo aspectos legais não substantivos, como a natureza das instituições e a forma de pensar o direito (PALMER, *Mixed Jurisdictions Worldwide*, pág. 8/9).

ocorrer tanto de forma impositiva e repentina, como ocorreu com as Filipinas e Porto Rico, quando o sistema misto surge com a vitória dos Estados Unidos sobre a Espanha, em 1898, ao final da Guerra Hispano-Americana, quanto de forma espontânea e repentina, como ocorreu com a Escócia, ao assinar o *Act of Union*, em 1707, e passar a pertencer ao Reino Unido, e, ainda, de forma espontânea e gradual.

Aparentemente, essa última modalidade, espontânea e gradual, possivelmente seja a que encontra maior resistência psicológica, no sentido de que as mudanças ocorrem de forma tão lenta que a transformação fica mais difícil de ser percebida. É exatamente neste ponto que entendemos que se encaixa o enquadramento do Brasil.

A questão quantitativa, da necessidade de um número considerável de princípios, regras, institutos, necessários para passar a fazer parte da família de jurisdições mistas é fundamental, assim como a natureza das suas instituições e a forma de pensar o direito. Do ponto de vista quantitativo, o sistema brasileiro vem sucessivamente adotando mecanismos de vinculação aos precedentes, como veremos de forma mais detalhada a seguir, sendo suficiente, por ora, mencionar o efeito vinculante das ações diretas de constitucionalidade, a súmula vinculante introduzida pela Emenda Constitucional nº 45/2004, a sistemática dos recursos repetitivos e repercussão geral e, mais recentemente, o advento do Código de Processo Civil de 2015, instrumentos que selam definitivamente a adoção do *stare decisis* e nossa opção pela vinculação obrigatória ao sistema de precedentes típico do *common law*.

O aspecto psicológico é muito oportuno de ser destacado na sua interação com o aspecto cultural. Há culturas que por mais que se modifiquem seus sistemas jurisdicionais dificilmente aceitarão seu enquadramento como jurisdição mista, e alguns, embora absorvam institutos da tradição rival, não chegarão a um nível que justifique o reconhecimento de uma mistura. A tradição inglesa do *common law*, por mais intensa que seja sua produção legislativa, não se permitirá fique abalada pela influência do *civil law*. O mesmo raciocínio se aplica à França.[122] No Brasil, não existe resistência cultural; o aspecto psicológico está mais relacionado ao hábito da nossa identidade como país de tradição de *civil law*, o que é correto quanto à nossa origem, do que com alguma resistência à nossa realidade de incorporação significativa de institutos do *common law*.

---

[122] "In countries like France or England, there is rarely reference or recourse to foreign law in judicial decisions". PALMER, Ob. cit., pág. 66.

A terceira característica é estrutural. Sobre tal aspecto, Palmer afirma que em todos os casos o *civil law* vai ficar isolado no campo do Direito privado, criando a distinção entre Direito privado continental e o Direito público anglo-americano. Tal distribuição estrutural é invariável na família. Obviamente o conteúdo dessas respectivas esferas nunca é puramente civil ou puramente *common law*, mas haverá uma predominância de um em relação ao outro.[123]

O que se observa com frequência nas jurisdições que se tornam mistas é que, no primeiro momento, o *common law* vai se estabelecer em alguns campos determinados, como o Direito público, as instituições judiciais e, possivelmente, no Direito Penal. O *civil law*, que é a tradição preexistente na definição clássica da jurisdição mista, vai ser mantido e ficar restrito ao campo do Direito privado.

Esse modo de acomodar a coexistência de dois sistemas consiste em uma decisão política que objetiva viabilizar a construção de uma estrutura mista[124] e que pode ser observada especialmente nos casos de transferência de colônias entre países ou transferência intercolonial, que será abordada no tópico seguinte. Por ora, é importante destacar que essa decisão política de manter o *civil law* preexistente, ainda que restrito ao campo do Direito privado, vai ser uma decisão que na visão de Palmer[125] também será influenciada pela quantidade de habitantes de origem europeia e que estejam devidamente adaptados e se apresentem em superioridade numérica e em posição socioeconômica dominante.

Essa decisão de conservar o sistema dual será uma posição discricionária que vai tomar em consideração aspectos demográficos, sociais e políticos, inclusive ponderando a justiça e a vantagem de introduzir um sistema alienígena e que se apresenta em uma língua estrangeira e todas as questões de ordem prática e moral que surgiriam na eventualidade de uma mudança abrupta do sistema. Obviamente, na formação das jurisdições mistas pesam os apelos para preservação da cultura, língua, religião, leis e costumes locais.

---

[123] "The third characteristic is structural. In every case the *civil law* will be cordoned off within the field of private law, thus creating the distinction between private continental law and public Anglo-American law. This structural allocations is invariable in the family. Of course the content of these respective spheres is never purely civil nor purely common, but it will be predominantly of one kind rather than the other" (PALMER, Ob. cit. pág. 9).

[124] Para usar uma expressão de Patrick Glenn, é uma política de "structured mixité". Quebec: Mixité and Monism in Studies in Legal Systems: Mixed and Mixing. E. Örücü, E. Attwooll and S. Coyle. Kluwer, 1996, pág. 3/8.

[125] PALMER, Ob. cit., pág. 29.

Então, o que ocorre com frequência nas jurisdições mistas decorrentes de transferência de colônias é que, no primeiro momento, vê-se uma linha divisando o *civil law* privado e o *common law* público. No decorrer do seu desenvolvimento, entretanto, vai havendo uma redução do setor antes ocupado pelo *civil law* e que vai sendo tomado por um *common law* privado ou algumas zonas cinzentas nas quais o *common law* adentra sem desbancar o *civil law*. Normalmente, o processo civil vai refletir o desenvolvimento institucional e os tribunais e juízes, de modo que a tendência é a adoção ampla de precedentes vinculantes e a fundamentação baseada em casos julgados no campo do Direito privado, mesmo em campos que eram originariamente reservados ao *civil law*.[126] É interessante notar que essas mudanças estruturais, que não são diretamente determinadas pelo país que assume a soberania, são observadas na maioria das jurisdições mistas que se formam por transferência intercolonial.

Em um contexto diferente, no qual haja uma predominância da influência inglesa ou norte-americana, neste caso, o *civil law* poderia ser completamente abrogado. Em tal hipótese, como resultado teríamos uma estrutura que poderia ter se tornado mista, mas não se tornou. Considere-se o caso do Texas e da Flórida, por exemplo. Ambos vivenciaram a experiência do Direito espanhol antes de se integrarem aos Estados Unidos. Entretanto, como referido anteriormente, a questão da quantidade da população local foi um aspecto que pesou, pois não havia pessoas de origem espanhola ou mexicana em número suficiente para evitar a introdução do *common law* estadunidense. O mesmo ocorreu com New York (the New Netherlands), pois quando foi conquistada pela Inglaterra, o Direito holandês foi totalmente abolido e introduzido o Direito inglês, aparentemente porque o número de holandeses locais era inferior ao de pessoas de origem de países de cultura e língua inglesa.[127]

O fato é que a cessão, conquista ou aquisição de um território, embora seja o deflagrador potencial da mistura das jurisdições, não operam como fator decisivo no sentido de originar automaticamente uma jurisdição mista. A questão do interesse do grupo social dominante local, da elite econômica e intelectual, bem como a questão da barreira linguística assumem grande relevância, pois em muitos casos o receio de uma mudança abrupta para um sistema em língua que a população de

---

[126] PALMER, Ob. cit. pág. 27.
[127] PALMER, Ob. cit. pág. 29.

modo geral não conseguiria entender e obedecer foi uma das principais razões para permitir a subsistência das leis locais.[128]

Conclui-se que a conquista ou aquisição de um território apenas coloca sobre a mesa uma decisão política fundamental, que vai envolver a ponderação de vários aspectos que necessitam ser considerados na avaliação das vantagens, inclusive estratégicas, da estruturação de uma jurisdição mista.

V Jurisdições mistas como resultado da transferência de colônias

Como vimos, a definição de jurisdição mista consagrada pela doutrina estrangeira consiste na identificação de uma jurisdição de *civil law* que passa a ser pressionada pelo *common law*. Vimos também que tal fenômeno foi identificado como resultado da assinatura de um tratado ou da conquista ou aquisição de um território. Portanto, são acontecimentos com um marco historicamente definido e que ocorrem de forma espontânea ou mediante imposição do conquistador ou adquirente.

Há seis jurisdições mistas que adquiriram esse *status* após a França, Espanha ou Holanda transferirem, espontaneamente ou não, suas colônias aos Estados Unidos ou à Inglaterra. São elas: Louisiana, Quebec, Malta, Filipinas, Porto Rico e África do Sul.

No caso da Louisiana, o atual sistema jurídico dual surge logo depois que a França vendeu o território aos Estados Unidos, em 1803. No Quebec o novo sistema jurídico surge ao final da Guerra dos 7 Anos (Seven Years' War), quando a França abdicou do território do Canadá (New France) em favor da Grã-Bretanha, em 1763. Em Malta, o sistema misto surge quando as ilhas foram formalmente anexadas às colônias britânicas, depois da expulsão dos franceses, em 1801. Nas Filipinas e em Porto Rico a jurisdição mista resulta da vitória americana sobre a Espanha, na Guerra Hispano-Americana de 1898. Na África do Sul, os sistemas romano-holandês e inglês são oriundos de conquistas militares e anexações britânicas.

---

[128] Palmer, tratando do fator linguístico, afirma que "In a number of cases the fear of an abrupt changeover to a language that an entire population would fail do understand and obey, was one of the principal reasons for allowing the retention of the original laws" (Ob. cit., pág. 90).

Portanto, não vai fazer grande diferença se a mistura de jurisdições ocorre como resultado da assinatura de um tratado de paz, da conquista ou da aquisição de um território. Ou seja, o fato histórico não vai operar maior relevância no desdobramento do processo da mistura, que, de modo geral, tem seguido uma trajetória mais ou menos parecida no processo de incorporação da jurisdição que chega, seja por força de tratado, conquista ou aquisição territorial.

O que se tem observado é que o sistema jurídico preexistente – na concepção clássica de jurisdição mista é de *civil law* ou alguma variação do *jus commune* europeu – não possui qualquer relação ou instituto típico do *common law*. Após o fato histórico, o *common law* é internalizado no âmbito do Direito público e das instituições e, progressivamente, vai ocupando também espaços do âmbito do Direito privado.

Portanto, a transferência de colônias entre países de tradições diferentes nem sempre vai resultar numa jurisdição mista.[129] Entretanto, quando isso ocorre, a experiência tem retratado uma estrutura que se replica, com algumas variações, mas, basicamente, é uma estrutura concebida a partir de uma decisão política que pondera as vantagens e desvantagens decorrentes do impacto econômico, político e social da mudança abrupta de sistema jurídico.

De modo geral, no primeiro momento, é como se fosse traçada uma linha divisória no qual o *civil law* remanesce restrito ao campo do Direito privado e o *common law* passa a dominar o campo do Direito público. E, como desdobramento do processo de mistura das jurisdições, o *common law* passa a ser incorporado a campos do Direito privado, ainda que sem eliminar o *civil law*, mas, por exemplo, passando a utilizar a sistemática dos precedentes, típica do *common law*, no campo do Direito privado, como decorrência da pressão que o *common law* vai exercer sobre o processo civil dos países de jurisdição mista.

---

[129] Como visto no item anterior (IV), a transferência de uma colônia vai impor que seja tomada uma decisão política acerca da abolição do sistema então vigente que seja distinto do país que assume a soberania ou a adoção de uma jurisdição mista. Tal decisão vai tomar em consideração fatores sociais, políticos, econômicos, que garantam apoio de parte considerável do grupo social dominante, especialmente a elite econômica e intelectual. Vimos que estados como Texas e da Flórida são exemplo nos quais após sua integração aos Estados Unidos o Direito espanhol foi totalmente abolido, haja vista que não havia barreiras relativamente à língua inglesa e a população espanhola e mexicana não ameaçava a imposição do *common law*. O mesmo ocorreu com New York (the New Netherlands), pois quando foi conquistada pela Inglaterra, o Direito holandês foi totalmente abolido e introduzido o Direito inglês, aparentemente porque o número de holandeses locais era inferior ao de pessoas de origem de países de cultura e língua inglesa.

VI A estrutura das instituições judiciais e o comportamento dos juízes nas jurisdições mistas

Nas jurisdições mistas, em regra, as instituições judiciais seguem o modelo do *common law*.

No âmbito administrativo, os tribunais dos países de jurisdição mista são mais centralizadores e empoderados do que os tribunais idealizados dos países de *civil law*. Os tribunais dos países de jurisdição mista possuem poderes para fazer cumprir suas próprias decisões[130] e autonomia para definir regras internas relativamente ao processo e provas. Como ocorre no Direito inglês e estadunidense, os tribunais dos países de jurisdição mista possuem poderes inerentes que existem independentemente de autorização legislativa, não obstante a coexistência da crença de que as leis traduzem a vontade popular através do Poder Legislativo.[131]

Em outras palavras, nos países de jurisdição mista existe uma maior autonomia[132] e confiança no Poder Judiciário, algo diferente da suspeição que recai sobre tal poder na concepção típica do *civil law* francês. Observe-se que, relativamente à estrutura institucional, nosso modelo também é mais assemelhado ao modelo estadunidense, pois não temos Cortes administrativas desvinculadas do Poder Judiciário, como ocorre no sistema francês. Entre nós, o *judicial review* é amplo e abrange todas as questões, assim como no modelo norte-americano.

A questão que por ora remanesce pendente é relativa ao modo de raciocinar o direito vinculado obrigatoriamente aos precedentes, ou seja, de que modo iremos processar e adaptar ao nosso direito a metodologia de formação e aplicação do precedente, o que será abordado no capítulo específico sobre o tema.

Sobre a postura dos juízes, merece transcrição a observação de Palmer, no sentido de que juízes de países de jurisdição mista "perceive themselves to be law-creators and policy makers. They may occasionally attempt to nuance or minimize their creative contribution, but a flat

---

[130] O *common law* prevê o *contempt of court* no qual eventual recusa ao cumprimento de uma ordem judicial pode resultar em prisão ou multa, de modo que uma decisão judicial tem que ser cumprida ou recorrida, sob pena de imposição das sanções que compelem ao cumprimento.

[131] PALMER, Ob. cit., pág. 44.

[132] Relativamente ao Direito inglês, é importante anotar que a maior autonomia do Poder Judiciário somente foi conquistada com a Reforma Constitucional de 2005, que promoveu a efetiva separação dos juízes e membros do Parlamento (cf. capítulo I, item III.5).

denial would never be convincing. Such judges vigorously shape the clay around the case in accordance with their own concept of justice and right".[133] Portanto, é uma concepção na qual os juízes se consideram criadores da norma jurídica e definidores de políticas, pois, nas palavras de Palmer, esses juízes de jurisdição mista modelam vigorosamente o caso de acordo com suas próprias convicções sobre justiça e direito, bem alinhados, portanto, ao perfil do juiz do *common law* e diferente do juiz do *civil law*.

Tais características de estrutura de Poder Judiciário e perfil de juízes que se reconhecem como criadores e não somente aplicadores das normas jurídicas, seguindo o modelo do *common law* anglo-saxão, foram constatadas por pesquisadores a respeito das jurisdições mistas existentes na África do Sul,[134] Escócia,[135] Louisiana,[136] Quebec,[137] Porto Rico,[138] Filipinas,[139] Israel,[140] dentre outras. O que pode ser considerada exceção a tal regra é o caso da jurisdição mista de Malta, na qual o juiz é essencialmente aquele idealizado pelo *civil law*, que não se percebe como criador da norma jurídica e pertence a um sistema no qual as decisões são colegiadas e não há espaço para posições divergentes. Ademais, o *stare decisis* em Malta não se aplica verticalmente, ou seja, as instâncias inferiores não estão estritamente vinculadas às decisões das cortes superiores.[141]

---

[133] PALMER, Ob. cit., pág. 44/45.
[134] C.G. VAN DER MERWE, The Republic of South Africa, In: PALMER. *Mixed Jurisdictions Worldwide*, pág. 118.
[135] ELSPETH REID, Scotland, In: PALMER. *Mixed Jurisdictions Worldwide*, pág. 231.
[136] PALMER e HARRY BOROWSKI, Louisiana, In: PALMER. *Mixed Jurisdictions Worldwide*, pág. 290.
[137] MICHAEL McAULEY, Quebec, In: PALMER. *Mixed Jurisdictions Worldwide*, pág. 359.
[138] LUIS MUÑIZ-ARGÜELLES, Puerto Rico, In: PALMER. *Mixed Jurisdictions Worldwide*, pág. 393.
[139] PACIFICO AGABIN, The Philippines, In: PALMER. *Mixed Jurisdictions Worldwide*, pág. 453.
[140] TAMAR GIDRON, Israel, In: PALMER. *Mixed Jurisdictions Worldwide*, pág. 587.
[141] Sobre o sistema maltês, Kevin Aquilina esclarece que "Judges are not perceived as being law-creators but as law-appliers. It is not the function of the judges to create law within the Maltese legal system. Hence, the civil law tradition prevails in this respect". In: PALMER. *Mixed Jurisdictions Worldwide*, Malta, pág. 534.

VII Israel: um caso que desafia a definição clássica e sua relevância para o presente estudo; ao desafiar, reforça a abrangência da expressão

Vimos que a definição consagrada de jurisdição mista consiste em uma jurisdição de *civil law* que é pressionada pelo *common law*. No caso de Israel ocorreu a situação inversa, na qual havia uma base do *common law* sobre a qual se impôs o *civil law* privado. Portanto, seria uma jurisdição mista fundada de modo inverso do que ocorre na definição clássica que a expressão recebeu dos estudiosos estrangeiros.

A inclusão de Israel como jurisdição mista é bastante polêmica,[142] especialmente porque, segundo concluem outras fontes pesquisadas, possui uma mistura mais complexa do que *civil law* e *common law*, pois inclui lei religiosa, mais especificamente lei judaica e lei muçulmana.[143]

Feito o registro, Israel, nas palavras de Palmer,[144] trata-se de uma jurisdição mista "criada em circunstâncias únicas e por razões

---

[142] Séan Patrick Donlan registrou que no Congresso realizado na Hebrew University of Jerusalem, em 2011, restou consolidado que as jurisdições mistas clássicas eram Israel, Louisiana, Filipinas, Porto Rico, Quebec, Escócia e África do Sul e que num novo horizonte encontravam-se Cyprus, Hong Kong e Macau, Malta, Nepal, dentre outros. Vê-se, portanto, que não existe consenso. Mixed and Mixing Systems Worldwide, European Journal of Comparative Law and Governance 1 (2014) 5-9, em: <http://booksandjournals.brillonline.com/content/journals/22134514>, acesso em: 15 nov. 2016; Considerando Israel jurisdição mista: HAIM SANDEBERG, What Happens When the Judiciary Switches Roles with the Legislator? An Innovative Israeli Version of a Mixed Jurisdiction, available on line February, 2014, in: <http://booksandjournals.brillonline.com/content/journals/22134514>, acesso em: 11 nov. 2016; GABRIELA SHALEV, YEHUDA ADAR, The Law of Remedies in a Mixed Jurisdiction: The Israeli Experience, Second World Society of Mixed Jurisdiction Jurists Conference (Edinburgh, UK, 2007), em: <http://www.ejcl.org/121/papers121.html>, acesso em: 17 nov. 2016; TAMAR GIDRON, The Publicity Right in Israel: An Example of Mixed Origins, Values, Rules, Interests and Branches of Law, Second World Society of Mixed Jurisdiction Jurists Conference (Edinburgh, UK, 2007), em: <http://www.ejcl.org/121/papers121.html>, acesso em: 17 nov. 2016; considerando Israel uma mistura única, não necessariamente jurisdição mista: conclusões do grupo de estudos da Universidade de Ottawa, em: <http://www.juriglobe.ca/eng/sys-juri/class-poli/sys-mixtes.php>; ÖRÜCÜ, E. What is a Mixed Legal System: Exclusion or Expansion?; MARGIT COHN, Pure or Mixed? The Evolution of Three Grounds of Judicial Review of the Administration in British and Israeli Administrative Law, available on line February, 2014, in: <http://booksandjournals.brillonline.com/content/journals/22134514>, acesso em: 11 nov. 2016; ANTONIO E. PLASTAS, The Enigmatic But Unique Nature of the Israeli Legal System, available on line February, 2014, in: <http://booksandjournals.brillonline.com/content/journals/22134514>, acesso em: 11 nov. 2016.

[143] A classificação elaborada mediante apresentação de Mapas, de Esin Örücü (mapas anexos ao estudo What is a Mixed Legal System), e a classificação elaborada pelo grupo de estudo da Universidade de Ottawa, disponível em: <http://www.juriglobe.ca/eng/sys-juri/class-poli/sys-mixtes.php>.

[144] Ob. cit., pág. 38.

específicas".[145] Isso porque, no período que vai de 1923 a 1948, a Palestina esteve sob a administração da Inglaterra.[146] Com a extinção do Mandato Britânico da Palestina, em 1948, Israel, ao proclamar sua independência na Guerra árabe-israelense de 1948, surge como um país de tradição de *common law*, tanto no Direito público quanto no Direito privado.

Entretanto, a partir deste marco e com raras exceções, o Direito privado caminhou em direção ao *civil law*, enquanto o Direito público permaneceu na tradição do *common law*. No período que vai de 1962 a 1981 o Parlamento israelense aprovou pelo menos vinte leis abrangentes e escritas,[147] formal e substancialmente características do *civil law*, que proporcionaram as bases para um projeto de código civil.

Portanto, no campo do Direito privado Israel é um caso no qual o *civil law* tomou o lugar e substituiu o *common law*. Como observa Palmer, é interessante notar que tal desdobramento não ocorre por razões de transferência de soberania ou por refletir uma característica da população ou um anseio popular democraticamente expressado, mas deriva primordialmente de uma cultura jurídica de um grupo relativamente pequeno que assumiu um papel de liderança no Direito israelense durante os primeiros momentos do desenvolvimento de um direito independente. Esse grupo recebeu muita influência e tinha forte afinidade com o Direito privado continental.[148]

---

[145] Observe-se que Örücü, relativamente a Israel, discorda de Palmer e não inclui Israel como jurisdição mista. No mapa dos sistemas mistos apresentado por Örücü, Israel é classificado como mistura complexa, dentro do tópico sistemas mistos, ao passo que as demais jurisdições mistas, dentro do mesmo tópico, são consideradas misturas simples. Isso porque Örücü considera que Israel inclui a lei religiosa na mistura, e, possivelmente, mas como conclusão nossa, porque Israel não se enquadra perfeitamente na descrição originária de jurisdição mista, tanto que Palmer a considera um caso de jurisdição mista invertida (*What is a Mixed Legal System*: Exclusion or Expansion?).

[146] A administração da Palestina pela Inglaterra foi formalmente chancelada pelo Conselho da Liga das Nações e teve o objetivo, mediante sistema de Mandato da Liga das Nações, de administrar os territórios integrantes do extinto Império Otomano – após a derrota, na 1ª Guerra Mundial, da Tríplice Aliança, da qual o Império Otomano fazia parte – até que tais territórios fossem capazes de se tornar independentes.

[147] PALMER, Ob. cit., pág. 39.

[148] "Interestingly, this internal development was not occasioned by a transfer of sovereignty, nor does it reflect the nature of the population or the popular will expressed through the State's democratic process. Rather, it primarily stems from the legal culture of a relatively small group who where the leading figures of Israeli law during the first generation of that law's independent development. These 'fathers' of the mixed system – the founders of the first law faculty and the senior professionals in the Ministry of Justice – were trained in continental Europe, particular in Germany, Austria and Italy. They retained a strong

O caso de Israel é de especial interesse para o objeto do presente estudo porque o fato de a doutrina estrangeira,[149] especialmente Palmer, reconhecer Israel como jurisdição mista, não obstante sua fundação ter ocorrido de modo inverso do consagrado na sua definição clássica, comprova que jurisdição mista é um conceito em construção e algo flexível. Ademais, o caso de Israel comprova que a tendência aponta para a necessidade do alargamento do conceito de jurisdição mista (não seu estreitamento), justamente com o objetivo de acomodar racionalmente sistemas que não se enquadram na moldura das famílias ou tradições clássicas.

Vê-se que a experiência de Israel é o caso prático que sinaliza que, talvez, o fenômeno das jurisdições mistas possa ser mais abrangente do que uma tradição de *civil law* pressionada pelo *common law*, embora essa seja a fórmula que tenha originado a maioria das jurisdições mistas assim reconhecidas até o presente momento.

O caso de Israel, desde que aceita a classificação de Palmer, também pode indicar a precariedade da definição até o momento formulada em face dos fenômenos mais atuais, embora tenha sido uma constatação muito perspicaz para a época em que a existência das jurisdições mistas foi identificada. Tal precariedade, caso confirmada, é mais um elemento de que nos valemos para concluir que, se não assume maior relevância ser uma jurisdição de *civil law* invadida pelo *common law* ou vice-versa, da mesma forma, o fato de a jurisdição mista decorrer de um fato histórico bem definido no tempo, o que é um fator característico das jurisdições mistas assim reconhecidas até o presente momento, ou decorrer de uma transformação lenta e gradual na legislação do país, como entendemos que é o caso do Brasil, não pode ser fator excludente do reconhecimento deste novo tipo de jurisdição mista.

O fato de uma mudança de sistema jurisdicional ocorrer de modo imediato na assinatura de um tratado ou aquisição, ou o fato de o mesmo resultado decorrer de uma mudança lenta e progressiva em direção ao sistema rival, não expressa uma relevância que justifique fechar a porta para a ideia de que o sistema jurídico brasileiro atingiu um

---

affinity for continental private law. Their gradual *coup d'état* is a tribute to the tenancy of legal culture, which they ironically acquired from systems the eventually fled (Ob. cit., pág. 39).

[149] É muito controversa a inclusão, por PALMER, de Israel como jurisdição mista, especialmente porque o termo engloba mistura de *civil law* com *common law*, e Israel teria uma mistura mais complexa, pois incluiria também a lei religiosa (judaica e muçulmana).

nível de incorporação de institutos do *common law* que autoriza concluir que está mais próximo de uma jurisdição mista do que do *civil law*. Israel, por uma opção espontânea de adoção de institutos do *civil law* que foram incorporados ao *common law* preexistente, transformou-se deliberadamente em uma jurisdição mista. Ao desafiar a definição clássica, Israel reforça a conclusão a que chegamos a partir dos elementos colhidos na pesquisa, no sentido de que não existem argumentos fundados e fortes o bastante que impeçam o reconhecimento de que as transformações no modelo brasileiro de administração da justiça nos encaminham para um modelo misto, mais especificamente, uma jurisdição mista, sendo a nossa convicção.

VIII Jurisdições misturadas e contemporâneas. Mistura de jurisdições por transformação lenta e gradual. Um fenômeno contemporâneo que origina uma nova categoria (um novo tipo) de jurisdição mista?

Vimos que a doutrina estrangeira reconhece as jurisdições mistas como o entrelaçamento de sistemas que ocorre em momento bem definido no tempo, normalmente como consequência de um fato histórico, ou seja, possuem um marco histórico e temporal que pode ser apontado com precisão.

A par dessas jurisdições mistas, que podemos considerar repentinas, e que já contam com amplo reconhecimento, observa-se o desenvolvimento de jurisdições que vão se tornando mistas de forma espontânea e não repentina, mas lenta e gradual. São jurisdições que surgem como um amoldamento de um sistema jurídico às transformações provocadas pela evolução do pensamento jurídico, sendo tal fenômeno bem sintetizado no constitucionalismo contemporâneo. É uma transformação na forma de pensar o direito que vai provocar uma mudança no modo de prestar a jurisdição.

Essa transformação lenta e gradual tem todos os ingredientes para ocorrer especialmente nos países de tradição romano-germânica, com a possibilidade de o juiz interpretar a lei à luz dos princípios e valores constitucionais, produzindo a norma jurídica. Essa ampliação do horizonte que foi provocada pela necessidade de dar efetividade às normas constitucionais, por outro lado, também fragilizou a segurança jurídica do *civil law*, pois, à medida que se ampliam as possibilidades de interpretação, consequentemente, a previsibilidade do resultado se torna mais difícil.

Com essas características, identificamos um tipo de jurisdição mista que surge neste contexto porque, sendo de *civil law*, passa a introduzir no seu sistema institutos de vinculação aos precedentes típicos do *common law*. O traço distintivo é que essa transformação ocorre de forma lenta e gradualmente vai se aproximando do sistema rival, adotando características que se prestam a descrever, numa visão dualista, a tradição que lhe é oposta. É claro que não basta a incorporação de um ou outro instituto, há vários requisitos e um grau de intensidade que devem estar presentes para que se reconheça uma mistura a tal ponto de chegar a uma jurisdição mista. O contexto que propicia o surgimento desta jurisdição misturada surge com o constitucionalismo, que, na Europa Continental, é o período pósSegunda Guerra.

No Brasil tal contexto surge um pouco mais tarde, com a Constituição de 1988. Estamos tratando do contexto propício à mistura de jurisdições, e, no caso do Brasil, tal contexto fomentou um volume tão significativo de reformas no nosso sistema processual e de aperfeiçoamento e alargamento de mecanismos de controle de constitucionalidade e especialmente de vinculação aos precedentes, que nos distanciamos consideravelmente das características que deveríamos reunir para conservar o enquadramento original. A doutrina nacional tem identificado essa transformação como um sistema híbrido ou misto, mas sem aprofundamento, tanto que são raras as fontes de pesquisa sobre o tema específico, sistemas ou jurisdições mistas ou híbridas em língua portuguesa.

Aparentemente essa mistura de tradições é um fenômeno que surge a partir da segunda parte do século XX, e sua identificação como uma jurisdição mista ou contemporânea considera o aspecto temporal, pois se trata de fenômeno mais atual que as demais jurisdições mistas já identificadas, e, aparentemente, tem como movimento deflagrador o constitucionalismo contemporâneo. Os elementos colhidos no estudo indicam possibilidade de enquadramento do modelo brasileiro, que atingiu sua feição atual a partir de uma transformação lenta e gradual do seu sistema de prestação jurisdicional, pois a vinculação obrigatória aos precedentes tornou-se regra entre nós, restando acompanhar de que modo iremos assimilar as mudanças, ou seja, qual será a carga de autenticidade que vamos empregar no processo de incorporação do raciocínio metodológico da formação e aplicação dos precedentes.

IX O processo de mistura das jurisdições

O termo *misto* ou *mixed* é utilizado cada vez com maior frequência e seu alcance é da mais ampla abrangência. Abarca as mais variadas misturas, simples, complexas, envolvendo dois ou vários sistemas, em combinações que por vezes são evidentes e identificadas com facilidade e, outras, ocorrem de modo menos evidente, mais velado. Para Örücü, o termo *mixed* vem adquirindo diferentes significados, podendo ser a combinação de várias fontes legais, a combinação de várias leis no âmbito de um país, sistemas jurídicos que nunca tiveram uma única cultura dominante, apenas para mencionar algumas hipóteses.

Em pesquisa realizada por grupo de estudos sobre Sistemas Jurídicos no Mundo (*World Legal Systems*), da Universidade de Ottawa, concluiu-se que o termo *misto* consiste em uma opção relativamente aos termos híbrido e composto. Ademais, conclui o estudo que foram encontradas nesta categoria entidades políticas nas quais dois ou mais sistemas legais incidem concorrentemente ou interativamente, bem como nas quais existem sistemas justapostos porque se aplicam a campos cuja definição fica mais ou menos clara.[150]

Entre nós e de modo geral pelo mundo não se encontra um sistema puro, conservando exclusivamente suas características originais, no caso do *civil law*, a codificação, e, no caso do *common law*, a decisão com base nas soluções dadas aos casos precedentes, pois tanto a lei quanto a jurisprudência ou julgado precedente são fontes de direito nos países de modo geral, seja por disposição legal ou pelo costume. A tradição original que delineou o *civil law* não subsiste atualmente como sistema baseado exclusivamente em códigos. Da mesma forma, países que têm sua tradição no *common law* vêm adotando constituições, códigos e leis.[151]

Se os sistemas de modo geral recebem influência de outros sistemas, a questão que se coloca é definir qual é o traço distintivo

---

[150] "The term 'mixed', which we have chosen over other terms such as 'hybrid' or 'composite', should not be construed restrictively, as certain authors have done. Thus this category includes political entities where two or more systems apply cumulatively or interactively, but also entities where there is a juxtaposition of systems as a result of more or less clearly defined fields of application". <http://www.juriglobe.ca/eng/sys-juri/class-poli/sys-mixtes.php>.

[151] Em 1998, a Inglaterra promulgou a Lei dos Direitos Humanos (Human Rights Act) e, em 2010, os Estados Unidos aprovaram a reforma do sistema de saúde, conhecida como Obama Care, mediante edição da Lei de Proteção ao Paciente e de Tratamento de Custo Acessível (Patient Protection and Affordable Care Act), apenas para citar alguns exemplos.

que permite identificar, dentre as influências incorporadas, quais que incidem e em qual grau de intensidade a ponto de operar uma transformação que autorize apontar determinada jurisdição como mista. Como observam os estudos de Direito Comparado, não existe no mundo moderno um sistema jurídico puro formado sem influências externas. E a grande dificuldade que existe a partir do momento em que compreendemos esse fato real e verdadeiro é encontrar um caminho para isolar e então discutir de modo mais aprofundado essa classe distinta de jurisdições mistas que, de algum modo, se opõe ao senso comum de que não existe atualmente um sistema que não seja misturado em algum nível.[152]

Aliás, indo um pouco mais além, há quem afirme que a distinção entre jurisdições puras e jurisdições mistas não é muito relevante porque as tradições legais, como *civil law* e *common law*, são impuras de qualquer forma, pois muitas das regras que compõem as tradições legais foram copiadas de outras tradições legais.[153] Willian Tetley afirma que o desenvolvimento do *common law* ilustra bem tal afirmação, pois o *common law* deriva em parte dos costumes locais franceses importados da Normandia para a Inglaterra por William, O Conquistador, em 1066.[154] [155]

Não obstante os acontecimentos que traçaram no passado remoto de muitos séculos atrás as características do *civil law* e do *common law*, o fato é que ambos possuem características muito bem definidas, sendo a principal delas o caráter escrito e, em regra, codificado do *civil law* (*code based system*) em contraste com a forma oral e construção do precedente pelo juiz (*judge made law*) do *common law*.

---

[152] Sobre tal ponto, afirma Palmer, no original: There is a truism that might be called the beginning of all wisdom in comparative law research. It is that, as Arminjon, Nolde, and Wolff have said, 'there doesn't exist in the modern world a pure judicial system formed without exterior influence.' The difficulty the truism poses for our subject, however, is why and indeed how can we meaningfully discuss and isolate a distinct class of systems that is mixed in some deeper or 'truer' sense, as opposed to the truistic sense (Ob. cit. pág. 11).

[153] Segundo Örücü, "When we talk about of 'mixed system', this obvious fact can be put to one side and serve merely as a reminder that there are no pure legal systems in the world" (*What is a Mixed Legal System*: Exclusion or Expansion?).

[154] "One could also argue that the distinction between so-called "pure jurisdictions" and "mixed jurisdictions" is not very relevant, because legal traditions are "impure" in any event. Indeed, legal traditions consist largely of rules, some of which have been borrowed from other legal traditions. The development of the common law illustrates the point. Common law derives in part from the French local custom imported from Normandy into England by William the Conqueror I 1066" (TETLEY, Ob. cit., pág. 598).

[155] Cf. capítulo que trata do *common law*, especificamente Período da formação do *common law* (1066-1485).

Embora o *common law* possa ter sua origem no direito costumeiro francês, o fato é que a partir do século XI, com os estudos para sistematização a partir do *Corpus Iuris Civilis* de Justiniano, ficaram bem diferenciados os contornos de uma e outra tradição. A partir disso, e dando um salto no tempo para o séc. XVII, os países passaram a adotar uma ou outra tradição, que era imposta pelos colonizadores às suas colônias, o que resultou, nas Américas, na adoção do *common law* na maioria dos países da América do Norte[156] (com exceção da Louisiana e do Quebec) e, na América Central e América do Sul, predominou o *civil law* (com exceção da Guiana Inglesa, atual República Cooperativa da Guyana, e da Zona do Canal do Panamá, que permaneceu sob domínio dos Estados Unidos de 1903 a 1977).

Não obstante a tradição que um país ou subdivisão política territorial adotou no passado, à medida que seu sistema legal foi evoluindo, institutos da tradição *oposta* foram sendo adotados, o que se mostra muito claro no Brasil, com a Constituição de 1891, a ação direita de constitucionalidade, a súmula vinculante, a sistemática dos recursos repetitivos, a repercussão geral e o Código de Processo Civil de 2015, transformações que se iniciaram no final do século XIX e tiveram seu ponto culminante no século XXI.

Esse fenômeno ocorre largamente pelo mundo. Curiosamente, ao falar em jurisdição mista, os sistemas normalmente mencionados são o da Louisiana, Quebec, Escócia, África do Sul, Porto Rico, Filipinas, Israel, Malta e Botswana. Há jurisdições mistas também em Lesotho, Namíbia, Zimbabwe, Suazilândia, Sri Lanka, Seychelles, Mauritius, Santa Lucia e Cameroon. Vimos no item IV deste capítulo que existem alguns *requisitos* que se espera que sejam atendidos para que uma jurisdição possa ser considerada mista.

Além de um determinado grau de mistura de modelos de jurisdição, outro requisito é o aspecto psicológico, ou seja, de as pessoas se reconhecerem como pertencentes a um território de jurisdição mista, que possivelmente seja de mais fácil identificação quando ocorre a conquista ou a aquisição de um território ou a celebração de um tratado com opção clara pela adoção da convivência simultânea com a tradição oposta. A mudança abrupta facilita a conscientização da mudança.

---

[156] Na América do Norte, no século XVII, com a chegada os primeiros núcleos de população inglesa em território americano, muitos estudiosos apostaram e estimularam a adoção do sistema codificado do *civil law*. Somente no século XVIII fica clara a opção pelo *common law* pelos Estados Unidos. Cf. capítulo que trata do *common law*, especificamente O direito dos Estados Unidos da América e o *common law*.

A identificação de uma jurisdição mista fica algo dificultada quando a transformação ocorre de modo lento, com a incorporação gradual de institutos da outra tradição. Portanto, é possível que muitos outros países estejam em processo de transição e encaminhamento para um sistema de jurisdição mista, embora ainda não tenham se reconhecido com este perfil.

Uma questão intrigante é saber por que as jurisdições mistas foram criadas e, especialmente, quando houve sua instituição. Sob a ótica dos estudiosos que primeiro enxergaram essa novidade, o que lhes chamou a atenção foi a pressão exercida pelo *common law* sobre o *civil law*, e a abordagem de tal aspecto remete ao estudo de eventos históricos, o que parece algo simples.

Entretanto, é necessário entender que a definição do momento a partir do qual surge uma jurisdição mista pressupõe que exista consenso quanto à definição das características que um sistema deve reunir para ser considerado misto, e, caso exista polêmica sobre os requisitos necessários ou sobre sua presença histórica, então, certamente, haverá polêmica sobre o momento do nascimento da jurisdição mista. Palmer adota em sua obra o seguinte critério para definir a data de *fundação* da jurisdição mista, que surge a partir de quando: 1) a lei em questão seja especificamente uma mistura de *civil* e *common law*; 2) a mistura alcance tamanha proporção que permita a um observador considerá-la óbvia; 3) exista uma divisão estrutural entre o Direito privado do *civil law* e o Direito público anglo-americano.[157]

Na análise de Palmer, a história mostra não somente o sucesso, mas também o fracasso das jurisdições mistas. Ao expor seu raciocínio, conclui que "as jurisdições mistas nunca são graciosa ou acidentalmente criadas. São produtos de compromisso e interesse mútuo".[158] Quanto a tal colocação, é importante destacar as jurisdições mistas identificadas pela doutrina estrangeira, embora ainda não exista uma sistematização acabada e amplamente aceita, é possível afirmar com segurança que duas categorias bem definidas abarcam boa parte das jurisdições mistas

---

[157] I have dated the founding from the time when (1) the law in question was specifically a civil/*common law* mixture; (2) this mixture reached sufficient proportions as to strike a neutral observer as obvious; (3) a structural division existed between private civil law and public Anglo-American law (Ob. cit., pág. 24).

[158] "History illustrates, however, not only the successes of this claim but its failures as well. The mixed jurisdiction is never gratuitously or accidentally created. It is the product of compromise and mutual self-interest" (Ob. cit., pág. 24).

assim reconhecidas, que são as jurisdições mistas por imposição e as jurisdições mistas espontâneas.

No presente trabalho, sugerimos uma terceira categoria, a das jurisdições mistas por transformação gradual. A partir do momento em que nos permitimos aceitar a ideia de que o Brasil se tornou uma mistura de jurisdições mediante transformação gradual na sua legislação processual e administração da justiça, dissipam-se as perplexidades com as quais lidamos no nosso sistema de origem no *civil law*, mas com vinculação ao *stare decisis*, e elimina-se o paradoxo dos diferentes métodos acolhidos pelo modelo que criamos.

O fenômeno da mesclagem entre o *common law* e o *civil law* vem sendo há muito observado.[159] Boa parte dos estudiosos atribui esse fenômeno à globalização. De outra parte, vários outros sustentam que, desde os remotos tempos da antiguidade, sempre houve essa prática de importar sistemas estrangeiros. O fato é que, entre nós, a absorção de institutos típicos do *common law* se tornou mais evidente nas últimas duas décadas. Atualmente, chegamos a um ponto em que não é possível continuar afirmando nossa tradição *civil law* sem que se faça necessário abrir um enorme parênteses para ressalvar que nossa estrutura de poderes (com poderes independentes e o Judiciário promovendo o controle de constitucionalidade das leis), nossa estrutura de administração da justiça (com *stare decisis* e sistema de precedentes vinculantes), o perfil dos magistrados, que, se necessário, atuam como criadores da norma jurídica, e não somente como aplicadores do direito, e o sistema processual e de colheita de evidências previsto no Código de Processo Civil de 2015, todos seguem o modelo do *common law* anglo-saxão. No presente estágio da pesquisa concluímos que as jurisdições mistas são a combinação de misturas da qual mais nos aproximamos nos aspectos de estrutura de poder e administração da justiça, comportamento dos juízes e disciplina processual.

---

[159] Leonardo Greco afirma que a crise de legitimidade do poder jurisdicional "está levando a que a doutrina e os ordenamentos jurídicos de países da *civil law* voltem os olhos para os da *common law*, procurando lá encontrar soluções para problemas comuns através de institutos que não existem na *civil law*. O mesmo acontece, por sua vez, nos países da *common law*, que, para solucionar problemas não resolvidos através de suas técnicas, vêm também em alguns casos buscar soluções no nosso sistema". Paradigmas da Justiça Contemporânea e Acesso à Justiça. Disponível em: <http://www.buscalegis.ufsc.br/revistas/files/anexos/33176-42004-1-PB.pdf>. Acesso em: nov. 2016, pág. 3-4.

X Civil law, common law, jurisdições mistas, desenvolvimento e crescimento econômico

Não é possível estabelecer uma relação direta entre o nível de desenvolvimento dos países e sistemas jurídicos adotados, tampouco entre estes e as maiores economias do mundo.

Observe-se que nas 10 maiores economias do mundo no ano de 2014, temos em primeiro lugar os Estados Unidos, que adotam o *common law*, seguidos da China, Japão, Alemanha, todos de tradição do *civil law*. A quinta e nona maiores economias mundiais são, respectivamente Reino Unido e Índia, que seguem o *common law*, e, entre eles estão França, Brasil, Itália, que seguem o *civil law*, bem como a Rússia, que ocupa a 10ª posição. Ampliando um pouco, para incluir todos os países com PIB acima de 1 trilhão de dólares norte-americanos, chegamos até o México, que ocupa o 15º lugar no ranking. Canadá e Austrália (11º e 12º) são de tradição do *common law*, com exceção do Quebec (que é jurisdição mista), ao passo que a Coreia do Sul, Espanha e México, respectivamente, 13º, 14º e 15º, são de tradição do *civil law*.[160] Tais dados constam na Lista de Países por PIB Nominal das Nações Unidas para o ano de 2014.

No ano de 2015, a lista disponibilizada pelo Fundo Monetário Internacional, considerando os países de que estamos tratando, com PIB superior a 1 trilhão de dólares, apresentou alteração das posições dos seguintes países: Brasil e Índia trocaram suas posições, de modo que a Índia passa a ocupar a 7ª posição e o Brasil a 9ª posição.

---

[160] Em 2014, o ranking das maiores economias do mundo listadas pelas Nações Unidas, com base no PIB nominal foi assim definido, em trilhões de dólares norte-americanos:
1º Estados Unidos, com 17,348; 2º China, com 10,430; 3º Japão, com 4,602; 4º Alemanha, com 3,868; 5º Reino Unido, com 2,988; 6º França, com 2,829; 7º Brasil, com 2,346; 8º Itália, com 2,141; 9º Índia, com 2,054; 10º Rússia, com 1,849; 11º Canadá, com 1,785; 12º Austrália, com 1,471; 13º Coreia do Sul, com 1,410; 14º Espanha, com 1,381; 15º México, com 1,294. A partir da 16ª posição, ocupada pela Indonésia, com 888, o PIB é inferior a 1 trilhão de dólares
(fonte: <https://pt.wikipedia.org/wiki/Lista_de_pa%C3%ADses_por_PIB_nominal>, acesso em: 8 ago. 2016).
Outro ranking para o ano de 2014, disponível em: <https://economia.terra.com.br/pib-mundial/>, apresenta números bem próximos, apenas invertendo as posições do Reino Unido e França, e Índia e Rússia: 1º Estados Unidos, com 17,528; 2º China, com 10,027; 3º Japão, com 4,846; 4º Alemanha, com 3,875; 5º França, com 2,885; 6º Reino Unido, com 2,827; 7º Brasil, com 2,215; 8º Itália, com 2,171; 9º Rússia, com 2,092; 10º Índia, com 1,995; 11º Canadá, com 1,768; 12º Austrália, com 1,435; 13º Espanha, com 1,415; 14º Coreia do Sul, com 1,307; 15º México, com 1,287. A partir da 16ª posição, ocupada pela Indonésia, com 859, o PIB é inferior a 1 trilhão de dólares (acesso em: 8 ago. 2016).

A Rússia também perdeu posição, passando da 10ª para 12ª, bem como a Austrália, que passa da 12ª para 13ª posição na lista do Fundo Monetário Internacional para o ano de 2015, comparada com as listas das Nações Unidas de 2014 e do Banco Mundial de 2014.[161]

Embora seja possível observar que os dois países que tiveram as quedas mais significativas dentre as maiores economias, que são Brasil e Rússia, ambos havendo caído duas posições, são considerados da tradição do *civil law*, por outro lado, os países que mais subiram posições são Índia (passou da 9ª para 7ª posição), que adota o *common law*, e Coreia do Sul (passou da 13ª para 11ª), que adota o *civil law*.

Consideradas apenas as 15 maiores economias do mundo, com base no PIB nominal do ano de 2015 estabelecido pelo Fundo Monetário Internacional, o PIB dos países que seguem o *common law* foi de 25,661 e o dos países que seguem o *civil law* foi de 29,513, portanto, bastante próximos, com uma vantagem em torno de 15% para este último.

Entretanto, outro estudo, com base mais ampla, apurou que se estima que "60% dos países do globo estejam submetidos ao *civil law* e a este integrado com sistemas mistos, contabilizando aproximadamente o mesmo percentual relativamente ao produto interno bruto mundial. Os mesmos percentuais relativamente ao *common law* são de 35%".[162]

A União Europeia, que, no ano de 2014, apresentou PIB que superou o dos Estados Unidos, conforme a lista divulgada pelo Banco Mundial, constitui um bloco econômico e político que reúne 28 países, formado a partir do Tratado de Roma de 1957, sendo que seus países fundadores são de tradição do *civil law* (Alemanha, Bélgica, França, Itália, Luxemburgo e Países Baixos). Atualmente o bloco é integrado também por países de tradição do *common law*[163] [164] e de jurisdições

---

[161] Disponível em: <https://pt.wikipedia.org/wiki/Lista_de_pa%C3%ADses_por_PIB_nominal>, acesso em: 8 ago. 2016.

[162] "60% of world market subject to civil law" Systems of civil (or Romano-Germanic) law, together with mixed systems drawing on civil law, account for approximately 60% of the world's GDP. The figure for common law is 35%. The percentage of the world's population governed by continental legal systems is exactly the same". Disponível em: <https://www.lexisnexis.com/legalnewsroom/international-law/b/civillawmixedjurisdictiontoolbox/archive/2011/02/18/civil-law-amp-mixed-jurisdictions-toolbox.aspx?Redirected=true>, acesso em: 8 ago. 2016.

[163] O Reino Unido, que é composto pela Inglaterra, País de Gales, Escócia e Irlanda do Norte, sendo a Inglaterra o berço do *common law*, ingressa no bloco em 1973. Observe-se que a Escócia, embora pertença ao Reino Unido, é um exemplo clássico de jurisdição mista.

[164] Atualmente debate-se a estratégia e disciplina para a saída do Reino Unido da União Europeia (Brexit), já aprovada por referendo popular em votação com placar apertado ocorrida em 23.06.2016.

mistas (Escócia, que ingressa em 1973 como integrante do Reino Unido, e Malta, que ingressa em 2004). O bloco, por si, consiste numa mistura de sistemas, porque necessita prestar a jurisdição acomodando todos os países integrados, gerando um sistema misto supranacional.

Relativamente aos países que adotam sistemas mistos,[165] Israel é o que ocupa a melhor posição no ranking de países desenvolvidos da Organização das Nações Unidas,[166] conforme IDH (Índice de Desenvolvimento Humano), ocupando a 19ª posição, seguida de Malta, que ocupa a 39ª posição. De acordo com estudo do Banco Mundial, dentre as 80 economias de alta renda no mundo, encontram-se Israel (sistema misto ou jurisdição mista) e as jurisdições mistas de Malta, Porto Rico e Seicheles – além do Reino Unido (Escócia), Estados Unidos (Louisiana) e Canadá (Quebec).[167]

Vê-se, portanto, que não é possível estabelecer uma relação direta entre riqueza ou crescimento econômico com o sistema jurídico adotado, embora quanto mais transparente, previsível e seguro seja o sistema jurídico, mais fortalecidas serão suas instituições e mais atraente esse país vai se apresentar aos olhos de investidores de médio e longo prazo, o que acaba se traduzindo em bases para conquistar mais riqueza e prosperidade econômica.

O presente estudo busca elementos que corroboram a conclusão no sentido de que o *civil law* e o *common law* são sistemas complementares, não excludentes, e ao suprirem um ao outro de forma recíproca produzem um sistema mais transparente, previsível e seguro. Partindo do acerto desta conclusão, pela lógica, haveria uma tendência à expansão das jurisdições mistas a nível global.

XI O momento da aquisição do *status* de jurisdição mista na proposição de Palmer

Palmer define quatro momentos históricos nos quais consegue enquadrar boa parte das jurisdições mistas existentes.[168]

---

[165] Escócia, Quebec e Louisiana não puderam ser considerados, pois integram o Reino Unido, Canadá e Estados Unidos.

[166] O último índice foi lançado em 14 de março de 2013. Disponível em: <https://pt.wikipedia.org/wiki/Pa%C3%ADs_desenvolvido>, acesso em: 10 jan. 2017.

[167] *Idem.*

[168] "The nine mixed jurisdictions in this study trace their defining moment to one of four historical situations. The first occurred during the colonial era, when a civil law sovereign transferred an overseas possession to a common law colonial power. Intercolonial

O primeiro momento histórico é situado na era colonial e ocorre quando uma soberania de *civil law* era transferida ou conquistada pelo país colonizador de tradição do *common law*, que passa a impor à sua colônia a sua tradição, em detrimento da tradição local de *civil law*. Esse tipo de transferência foi comum durante o séc. XVIII e início do séc. XIX e serviu de evento deflagrador que modelou as misturas de jurisdições na África do Sul, Quebec, Malta, Filipinas, Porto Rico e Louisiana.

Segundo Palmer, outra forma ligeiramente diversa de aquisição de uma jurisdição mista pode ser observada no final do séc. XIX, quando a lei do Cabo foi estendida e incorporada no território circundante aos domínios britânicos na África, de modo que a mistura de leis do Cabo se tornou o *common law* de Botswana, Lesotho, Suazilândia, Zimbabwe e Namíbia.

O terceiro evento histórico ocorre no início do séc. XVIII, quando a Escócia adquire uma estrutura mista ao combinar sua soberania com a britânica, a partir do Ato de União de 1707.

O quarto evento histórico citado por Palmer se desenvolve na segunda metade do séc. XX, quando o sistema jurídico de Israel se torna híbrido durante a era pós-independência, em razão de uma mudança demográfica e cultural no âmbito da própria sociedade.

Vimos que há controvérsia a respeito da inclusão de Israel como jurisdição mista.[169] Por outro lado, em países de *civil law* como Brasil, Itália e Espanha, fenômenos que podem ser abarcados pelo constitucionalismo contemporâneo estimularam a adoção de mecanismos de vinculação aos precedentes. Na Alemanha, também houve necessidade de incorporar institutos do *common law*.[170]

---

transfers during the eighteenth and early nineteenth centuries were quite numerous and served as the triggering event for fashioning civil law/common law mixtures in South Africa, Quebec, Malta, the Philippines, Puerto Rico, and Louisiana. A slightly different means of acquiring mixed laws occurred in the late nineteenth century, when the law of the Cape was extended, bodily, into surrounding British territories in Africa. In this manner the previously mixed laws of the Cape became the common law of Botswana, Lesotho, Swaziland, Zimbabwe, and Namibia. A third historical situation presented itself in the early eighteenth century. Scotland acquired a structurally mixed system by merging its sovereignty with that of Britain under the Act of Union of 1707. Then a fourth situation developed in the second half of the twentieth century. Israel's legal system was hybridized during the post-independence era not because of a transfer of sovereignty but because of an internal demographic and cultural shift within the society itself" (Ob. cit. pág. 25).

[169] Vide NR 142.

[170] Robert Alexy, Ralf Dreier. Precedents in the Federal Republic of Germany, pág. 26/27; Michele Taruffo, Massimo La Torre. Precedent in Italy, pág. 154/155; Alfonso Ruiz Miguel, Francisco J. La Porta, Precedent in Spain, pág. 272. Todos em MACCORMICK, D. Neil; SUMMERS, Robert S. (Org.). *Interpreting Precedents*: a comparative study. England: Dartmouth Publishing Company Limited e Ashgate Publishing Limited, 1997.

XII Os precedentes como fonte do direito nas jurisdições mistas e no Brasil. A técnica que combina códigos e casos (*double reasoning*)

Um dos temas mais debatidos nas jurisdições mistas é o papel do *stare decisis* como fonte do direito.

Jurisdições mistas codificadas como as do Quebec, Porto Rico, Malta e Louisiana frequentemente rejeitam, a princípio, que a jurisprudência é norma, embora a observação do que ocorre na prática indique o contrário. Situação diferente ocorre na África do Sul e Botswana, que são sistemas não codificados (*uncodified civil law*), nos quais os precedentes são considerados fontes do direito, estando acima deles somente a legislação.[171]

Para Palmer, a união de códigos e Cortes, independentemente dos méritos ou resultados, que já foram considerados a união do melhor dos dois mundos,[172] origina uma insuperável e duradoura tensão entre os códigos e os *cases*. Existe, portanto, essa polêmica em torno da questão se a incorporação do *common law*, especialmente dos precedentes como fonte do direito, seria um teste decisivo para pertencer à família ou um instrumento sofisticado de classificação dos sistemas como *common law*, *civil law* ou misto.[173]

No Brasil, o Decreto-lei nº 4.657/42, que é a Lei de Introdução às Normas do Direito Brasileiro, teve sua última alteração promovida pela Lei nº 12.376/2010. Relativamente às fontes do direito, consta a regra do art. 4º, ainda na redação originária, que prevê: "Quando a lei for omissa, o juiz decidirá o caso de acordo com a analogia, os costumes e os princípios gerais de direito". Vê-se que a jurisprudência não consta como fonte do direito, não obstante o fato de que decisões em controle abstrato de constitucionalidade, recursos extraordinário e especial repetitivos, há muito têm efeito vinculante entre nós.

---

[171] Ob. cit., pág. 55/56.

[172] Albert Tate já afirmou que os juízes de jurisdição mista como a Louisiana possuem o melhor dos dois mundos para desempenho de sua função jurisdicional. Ele deve aproveitar as técnicas e perspectivas de ambos os sistemas legais ("judge of a mixed jurisdiction such as Louisiana has the best of both worlds available to him for the performance of his judicial function. He may take advantage of the techniques and perspectives of both legal systems". The *Role of the Judge in Mixed Jurisdictions*: The Louisiana Experience. In: Palmer, Vernon. Double Reasoning in the Codified Mixed Systems. Code and Case Law as Simultaneous Methods, nota de rodapé nº 4).

[173] PALMER, Ob. cit., pág. 54.

O Código de Processo Civil de 2015 prevê a força normativa da jurisprudência, com destaque para o art. 927, que determina que

> Os juízes e os tribunais observarão: I - as decisões do Supremo Tribunal Federal em controle concentrado de constitucionalidade; II - os enunciados de súmula vinculante; III - os acórdãos em incidente de assunção de competência ou de resolução de demandas repetitivas e em julgamento de recursos extraordinário e especial repetitivos; IV - os enunciados das súmulas do Supremo Tribunal Federal em matéria constitucional e do Superior Tribunal de Justiça em matéria infraconstitucional; V - a orientação do plenário ou do órgão especial aos quais estiverem vinculados.

Entretanto, a referência aos precedentes consta em apenas duas previsões no código: arts. 926, §2º, e 927, §5º.[174]

Neste ponto é interessante registrar uma observação de Palmer acerca do comportamento dos juízes das jurisdições mistas. Ele defende a tese de que tais juízes usam os códigos e os precedentes em várias combinações para produzir um sistema de dupla fundamentação, que ele denomina *double reasoning*, especialmente nos casos nos quais o direito codificado prevê princípios ou cláusulas abertas, ou seja, quando existe maior amplitude de interpretação. Em tais casos, diz ele, os juízes de jurisdições mistas partem das regras codificadas, mas, ao desenvolver o raciocínio, dão tanta relevância aos fatos concretos e às *rules* geradas pelos casos precedentes, que por vezes é difícil fazer distinção entre este padrão argumentativo e o utilizado por um juiz de *common law* decidindo sem códigos.[175]

Tal descrição é muito apropriada para o que vem se desenhando como tendência do método de desenvolvimento do raciocínio dos juízes brasileiros, que partem das regras do direito codificado e fazem a transição das regras abstratas para o caso concreto com base em precedentes, numa espécie de dupla fundamentação ou combinação complementar de regras e casos julgados. Isso já vem ocorrendo na fundamentação das decisões judiciais. Ou seja, o que foi identificado

---

[174] Art. 926. Os tribunais devem uniformizar sua jurisprudência e mantê-la estável, íntegra e coerente. §2º Ao editar enunciados de súmula, os tribunais devem ater-se às circunstâncias fáticas dos precedentes que motivaram sua criação; Art. 927. §5º Os tribunais darão publicidade a seus precedentes, organizando-os por questão jurídica decidida e divulgando-os, preferencialmente, na rede mundial de computadores.

[175] *Double Reasoning in the Codified Mixed Systems. Code and Case Law as Simultaneous Methods*, pág. 7.

como uma característica do método de fundamentação das decisões judiciais nos sistemas de jurisdições mistas é um método que tem sido empregado na prática no modelo brasileiro.

XIII Double reasoning e a mistura dos métodos dedutivo e indutivo

A técnica de exposição da fundamentação jurídica denominada *double reasoning* nada mais é do que a combinação dos métodos dedutivo e indutivo nas decisões judiciais.

O método dedutivo consiste, basicamente, no processo mental no qual se parte de uma situação genérica para uma situação particular, portanto, tradicionalmente relacionado ao raciocínio silogístico desenvolvido no sistema codificado do *civil law*, no qual se parte de uma regra genérica e abstrata prevista nos códigos e enquadra-se a conduta particular. A indução consiste no processo mental contrário à dedução. No método indutivo o ponto de partida é o caso particular ou as particularidades observadas nos casos examinados a partir das quais se infere uma regra universal amplamente aplicável. Portanto, é o método relacionado ao sistema de precedentes vinculantes do *common law*, no qual o fato de uma solução haver sido aplicada a determinado caso particular impõe e reforça sua aplicação aos casos subsequentes que reúnam as mesmas características essenciais.

Embora o método dedutivo esteja relacionado ao *code based system* do *civil law* e o método indutivo esteja relacionado ao *judge made law* do *common law*, é essencial destacar que atualmente não existe essa pureza de emprego de métodos, mas predominância do silogismo (método dedutivo) no sistema baseado em códigos e do método indutivo no sistema baseado nos precedentes.

Mas é necessário enfatizar que o uso do método dedutivo em sistemas do *common law*, em razão do volume de regras escritas vigentes, não pode mais ser considerado algo raro ou excepcional em países como Inglaterra, Estados Unidos e Canadá, locais onde a quantidade de leis escritas tem rivalizado com sistemas do *civil law*.[176]

---

[176] "The deposit of written and enacted law in Britain, America e Canada easily rivals that of the civil law, and in consequence the use of deductive reasoning in common law countries cannot be regarded any longer as exceptional or rare. It too has become the norm". PALMER, *Double Reasoning in the Codified Mixed* Systems – Code and Case Law as Simultaneous Methods, pág. 27.

Richard Posner destaca o que seria a praticidade e o conforto que o método silogístico proporciona, ao tornar a atividade do Julgador o mais objetiva possível.[177]

Portanto, a questão que aparentemente se coloca é em que medida as jurisdições mistas vão desenvolver um sistema que se diferencie dos demais. Isso porque da mesma forma que o *common law* tem utilizado o método silogístico dedutivo, também o método indutivo tem sido utilizado de forma mais ampla ou mais restrita em países como França, Itália e Alemanha.[178] Pensando no conforto mencionado por Posner quando afirma "so comppelling and familiar is syllogistic reasoning",[179] seria desrespeito à tradição utilizar o raciocínio dedutivo num precedente ou isso ocorre e é também nossa tendência?

XIV A incorporação das regras processuais (*procedure and evidence*) do *common law* pelas jurisdições mistas

De modo geral, as jurisdições mistas apresentam como característica a assimilação das regras de processo do *common law*, especialmente o anglo-americano, como as audiências pelo sistema acusatório (*adversary hearings*), a inquirição direta feita às testemunhas (*cross-examination*), o papel ativo desempenhado pelos advogados na tramitação do processo, a adoção de uma quantidade de *writs*, apenas para citar alguns pontos marcantes das regras processuais e de produção de provas típicas do *common law* e que podem ser facilmente contrastadas com o *civil law*. Neste, o modelo de processo é inquisitorial, as testemunhas são inquiridas através do juiz, que também tem o papel de impulsionar o processo e provocar, de forma direta ou indireta, a produção da prova, de modo que os advogados desempenham sua função de modo mais passivo que os advogados do *common law*.

Com relação ao sistema de júri, não foi incorporado, por exemplo, por jurisdições mistas como Israel e Filipinas. Na África do Sul, embora

---

[177] The Syllogism and other methods of logic, In: *The Problems of Jurisprudence*. US: Harvard University Press, 1993, pág. 38/42.
[178] "It has been suggested that double reasoning is used to a greater or lesser extent by all systems, including France, Italy and Germany. If that thesis is correct, then surely it cannot be dismissed out of hand in mixed systems on purist suspicion that one part of it (case-based reasoning) seems similar to the basic method of the common law". PALMER, Vernon Valentine. *Double Reasoning in the Codified Mixed Systems* – Code and Case Law as Simultaneous Methods, pág. 28.
[179] POSNER, *The Problems of Jurisprudence*. US: Harvard University Press, 1993, pág. 39.

tenha sido incorporado num primeiro momento, posteriormente foi abolido, o que autoriza concluir que a assimilação do modelo processual em muitas jurisdições mistas foi do *common law* sem júri.[180]

Palmer[181] faz uma interessante classificação, incluindo a África do Sul, Porto Rico e Filipinas como exemplo de sistemas processuais que eram de *civil law* e foram completamente anglicizados, já que o sistema inquisitorial simplesmente desapareceu. Por outro lado, Quebec e Louisiana são sistemas que não tomaram a feição inglesa na mesma proporção, pois subsiste uma mistura dos dois sistemas. Embora praticamente não existam traços do sistema inquisitorial, existem outros institutos do *civil law* que remanescem. Portanto, são sistemas que têm um aspecto mais, digamos, original, de mistura propriamente dita de jurisdições.

Tal mistura, em que é possível identificar o que é *civil* e o que é *common law*, é classificada por Örücü como misturas evidentes, onde não ocorre fusão (*overt mixes unblended*[182]). Nesta mesma categoria, de mistura mais evidente de jurisdições, também pode ser incluído o sistema de Malta. Se pudéssemos enquadrar o modelo brasileiro como jurisdição mista, estaria incluído nesta categoria. Numa terceira categoria podem ser incluídos os sistemas de Israel e Escócia, que jamais conheceram o sistema inquisitorial típico do *civil law*.

Outras duas importantes características das jurisdições mistas são que é dado aos tribunais estabelecerem a disciplina da tramitação dos processos sem necessidade de debate político ou do aval legislativo e as regras de tramitação processual são essencialmente as mesmas no processo civil e no criminal.

XV A mistura de jurisdições no Brasil. A influência remota e crescente do *common law* e a incorporação do sistema adversarial

A influência do *common law* no nosso Direito teve início com a Constituição Republicana de 1891, quando adotamos, devido à atuação

---

[180] "The use of English procedure without a jury in Israel had had a number of important effects, the primary one being that the trial in Israel is neither concentrated nor continuous". PALMER, Ob. cit., pág. 75, nota de rodapé nº 179.

[181] Ob. cit., pág. 75/76.

[182] What is a Mixed Legal System: Exclusion or Expansion? Vol. 12.1. Eletronic Journal of Comparative Law (May 2008). Disponível em: <http://www.ejcl.org/121/art121-15.pdf>. Cf. tópico a seguir, sistemas mistos e classificação proposta por Esin Örücü.

de Rui Barbosa, o controle incidental de constitucionalidade (*judicial review*).

Podemos pontuar como marco da influência do *common law* no nosso sistema a adoção do controle difuso e concreto de constitucionalidade pela Constituição de 1891, e como marco do efeito vinculante (*erga omnes*) da decisão judicial a Emenda Constitucional nº 16/65 à Constituição de 1946, ao introduzir o controle concentrado e abstrato de constitucionalidade,[183] tendo como único legitimado para sua propositura o Procurador-Geral da República. Tal previsão permaneceu na Constituição de 1967 e de 1969 (EC nº 1/69), bem como na Constituição de 1988, na qual houve ampliação do rol de legitimados à sua propositura.

O advento da Lei nº 9.882/99, ao introduzir a Ação Declaratória de Preceito Fundamental, com aplicação subsidiária e com eficácia *erga omnes* e efeito vinculante, e ao admitir a impugnação ou a discussão direta de decisões judiciais das instâncias ordinárias perante o Supremo Tribunal Federal, também estabeleceu uma ponte entre os dois modelos de controle (incidental e direto), ao atribuir eficácia geral a decisões de perfil incidental.[184]

As reformas que se seguiram, introduzindo a sistemática dos recursos repetitivos[185] e repercussão geral,[186] adicionaram ao nosso sistema mais elementos de vinculação dos julgadores e dos Tribunais às decisões proferidas pelas instâncias superiores. Observe-se que estamos tratando de reformas, seja mediante emenda constitucional e o poder reformador da Constituição, seja mediante reformas no nosso sistema processual civil, ambas com o claro objetivo de introduzir métodos de racionalização dos recursos e valorização das decisões das Cortes Superiores.

A partir do advento da Emenda Constitucional nº 45/2004, ao introduzir a Súmula Vinculante[187] a influência do sistema de precedentes

---

[183] Constituição de 1946, Art. 101 – Ao Supremo Tribunal Federal compete: (...) k) a representação contra inconstitucionalidade de lei ou ato de natureza normativa, federal ou estadual, encaminhada pelo ProcuradorGeral da República (com redação da Emenda Constitucional nº 16/1965.
[184] STF. Reclamação Rcl 4335/AC. Rel. Min. Gilmar Mendes. Pleno. DJe-208, 21.10.2014.
[185] Lei nº 11.672/2008 – disciplina recursos repetitivos (Art. 543-C do CPC/73 – Art. 1.031 do CPC/2015).
[186] Lei nº 11.418/2006 – disciplina a repercussão geral (Art. 102, §3º, da CF) – Art. 543-A e B do CPC/73 (Arts. 1.035 e 1.036 do CPC/2015).
[187] Constituição de 1988, Art. 103-A, incluído pela Emenda Constitucional nº 45, de 2004.

típico do *common law* pode ser observada com mais força no nosso Direito.

Com o advento do Código de Processo Civil de 2015 essa tendência de prestígio às decisões precedentes, que vinha sendo introduzida gradualmente em reformas pontuais, é definitivamente adotada e passa a constituir um dos pilares do nosso sistema processual, modificando totalmente sua fisionomia, que passa a exigir dos tribunais que uniformizem sua jurisprudência, de modo a assegurar sua estabilidade, coerência e integridade,[188] e determina aos juízes e tribunais a observância às decisões com efeitos vinculantes.[189]

O denominado sistema inquisitorial de condução do processo (ou não adversarial), no qual o juiz tem uma atuação ativa de impulso e provocação para produção das provas, foi mitigado pela introdução de regras do sistema acusatório ou adversarial.[190]

O Código de Processo Civil de 2015 introduziu ainda: 1) a necessidade de designação de audiências preliminares, de conciliação ou mediação, em todos os casos (art. 334), excepcionando somente as hipóteses de dupla recusa ou que não admitam autocomposição (art. 334, §4º), inspirado no modelo das *oral adversary hearings* anglo-americano, como evidente mecanismo de favorecimento de solução consensual dos conflitos; 2) estabeleceu que a inquirição das testemunhas passa a ser feita diretamente pelos advogados (art. 459[191]), típico do modelo adversarial (*cross-examination*), modificando a sistemática anterior de condução da audiência, na qual as perguntas eram feitas por intermédio do juiz, ou seja, dirigidas ao juiz, que, então, interrogava a testemunha, podendo reformular as perguntas das partes (art. 416 do CPC/73[192]); 3) a adoção do sistema adversarial também fica evidenciada por vários institutos introduzidos pelo CPC/15, que podem ser abarcados, grosso modo e em sentido amplo por negócios processuais, como o calendário

---

[188] ZANETI JR., Hermes. *O Valor Vinculante dos Precedentes*: teoria dos precedentes normativos formalmente vinculantes. 2. ed. Salvador: Juspodivm, 2016, 363-364.
[189] Art. 927, do CPC/15.
[190] Vide NR 189.
[191] CPC/15, art. 459 – "As perguntas serão formuladas pelas partes diretamente à testemunha, começando pela parte que a arrolou, não admitindo o juiz aquelas que puderem induzir a resposta, não tiverem relação com as questões de fato objeto da atividade probatória ou importarem repetição de outra já respondida".
[192] CPC/73, art. 416 – "O juiz interrogará a testemunha sobre os fatos articulados, cabendo, primeiro à parte que a arrolou, e depois à parte contrária, formular perguntas tendentes a esclarecer ou completar o depoimento".

processual (art. 191), redução convencionada de prazos peremptórios (art. 222, §1º), possibilidade de as partes escolherem mediadores ou peritos (arts. 168 e 471), delimitação convencional de questões objeto da cognição (art. 357, §2º), cláusula geral de convenções processuais (art. 190).[193]

São novidades que enfatizam a atividade das partes, relacionadas ao sistema adversarial do *common law*, que reduzem a direção do processo conduzido pelo juiz comparativamente ao sistema inquisitorial de *civil law*. Outras evidências da adoção do sistema adversarial podem ser vistas na disciplina do depoimento pessoal, no qual, antes, cabia ao juiz a iniciativa de determinar o comparecimento pessoal das partes para interrogá-las, e, quando não determinado o depoimento pessoal de ofício, ficava aberta a possibilidade de requerimento das partes do interrogatório da parte contrária (arts. 342 e 343 do CPC/73[194]). Agora, cabe à parte requerer o depoimento pessoal da outra, sem prejuízo de o juiz ordená-lo de ofício (art. 385 do CPC/15[195]). Houve uma inversão da iniciativa, que passa a ser da parte interessada.

Mirjan Damaska, ao tratar dos sistemas adversarial e não adversarial ou inquisitorial, afirma que no século XX essa dicotomia foi utilizada para distinguir o processo que dependia da iniciativa das partes para avançar em contraposição ao processo que dispensava tal iniciativa (podendo avançar por impulso oficial). Depois, a distinção foi usada por juristas continentais nos mais variados contextos. E somente mais recentemente é que a distinção passou a ser usada por comparatistas com um sentido mais amplo, especialmente para mostrar o contraste entre as formas de administração da justiça no modelo continental e no modelo anglo-americano.[196]

---

[193] CABRAL, Antonio do Passo, *Convenções Processuais*, pág. 132/133.
[194] CPC/73, art. 342 – "O juiz pode, de ofício, em qualquer estado do processo, determinar o comparecimento pessoas das partes, a fim de interrogá-las sobre os fatos da causa". Art. 343 – "Quando o juiz não o determinar de ofício, compete a cada parte requerer o depoimento pessoal da outra, a fim de interrogá-la na audiência de instrução e julgamento".
[195] CPC/15, art. 385 – "Cabe à parte requerer o depoimento pessoal da outra, a fim de que esta seja interrogada na audiência de instrução e julgamento, sem prejuízo do poder do juiz de ordená-lo de ofício".
[196] DAMASKA, Mirjan. *The Faces of Justice and State Authority*, pág. 3.

XVI Um episódio da série de transformações graduais no nosso modelo em direção à vinculação às decisões precedentes: o esvaziamento da participação do Senado Federal no controle de constitucionalidade e a aproximação dos efeitos da declaração de constitucionalidade na via incidental e na via direta

O presente tópico objetiva isolar e descrever uma das transformações espontâneas e lentas que ocorreram no modelo brasileiro e que contribuiu para a aproximação com o modelo de precedentes, ao estreitar a semelhança dos efeitos da declaração incidental de inconstitucionalidade pronunciada pelo Órgão Pleno do STF ao efeito *erga omnes* típico do controle concreto de constitucionalidade.

Sabemos que o efeito da declaração incidental de inconstitucionalidade opera entre as partes. Entretanto, veremos que a evolução da jurisprudência da Suprema Corte passou a atribuir efeito mais abrangente à inconstitucionalidade incidental quando reconhecida pelo seu Órgão Pleno, pois manifestamente abalada a presunção de constitucionalidade da lei, assemelhando os efeitos da pronúncia de inconstitucionalidade pela via direta (controle abstrato) e pela via incidental (controle concreto). Tal transformação contribui para a formação de um conjunto que resultou na mistura que identificamos no atual sistema brasileiro.

Vimos que tradicionalmente o *civil law*, especialmente o modelo francês, adota a supremacia do Poder Legislativo, ao passo que no *common law*, especialmente o estadunidense, o sistema de freios e contrapesos bem equilibrado impede que o Poder Judiciário fique subordinado aos outros Poderes, semelhante ao que ocorre no Brasil.

Durante muito tempo mantivemos mecanismo de atribuição ao Senado Federal de competência para suspender a execução da lei declarada inconstitucional, de modo que a declaração incidental de inconstitucionalidade tinha efeitos somente *inter partes*, dependendo de ato do Senado Federal a suspensão de seus efeitos, inclusive quando tal inconstitucionalidade fosse reconhecida pelo Supremo Tribunal Federal.

Tal previsão constou inicialmente na Constituição de 1934, direcionada à suspensão da lei submetida ao controle incidental de constitucionalidade e, com o advento do controle concreto, pela EC nº 16/1965, teve início o debate sobre a necessidade de comunicação ao Senado Federal da decisão que declarava a inconstitucionalidade da lei na ação de representação de inconstitucionalidade para fins do efeito previsto no art. 64 da Constituição de 1946.[197] Somente em 1977[198] o Supremo Tribunal Federal firmou posição no sentido de que ficava dispensada a comunicação ao Senado Federal e sua consequente intervenção nos casos de declaração de inconstitucionalidade na via direta, em controle concentrado e abstrato (representação de inconstitucionalidade), reconhecendo o efeito vinculante e *erga omnes* decorrente da própria decisão do Supremo Tribunal Federal.

Mais recentemente, em um processo de *mutação constitucional*,[199] o Supremo Tribunal Federal passou a entender pela dispensabilidade do encaminhamento da questão constitucional ao Plenário ou Órgão Especial de Tribunal (cláusula de reserva de plenário[200]), caso exista pronunciamento do Supremo Tribunal Federal em controle incidental.[201]

Portanto, passou-se a entender que sendo a declaração de inconstitucionalidade pronunciada pelo Supremo Tribunal Federal, ainda que em controle incidental, está presente requisito suficiente para concessão de efeito *erga omnes* pelo Senado Federal, de modo que resta afastada a presunção de constitucionalidade da lei.

A dispensa do deslocamento previsto na cláusula de reserva de plenário (art. 97 da Constituição) é medida de racionalidade, permitindo que a inconstitucionalidade anteriormente reconhecida pelo Supremo Tribunal Federal em controle incidental possa ser pronunciada de plano por órgão fracionário de Tribunal.

Tal orientação, na prática, equipara os efeitos das decisões proferidas nos processos de controle abstrato e concreto[202] e constitui uma evolução no sistema de controle de constitucionalidade e na vinculação às decisões da Suprema Corte.

No momento em que o Supremo Tribunal Federal passou a entender pela dispensa do deslocamento da questão constitucional ao

---

[197] Constituição de 1946, Art. 64 – Incumbe ao Senado Federal suspender a execução, no todo ou em parte, de lei ou decreto declarados inconstitucionais por decisão definitiva do Supremo Tribunal Federal.
[198] Cf. parecer do Min. Moreira Alves no Processo Administrativo nº 4477-72, DJ 16.05.1977, pág. 3123.
[199] JELLINEK, Georg. *Reforma y Mutación de la Constitución*.
[200] Constituição de 1988, Art. 97. Somente pelo voto da maioria absoluta de seus membros ou dos membros do respectivo órgão especial poderão os tribunais declarar a inconstitucionalidade de lei ou ato normativo do Poder Público.
[201] Como se vê no julgamento do AI-AgR 168.149, 2ª Turma, DJU 04.08.1995, pág. 22520 e do RE 190.728, 1ª Turma, DJ de 30.05.1997.
[202] STF. Reclamação Rcl 4335/AC. Rel. Min. Gilmar Mendes. Pleno. DJe-208, 21.10.2014.

Órgão Pleno ou Especial do Tribunal, quando a inconstitucionalidade estivesse reconhecida em controle incidental, evidentemente atribuiu efeito transcendente à sua decisão. Em outras palavras, o Supremo Tribunal Federal passou a reconhecer que não poderia deixar de atribuir significado jurídico à declaração de constitucionalidade em controle incidental pronunciada pela Corte Constitucional do país.

Embora esse entendimento faça referência à quebra de presunção de constitucionalidade, o fato é que tal orientação acabou por conferir um efeito vinculante à decisão do Supremo em controle incidental e independente da intervenção do Senado Federal, sendo consagrada na legislação processual civil: Código de Processo Civil de 1973, art. 481, parágrafo único, na redação da Lei nº 9.756/98,[203] reproduzida no Código de Processo Civil de 2015, art. 949, parágrafo único.

Essa nova leitura dos efeitos da declaração de inconstitucionalidade incidental como vinculante atribui efeito transcendente à decisão do Supremo Tribunal Federal e tem como consequência a conclusão de que a intervenção do Senado Federal confere apenas publicidade à decisão, pois não é a suspensão da execução da lei que atribui eficácia geral ao julgamento. A decisão do Supremo Tribunal Federal, por si, tem força normativa, portanto, vinculante.

XVII O sistema brasileiro: com *stare decisis* e supremacia do Judiciário (e não do Legislativo). *Civil law* ou jurisdição mista?

Para facilitar a compreensão, leia-se o seguinte raciocínio desenvolvido em excelente obra contemplada com prêmio CAPES: "no contexto do *civil law*, no qual a lei é apenas aquela advinda do Poder Legislativo, não faz sentido a doutrina do *stare decisis*. Ou seja, enquanto o *stare decisis* é familiar na doutrina do *common law*, no sentido de as Cortes basearem suas decisões em decisões anteriores, ela não faz sentido nos países de *civil law* que adotam o princípio da separação dos poderes de forma estrita, até porque nesses países as decisões judiciais

---

[203] Código de Processo Civil de 1973 (reproduzida no art. 949, parágrafo único, do CPC/2015), art. 481. Se a alegação for rejeitada, prosseguirá o julgamento; se for acolhida, será lavrado o acórdão, a fim de ser submetida a questão ao tribunal pleno. Parágrafo único. Os órgãos fracionários dos tribunais não submeterão ao plenário, ou ao órgão especial, a arguição de inconstitucionalidade, quando já houver pronunciamento destes ou do plenário do Supremo Tribunal Federal sobre a questão. (Incluído pela Lei nº 9.756, de 17.12.1998).

não são leis".²⁰⁴ O raciocínio é perfeito se consideradas as características identificadoras das tradições. De fato, no *civil law* tradicional, o Poder Judiciário desempenharia um papel de menor destaque, pois atuaria como operador limitado do direito, realizando uma interpretação mecanicista da lei.

Entretanto, e aqui o ponto fundamental, o que estamos vivenciando não são sistemas fiéis à sua tradição no sentido de que possam ser considerados puros. Aprendemos e repetimos que nossa tradição é o *civil law*, o que pode levar alguém a concluir que exista um bom enquadramento neste sistema. Entretanto, o enquadramento com adequação não mais existe no nosso sistema. Se quisermos insistir que o nosso sistema legal contemporâneo segue a tradição do *civil law*, de fato, "não faz sentido a doutrina do *stare decisis*", como afirmado. Entretanto, a realidade é que somos um país que tem sua origem remota no sistema romano-germânico e nosso sistema contemporâneo é resultado de uma mistura.

No Brasil, o que se vê desde o advento da Constituição de 1891 é um Poder Judiciário competente para promover o *judicial review*, podendo a lei considerada inconstitucional ser afastada pelo Magistrado de Primeira Instância. Portanto, para que nossos institutos façam sentido como sistema, é necessário ajustar nosso enfoque e reconhecer que há muito tempo vimos nos tornando e atualmente somos um país que mistura *civil law* com *common law*.

XVIII Sistemas jurídicos mistos (*mixed legal systems*)

Vimos que a expressão *jurisdições mistas*²⁰⁵ possui um alcance mais restrito do que *sistemas jurídicos mistos*, haja vista estes se referem às mais variadas combinações,²⁰⁶ ²⁰⁷ ou seja, não apenas a mistura

---

[204] BARBOZA, Estefânia Maria de Queiroz, *Stare Decisis, Integridade e Segurança Jurídica: Reflexões Críticas a Partir da Aproximação dos Sistemas de Common law e Civil law na Sociedade Contemporânea*, pág. 57.

[205] A expressão foi cunhada por F. Walton, no início do século XX, que assim a definiu: "Mixed jurisdictions are legal systems in which the Roman-Germanic tradition has become suffused to some degree by Anglo-American law".

[206] Segundo resultados apurados por grupo de pesquisa sobre World Legal Systems, na Universidade de Ottawa, os sistemas mistos ocorrem nos seguintes percentuais relativos à população mundial, apurada em 6.517.550.000 de pessoas: misturas de *civil law* e *common law* (2,46% da população mundial); *civil law* e lei costumeira (28,10%); *civil law* e lei muçulmana (4,34%); *common law* e lei costumeira (3,36%); *common law* e lei muçulmana (5,29%); *civil law*, lei muçulmana e lei costumeira (3,68%); *common law*, lei muçulmana

do *civil law* com *common law*, mas incluindo também leis religiosas (muçulmana, hindu, judaica, islâmica), tribais, costumeiras, resultando numa mistura mais complexa. Portanto, sistemas jurídicos mistos é uma expressão que abrange todos os sistemas que, em algum momento, ficaram distanciados do seu enquadramento original em razão da mistura implementada.

A quantidade de sistemas jurídicos que se encontram nesta situação de dificuldade de ajustamento em uma moldura predefinida, em razão da autenticidade da mistura implementada, é muito significativa e as tentativas de sistematização têm desafiado pesquisadores estrangeiros a desenvolver um método de organização. No âmbito doméstico, não encontramos sequer uma fonte de pesquisa com tal propósito, não obstante a relevância do tema.

XIX A sistematização proposta por Esin Örücü

A sistematização proposta por Örücü[208] parece ser a mais abrangente até o presente momento. Ele apresenta cinco mapas:

1 Mapa 1: Sistemas mistos
1 Misturas simples: São sistemas híbridos que contêm *civil law* e *common law* como ingredientes. A mistura ocorre em um nível substancial, figurativamente identificada com um *mixing bowl*.
1.1 Jurisdições mistas: nas palavras de Örücü, *numerous clauses*, totalizando 15 países, como uma deferência a Vernon Valentine Palmer: Botswana, Lesoto, Louisiana, Namíbia, Filipinas, Porto Rico, Quebec, Santa Lucia, Escócia, Seicheles, África do Sul pré-1996, Sri Lanka, Suazilândia, Zimbabwe.
Observe-se que, diferente de Palmer, Örücü não inclui Israel nas jurisdições mistas, pois, como veremos adiante, insere Israel na categoria de misturas complexas (Mapa 1, item 2.2), pois

---

e lei costumeira (20,21%); *civil law, common law* e lei costumeira (0,79%); *common law*, lei muçulmana, *civil law* e lei costumeira (0,48%); *civil law, common law*, lei judaica e lei muçulmana (0,11%); lei muçulmana e lei costumeira (0,07%). Disponível em: <http://www.juriglobe.ca/eng/syst-demo/tableau-mixte.php>.

[207] Segundo registro feito por Örücü, os sistemas mistos envolvendo *civil law* seriam 65 (19,12% dos sistemas legais); os sistemas mistos envolvendo *common law* seriam 53 (15,59%); os sistemas mistos envolvendo lei costumeira seriam 54 (15,88%); sistemas mistos envolvendo a lei muçulmana seriam 33 (9,70%) (ob. cit.).

[208] What is a Mixed Legal System: Exclusion or Expansion? Vol. 12.1. *Electronic Journal of Comparative Law* (May 2008). Disponível em: <http://www.ejcl.org/121/art121-15.pdf>.

considera que tal sistema contém na sua mistura, também, lei religiosa.
1.2 Outras misturas simples: Jersey, Malta e Cyprus.
2 Misturas complexas: São sistemas híbridos que contêm *civil law, common law*, (lei socialista), lei religiosa e costumeira, em diferentes combinações:
2.1 Misturas complexas 1: Sistemas híbridos com *civil law, common law* e lei costumeira: Camarões, Hong Kong pré-1997, Lesotho, Sri Lanka, África do Sul pós-1996, Tailândia, Vanuatu.
2.2 Misturas complexas 2: Sistemas híbridos com *civil law, common law* e lei religiosa: Israel, Jordânia, Arábia Saudita, Somália, Iêmen.
2.3 Misturas complexas 3: Sistemas híbridos com *civil law* e lei costumeira: Burundi, Chade, China, Etiópia, Gabão, Coreia, Japão, Mali, Nigéria, Ruanda, Taiwan, Togo.
2.4 Misturas complexas 4: Sistemas híbridos com *civil law* e lei islâmica: Argélia, Egito, Iraque, Kuwait, Líbano, Marrocos, Mauritânia, Síria, Tunísia.
2.5 Misturas complexas 5: Sistemas híbridos com *civil law*, lei islâmica e lei costumeira: Djibouti, Indonésia, Senegal.
2.6 Misturas complexas 6: Sistemas híbridos com *common law*, lei religiosa e lei costumeira: Paquistão, Índia, Quênia, Nigéria, Uganda.
2.7 Misturas complexas 7: Sistemas híbridos com lei socialista, *civil law, common law* e lei costumeira: Hong Kong pós-1997, China, Cuba, Norte do Vietnã, Coreia do Norte.
3 Pluralismos legais: Sistemas dualistas com segmentos de leis coexistentes e aplicáveis a diferentes membros da população: Sudão e Zimbabwe.

2 Mapa 2: Sistemas mistos do Mapa 1 organizados de acordo com sua origem
  1 O grupo francês: Louisiana, Quebec, Argélia, Andorra, Benin, Burkina, Burundi, Maurícia, Mauritânia, Marrocos, Senegal, Seicheles, Santa Lucia, Togo, Tunísia.
  2 O grupo holandês: África do Sul, Sri Lanka, Indonésia, Botswana, Lesoto, Suazilândia.
  3 O grupo espanhol: Andorra, Belize, Bolívia, Louisiana, Porto Rico e Filipinas.
  4 O grupo português: Angola, Guiné-Bissau, Macau, Sri Lanka.

5 O grupo britânico: Escócia, África do Sul, Seicheles, Tobago, Paquistão, Índia, Myanmar (Burma), Belize, Butão, Hong Kong, Malaui.

6 O grupo norte-americano: Louisiana, Micronésia, Porto Rico, Filipinas.

Antes de apresentar o Mapa 3, é importante esclarecer que Örücü faz uso de imagens figurativas para descrever o nível da mistura dos sistemas, o que tem um resultado bastante didático. Ele utiliza a figura do *mixing bowl* (tigela) e do purê; no *mixing bowl*, ainda que exista a mistura, os ingredientes podem ser identificados mesmo depois de misturados. Por exemplo, numa tigela de frutas, ainda que se misturem pedaços de maçã, que poderia corresponder ao *civil law*, e morangos, que poderia corresponder ao *common law*, continua sendo possível identificar o que é um e outro, mesmo misturados. Neste caso, a mistura é considerada *unblended*. Situação diferente ocorre no caso das misturas purê (*blended*), na qual os ingredientes se fundem de tal modo que não é mais possível identificar um e outro nesta mistura. Portanto, *unblended* seria a mistura sem fusão dos ingredientes e *blended* seria a mistura na qual os ingredientes se fundem.

Pode parecer estranho um sistema misto não misturado (*mixed system unblended*), mas é bastante ilustrativo do que ocorre, por exemplo, no modelo brasileiro, no qual entendemos que a mistura do *civil law* com o *common law* vem se intensificando gradualmente, embora seja muito fácil identificar no nosso sistema o que deriva de uma e outra tradição, exatamente como na tigela (*mixing bowl*) sugerida por Örücü.

Feitos esses esclarecimentos, no Mapa 3, Örücü vai tratar de sistemas mistos que são misturas evidentes (*overt mixes*), que correspondem ao *mixing bowl*, diferenciando-os dos sistemas mistos que são misturas veladas (*covert mixes*), que correspondem ao purê (*blended*).

3 Mapa 3: Sistemas mistos

1 Misturas evidentes (*overt mixes*): Todos os sistemas mistos mencionados no Mapa 1.

2 Misturas veladas (*covert mixes*): São sistemas que não parecem misturados, já que é uma mistura na qual os ingredientes derivam de uma cultura jurídica e social similar: São todos os sistemas de *civil law* e *common law* considerados como um purê que combinam Direito romano, Direito canônico e variedade de *common laws*: França, Inglaterra, Itália, Holanda, Nova Zelândia, Espanha, Estados Unidos (exceto Louisiana).

4 Mapa 4: Sistemas mistos
1 Misturas não estruturadas (*unstructured mixes*): assim considerado quando o *civil law* não está codificado: Escócia, África do Sul e Israel.
2 Misturas estruturadas (*structured mixes*): *civil law* codificado: Quebec, Louisiana e Santa Lucia.

5 Mapa 5: Sistemas misturados
1 Misturas em andamento (*ongoing mixes*): Sistemas europeus sob regras de organizações regionais, como a União Europeia e a Convenção Europeia de Direitos Humanos (ECHR); Sistemas africanos em processo de modernização e democratização.
2 Sistemas em transição (*Systems in transition*): Sistemas que estão se movendo de uma orientação para outra: Sistemas do leste europeu e Europa central, Rússia, Ucrânia.

Vê-se que o grau de misturas a nível global se intensifica e as misturas atingem uma complexidade e principalmente particularidades que dificultam a elaboração de uma organização metodológica para o estudo, embora a sistematização proposta por Örücü seja bem organizada e abrangente. Essa apresentação dos mapas elaborados por Örücü é feita no presente trabalho apenas para transmitir uma ideia das inúmeras possibilidades de misturas encontradas no globo.

XX Considerações sobre as misturas de jurisdições

O fenômeno das misturas identificadas e cada vez mais recorrentes tem desafiado comparatistas ao redor do mundo a desenvolverem classificações. René David elaborou classificação das *famílias legais* (*legal family*),[209] Örücü denominou árvore *das famílias* (*family trees*),[210] Konrad Zweigert e Hein Kötz propuseram a expressão *estilos legais* (*legal styles*),[211] todos com o objetivo comum de identificar elementos que permitissem o agrupamento e sistematização do fenômeno.

---

[209] DAVID, René. *Os Grandes Sistemas do Direito Contemporâneo*. São Paulo: Martins Fontes, 2012.
[210] A general view of 'legal families' and of 'mixed systems'. In: ÖRÜCÜ, E. and NELKIN, D. (eds.). *Comparative Law*: A Handbook. Oxford: Hart Publishing, 2007, pág. 169-187. Disponível em: <http://eprints.gla.ac.uk/39754/>, acesso em: dez. 2016.
[211] ZWEIGERT, Konrad; KÖTZ, Hein. *An Introduction to Comparative Law*. 3rd edition. US: Oxford University Press, 1998.

Relativamente ao foco do presente estudo, que são as jurisdições mistas, consideradas misturas evidentes (*overt mixes*, na expressão de Örücü), cujos componentes são o *civil law* e o *common law*, parece-nos que é possível, sim, estabelecer muitos pontos de contato entre os países reunidos neste grupo das jurisdições mistas, partindo da sistematização proposta por Palmer, ademais, com muitas semelhanças relacionadas à transformação ocorrida no modelo brasileiro.

CAPÍTULO III

O CONSTITUCIONALISMO CONTEMPORÂNEO NO BRASIL E SEU IMPACTO NO DESLOCAMENTO DA RACIONALIDADE DA LEI PARA O PRECEDENTE

I O advento do constitucionalismo contemporâneo

A divisão antes existente entre *civil law* e *common law* restou atenuada com a aproximação das tradições jurídicas a partir da mudança de paradigma no marco teórico provocado pelo advento do neoconstitucionalismo ou constitucionalismo contemporâneo.[212] No Brasil o fenômeno começa a desenvolver-se no momento que segue o advento da Constituição de 1988, e seu surgimento conta com vários outros fenômenos coadjuvantes e relacionados, que ocorreram no mundo e, em seguida, aqui, e que podem ter o início deste movimento apontado no reconhecimento da força normativa da Constituição.[213]

---

[212] O conceito foi formulado principalmente por juristas espanhóis e italianos, não sendo uma expressão que se encontre no debate constitucional estadunidense ou alemão. Ganhou maior difusão pela obra do jurista mexicano Miguel Carbonell (ed.) denominada Neoconstitucionalismo(s), justamente em referência aos vários tipos de neoconstitucionalismos encontrados ou à ausência de uma definição fechada do termo. A obra foi editada em 2003. Em 2007, o autor publicou coletânea sobre o mesmo tema intitulada Teoría del Neoconstitucionalismo: Ensayos escogidos. Madrid: Trotta; POZZOLO, Suzana. Neoconstituzionalismo e Positivismo Giuridico. Torino: Giappicheli, 2001, valendo registrar que o neologismo (neoconstitucionalismo) é atribuído a esta autora, nesta obra. No Brasil: Daniel Sarmento. Neoconstitucionalismo no Brasil: Riscos e possibilidades. In: *Filosofia e Teoria Constitucional Contemporânea*. Rio de Janeiro: Lumen Juris, 2009, pág. 113/146.

[213] HESSE, Konrad. La fuerza normativa de la Constitución. In: *Escritos de Derecho Constitucional* (selección). Madrid: Centro de Estudios Constitucionales, 1983, pág. 61/84.

Perceber que a Constituição era mais do que um documento essencialmente político e que as regras nela previstas eram mais do que um convite à atuação dos Poderes Públicos, ademais, que a concretização de suas regras não dependia exclusivamente da atuação do legislador e da discricionariedade do administrador,[214] operou uma mudança de paradigma para a qual contribuíram fenômenos correlatos e que reciprocamente se reforçam,[215] e que teve como resultado a expansão da jurisdição constitucional estimulada por esta nova interpretação constitucional.

Tais fenômenos, que surgem com a ascensão da cultura pós-positivista, e que podem ser abarcados[216] sob a expressão neoconstitucionalismo ou constitucionalismo contemporâneo, não são objeto específico do presente estudo, senão com o objetivo de situar o que nos parece ser o fator deflagrador da incoerência e do caos jurisprudencial que acometeu o sistema brasileiro, e que estimulou a inserção de mais institutos de vinculação obrigatória aos precedentes, típicos do *common law*.

Essa tendência de atribuição de efeitos vinculantes e gerais às decisões proferidas pelas Cortes Constitucionais ocorre também em outros países da tradição romano-germânica e "pode ser constatada, exemplificativamente, nos efeitos atribuídos aos julgados das cortes constitucionais da Alemanha, da Itália e da Espanha, todas produtoras de precedentes vinculantes".[217] [218]

No Brasil: Luís Roberto Barroso. O Direito Constitucional e a Efetividade de suas Normas. Limites e Possibilidades da Constituição Brasileira. Rio de Janeiro: Renovar, 2001; José Afonso da Silva. Aplicabilidade das Normas Constitucionais. São Paulo: Malheiros, 1982; Ana Paula Barcellos. A Eficácia Jurídica dos Princípios Constitucionais: O princípio da dignidade da pessoa humana. Rio de Janeiro: Renovar, 2002; Humberto Bergman Ávila. Teoria dos Princípios (da definição à aplicação dos princípios jurídicos). 2. ed. São Paulo: Revista dos Tribunais, 2005. Jane Reis Gonçalves Pereira. Interpretação Constitucional e Direitos Fundamentais. Rio de Janeiro: Renovar, 2005.

[214] BARROSO, Luís Roberto. Transformações do Direito Constitucional Contemporâneo. In: *Curso de Direito Constitucional Contemporâneo*. 5. ed. São Paulo: Saraiva, 2015, pág. 296.

[215] O pós-positivismo, como marco na superação dos modelos puros e a interface que proporcionou (ou revigorou do jusnaturalismo) entre o direito e a moral, teve como precursores: RAWLS, John. *Uma teoria da justiça*. São Paulo: Martins Fontes, 2016; DWORKIN, Ronald. *Taking Rights Seriously*. Cambridge: Harvard University Press, 1997; ALEXY, Robert. *Teoria dos Direitos Fundamentais*. São Paulo: Malheiros. No Brasil: Paulo Bonavides, *Curso de Direito Constitucional*, 13. ed. São Paulo: Malheiros, 2003; BARROSO, Luís Roberto. Fundamentos teóricos e filosóficos do novo direito constitucional brasileiro: pós-modernidade, teoria crítica e pós-positivismo. *Revista Forense*, 358:91, 2001.

[216] Com perdão do reducionismo de fenômenos que apresentam uma complexidade bem maior.

[217] BARROSO, Luís Roberto. Trabalhando com uma nova lógica: A ascensão dos precedentes no direito brasileiro.

[218] ALEXY, Robert; DREIER, Ralf. Precedents in the Federal Republic of Germany, pág. 26/27; TARUFFO, Michele; LA TORRE, Massimo. Precedent in Italy, pág. 154/155; Alfonso Ruiz

É neste contexto de reconhecimento da força normativa da constituição, de aversão ao formalismo, que é substituído por técnicas mais abertas de formulação do raciocínio jurídico, como a ponderação de princípios e interesses em jogo,[219] argumentação jurídica,[220] e que vão promover uma reaproximação do direito com a moral e permitir à filosofia permear o debate jurídico,[221] todos esses fatores, atuando como propulsores da expansão da jurisdição constitucional, vão provocar a aproximação do *civil law* e do *common law*, com o objetivo de conferir mais racionalidade e segurança ao sistema. Na conclusão de Hermes Zaneti, "os ordenamentos jurídicos em ambas as tradições, evoluíram muito, no sentido de diminuírem a tensão original, de tal sorte que já não é mais legítimo ou realista falar em incompatibilidades paradigmáticas entre os dois grandes ramos do direito ocidental. Afastada essa incompatibilidade, cresce o movimento de harmonização entre o *Common law* e o *Civil law*".[222] De fato, a evolução do pensamento

---

Miguel, Francisco J. La Porta, Precedent in Spain, pág. 272. Todos em MACCORMICK, D. Neil; SUMMERS, Robert S. (Org.). Interpreting Precedents: a comparative study. England: Dartmouth Publishing Company Limited e Ashgate Publishing Limited, 1997.

[219] ALEXY, Robert. Teoria dos Direitos Fundamentais. São Paulo: Malheiros, 2008, possivelmente a obra mais influente sobre ponderação; SARMENTO, Daniel. A Ponderação de Interesses na Constituição Federal. Rio de Janeiro: Lumen Juris. 2000; BARCELLOS, Ana Paula. Ponderação, Racionalidade e Atividade Jurisdicional.

[220] ALEXY, Robert. *Teoria da Argumentação Jurídica*. 2. ed. São Paulo: Landy, 2005.

[221] DWORKIN, Ronald. Is a Law a System of Rules? In: Ronald Dworkin (Ed.) *Philosophy of Law*. Oxford: Oxford University Press, 1971; DWORKIN. Law and Morals. In: *Justice in Robes*. Cambridge: Harvard University Press, 2006; ALEXY, Robert. *Constitucionalismo Discursivo*. Porto Alegre: Livraria do Advogado, 2007. De modo contrário, que não reconhecem uma relação necessária entre o direito e a moral, os positivistas FERRAJOLI. *El Garantismo e la filosofia del Derecho*. Bogotá: Universidad Externado de Colombia, 2000; Suzana POZZOLO, ob. cit.

[222] ZANETI JR., Hermes. *O Valor Vinculante dos Precedentes*: teoria dos precedentes normativos formalmente vinculantes. 2. ed., pág. 97. Sobre a superação do paradoxo metodológico no sistema brasileiro pelo advento do CPC de 2015, pág. 30/41 e também: "Com o CPC/2015, suplantou-se, em definitivo, o *paradoxo metodológico* da justiça brasileira, que tinha sua matriz constitucional na Constituição Republicana de 1891, com nítida influência do *common law* norte-americano e tinha sua matriz infraconstitucional no direito do *civil law*, a exemplo do CPC/1973. Hoje, com o novo CPC, temos uma só lei processual (figurativamente, é claro), com elementos de *common law e civil law*, abaixo de uma só Constituição, ambas, portanto, com natureza híbrida" (ZANETI, Hermes. *O Valor Vinculante dos Precedentes*: teoria dos precedentes normativos formalmente vinculantes. 2. ed. Salvador: Juspodivm, 2016, pág. 363-364); "Vista pelo aspecto global, a cultura processual brasileira apresenta um grande paradoxo metodológico decorrente da aceitação de conceitos e propostas técnico-processuais hauridas na obra de Mestres europeus, especialmente alemães e italianos, ao mesmo tempo em que nossa fórmula político-constitucional de separação dos Poderes do Estado tem muito mais do modelo norte-americano" (DINAMARCO, Candido Rangel. *Instituições de Direito Processual Civil*. 3. ed., São Paulo: Malheiros, 2003, v. 1, pág. 176).

jurídico suavizou as distinções paradigmáticas entre o *common law* (*judgemade law*) e o *civil law* (*code based legal systems*).

Mauro Cappelletti observa que a diferença entre *common law* e *civil law* vai ser identificada mais no estilo do que na finalidade das normas-estatuto e das normas-jurisprudência, e também na sua metodologia de aplicação e superação, do que propriamente na negativa das fontes jurisprudenciais do direito.[223] Em outras palavras, embora seja certo que lei e jurisprudência sejam fontes diversas de direito, com diferentes métodos de produção, aplicação e superação, não obstante, são consideradas fontes de direito na maior parte dos ordenamentos jurídicos civilizados da atualidade, por expressa previsão legal ou por força do costume.

No modelo brasileiro, especialmente no período que antecedeu a incorporação mais intensa de mecanismos de vinculação aos precedentes, o enfrentamento de situações que envolvem matéria constitucional e cláusulas gerais, dada a amplitude das possibilidades, ou seja, dado o espaço para subjetividade motivada do juiz, não conferia previsibilidade segura, de modo que quando um juiz brasileiro enfrenta essas matérias, que lhe permitem afastar a lei ou acertar seu desvio de modo a corrigir o rumo sob a perspectiva dos direitos fundamentais, atua nos mesmos moldes de um juiz de *common law*, nesse aspecto considerado com atuação mais previsível.

Não é, portanto, sem razão que muitos sustentam que a adoção do método de filtragem constitucional exige a adoção do correspondente método de vinculação obrigatória aos precedentes sob pena de criar-se instabilidade indesejável no sistema jurídico. Marinoni, na sua obra "A Ética dos Precedentes", assevera que "não há racionalidade em dar a todo e qualquer juiz o poder de afirmar o significado de um direito fundamental e, não obstante, deixar-lhe desobrigado perante a palavra final da Corte Suprema".[224] Diante do quadro de incoerência jurisprudencial que se instalou, fica claro perceber que a adoção do controle difuso estadunidense deve mesmo vir acompanhado da obrigatoriedade de juízes e tribunais respeitarem os precedentes, sob pena de fomentar a incoerência e estimular a irracionalidade.

O problema da adoção do controle difuso em países de tradição do *civil law* foi percebido e destacado por Cappelletti em obra de

---

[223] CAPPELLETTI, Mauro. *Juízes Legisladores?* Porto Alegre: Sergio Antônio Fabris Editor, 1993.
[224] MARINONI, Luiz Guilherme. *A Ética dos Precedentes*, Revista dos Tribunais, pág. 55.

1968,[225] mas durante muito tempo sua advertência foi ignorada por nós. Alertava ele que a mesma lei poderia ser considerada válida e aplicada por vários juízes e tribunais, enquanto que, concomitantemente, outros juízes e tribunais poderiam considerá-la inconstitucional, gerando incerteza e insegurança na aplicação do ordenamento jurídico.

Tudo são etapas de um processo evolutivo que buscava encontrar mecanismos que promovessem a efetividade dos direitos previstos numa Constituição, e que surge a partir da constatação de que o modelo legislativo, que enaltece o princípio da legalidade e ressurge com o advento do Estado Moderno e suas codificações, não resolve satisfatoriamente questões como segurança e justiça. Percebeu-se que no modelo legislativo, com o domínio do parlamento, o direito era igualmente dominado. Tal entendimento surge na crítica que se seguiu ao nazismo e ao fascismo, quando se constata que o direito identificado exclusivamente com o Parlamento que o produz pode ser usurpado e manejado com fins que não encontram justificativa na realização da justiça.[226]

O modelo constitucional, por sua vez, submete a produção legislativa a um filtro de subordinação às normas constitucionais, protegidas por regras de rigidez e controle de constitucionalidade. Com a ascensão do constitucionalismo, observa-se um enfraquecimento do positivismo jurídico e uma aproximação com a moral e a filosofia, especialmente em razão de uma teoria dos direitos fundamentais que condiciona a produção e aplicação da lei.

Portanto, o constitucionalismo contemporâneo, cujo marco histórico, entre nós, se inicia com o advento da Carta de 1988, pode ser considerado o fenômeno no qual os direitos previstos na Constituição passaram a ter importância verdadeira e despertam nas pessoas a expectativa de avanço nas conquistas, o que foi muito positivo, pois permitiu que se superasse a *indiferença* que havia em relação aos direitos previstos numa Constituição.[227] Esse movimento de dar força e efetividade às normas previstas na Constituição se iniciou na Europa Continental ao fim da 2ª Guerra, quando valores fundamentais como a moral e a ética foram resgatados pelo direito, permitindo, nas palavras de Luís Roberto Barroso:

---

[225] CAPPELLETTI, Mauro. *Il Controllo Giudiziario di Constituzionalitá delle Leggi nel Diritto Comparatto*, Milano, pág. 62.
[226] ZANETI JR., Hermes. *O Valor Vinculante dos Precedentes*, 2. ed., pág. 90/91.
[227] BARROSO, Luís Roberto. O Constitucionalismo Democrático no Brasil. Crônica de um Sucesso Imprevisto. In: *O Novo Direito Constitucional Brasileiro*. Belo Horizonte: Fórum.

(que fosse superado o) modelo que vigorou na Europa até meados do século passado, no qual a constituição era vista como um documento essencialmente político, um convite à atuação dos Poderes Públicos. A concretização de suas propostas ficava invariavelmente condicionada à liberdade de conformação do legislador ou à discricionariedade do administrador. Ao Judiciário não se reconhecia qualquer papel relevante na realização do conteúdo da Constituição.[228]

Com o advento da Constituição de 1988, podemos afirmar que, embora com atraso relativamente aos países da Europa Continental, iniciamos o reconhecimento da força normativa[229] da Constituição e do caráter vinculante e obrigatório de suas normas, que superaram o *status* de meras diretivas a serem seguidas pelo Legislativo e Executivo, para alcançar o reconhecimento de que as normas contidas numa Constituição eram comandos que necessitavam ser materializados mediante adoção de medidas efetivas que assegurassem a realização dos direitos e garantias nela previstos.[230] [231]

O impacto do constitucionalismo e das técnicas de interpretação pós-positivistas teve como resultado a dissociação entre o que se continha no texto legal e a norma jurídica que resulta da interpretação mediante filtragem constitucional e incorporação de valores das normas de direitos fundamentais ao raciocínio decisório ou interpretativo.

A partir deste marco, surge a noção do que foi denominado *legalidade substancial*, ou seja, a diferenciação entre a lei e o direito, ao submeter a validade da lei à Constituição. A legalidade não possui mais aquela noção positivista, mas foi agregada de valores sem os quais não se pode realizar a justiça objetivada pelo Direito. Além da diferenciação entre texto e norma legal, que deu origem à legalidade substancial, também ocorreu, nas palavras de Marinoni:

> (...) uma nítida modificação do conceito de direito e da função jurisdicional. Basicamente, o direito deixou, de vez por todas, de significar lei, e a jurisdição não mais se limitou a atuar a vontade da lei. Nessa perspectiva, portanto, não há como aceitar que um juiz possa estar

---

[228] *O Novo Direito Constitucional Brasileiro*. Belo Horizonte: Fórum, 2013, pág. 193.
[229] HESSE, Konrad. La fuerza normativa de la Constitución. In: *Escritos de Derecho Constitucional* (selección). Madrid: Centro de Estudios Constitucionales, 1983.
[230] Obra seminal no Brasil, de José Afonso da Silva, *Aplicabilidade das Normas Constitucionais*, com primeira edição em 1967.
[231] BARROSO, Luís Roberto. *O Direito Constitucional e a Efetividade de suas Normas*. Rio de Janeiro: Renovar, 2001.

submetido simplesmente à lei. Como a lei é apenas o ponto inicial a partir do qual o juiz elabora a decisão, uma vez que não se interpreta sem valorar e optar, a decisão atribui significado ao texto legal, expressando uma norma jurídica. O juiz colabora com o legislador para a frutificação do direito; não é mais seu servo, como coerentemente teria que admitir o adepto da ideia de que o juiz é submetido apenas à lei.[232]

A mutação ocorrida no princípio da legalidade, que passa de legalidade formal para substancial, constituiu uma quebra de paradigma que foi interpretada por Luigi Ferrajoli como uma segunda revolução,[233] que seria um desdobramento evolutivo da primeira revolução, que deu origem ao Estado Legislativo, marcado por uma sobreposição do legislador ao julgador, no qual a lei deveria ser cumprida devendo ser aplicada simplesmente pelo fato de ser oriunda do Parlamento, órgão competente para sua elaboração, o que lhe conferia legitimidade formal e era o que bastava, ainda que seu conteúdo estivesse dissociado da ideia de direito como justiça. Portanto, a primeira revolução está relacionada à legalidade formal e a segunda à legalidade substancial.

No contexto em que vigorava a exigência de legalidade meramente formal, os direitos previstos fundamentais na Constituição estavam circunscritos ao que estava previsto pela lei. Com a nova leitura do princípio da legalidade substancial, à luz do constitucionalismo, ocorre uma mudança de paradigma, pois a lei passa por esse processo de filtragem constitucional e necessita estar em conformidade com os direitos fundamentais. A mudança da concepção do princípio da legalidade transformou as noções de direito e jurisdição no *civil law*.

Na Europa Continental a função de controle da validade das leis ao serem contrastadas com os direitos fundamentais foi reservada a órgãos inicialmente concebidos como não jurisdicionais, com o fito de impedir que o julgador interviesse na atividade do legislador. Entre nós, a tarefa de conformação constitucional da lei sempre coube ao Poder Judiciário. Com a evolução do constitucionalismo e o fortalecimento da efetividade das normas constitucionais, a tarefa do juiz na aplicação do direito ganha nova dimensão de muito maior amplitude interpretativa, possibilitando que a mesma lei obtivesse variadas interpretações ao ser submetia ao controle constitucional.

---

[232] MARINONI, Luiz Guilherme. *A Ética dos Precedentes*, pág. 92/93.
[233] FERRAJOLI, Luigi. *Derechos Fundamentales*. Los fundamentos de los derechos fundamentales, pág. 53.

A tarefa meramente declaratória do direito com base no texto legal evoluiu para a interpretação do direito que origina a norma aplicável ao caso. Essa evolução da teoria da interpretação, a partir da qual a "norma não está implícita no texto e não antecede sua interpretação, mas dela resulta, coloca nas mãos das Supremas Cortes a função de atribuir sentido ao direito. A decisão deixa de se situar no local da procura do sentido exato da lei e passa a ocupar o lugar da justificativa das opções interpretativas, ou seja, da racionalidade da interpretação".[234] É no momento que as Cortes Superiores passam a atribuir sentido ao direito que suas decisões adquirem *status* de precedentes e assim devem ser reconhecidas e respeitadas instâncias a elas vinculadas pelo grau hierárquico ou pela competência para a última palavra em determinada matéria.

Se, por um lado, a norma consiste no resultado de um processo de raciocínio e argumentação enriquecido se comparado à declaração do que se contém no texto legal, por outro, os resultados imprevisíveis que podem ser gerados a partir desse raciocínio argumentativo geram instabilidade e insegurança na aplicação do direito. Portanto, é necessário que exista algum limite que confira coerência e estabilidade às decisões judiciais. Os juízes não estão vinculados ao texto da lei, cuja aplicação fica condicionada ao exame da sua adequação e conformidade formal e material com preceitos constitucionais. Mas, necessariamente, devem estar vinculados aos precedentes das instâncias superiores. A ausência de um sistema de precedentes é incompatível com um sistema de controle recíproco entre os poderes, pois não se pode conceber que a mesma lei seja válida e simultaneamente inválida, dependendo tal conclusão da interpretação livre dada por cada órgão julgador.

Observe-se que, quando existe mera declaração do sentido exato da lei, nada é adicionado ao que está contido no texto legal, não havendo agregação de sentido à lei e a consequente produção de uma norma jurídica, razão pela qual tal declaração não adquire a qualidade de precedente. Por outro lado, quando uma Corte atribui sentido ao direito, interpretando seu texto legal e criando a norma jurídica, estará uniformizando a interpretação e unificando o direito, o que significa dizer que estará desempenhando o seu papel de Corte Superior, que de nada adianta para o atingimento dos seus objetivos se não houver uma estrutura que garanta a racionalidade do sistema.

---

[234] MARINONI, Luiz Guilherme. *A Ética dos Precedentes*, pág. 64.

II A racionalidade no Direito na ótica de Max Weber

Ao abordar a questão da irracionalidade do sistema jurídico de um país que não respeita os precedentes, especificamente os países de *civil law* que adotam o controle incidental de constitucionalidade das leis, Marinoni, em *A Ética dos Precedentes*, faz interessante abordagem do tema a partir da ótica da racionalidade do direito de Max Weber e dos valores do protestantismo e do capitalismo.

Weber, na sua obra *A Ética Protestante e o "Espírito" do Capitalismo*,[235] analisa o desenvolvimento do capitalismo e a importância que teve nesse processo o modo de vida das pessoas de religião protestante. Segundo Weber, o trabalho árduo, com disciplina e austeridade, na esteira das ideias de Benjamin Franklin, de "profissão como dever",[236] e o consequente "ganho do dinheiro" como decorrência do desempenho da profissão vão constituir a ética[237] da profissão como dever e ter como consequência lógica que a inobservância do trabalho árduo, austero e sistemático, corresponde à violação de um dever, não de um dever de menor importância, mas de um dever como missão confiada por Deus. A ascese, considerada a prática da renúncia ao prazer, ou seja, um sacrifício, ou mesmo o ato de reprimir uma necessidade primária e que represente um esforço para dominar impulsos e corrigir tendências mais primitivas, é deslocada para o campo da disciplina pessoal e sistemática no trabalho como forma de servir e cumprir a missão que distingue o homem perante Deus e garante sua salvação. Portanto, não se trata de ser "o escolhido", mas de trabalhar arduamente para alcançar o reconhecimento e conquistar a escolha de Deus. Nas palavras de Marinoni:

> Os protestantes, ao contrário dos católicos, rejeitaram a ascese monástica como meio de salvação, vendo no estrito cumprimento dos deveres o

---

[235] Publicada entre 1904 e 1905, Parte I e II, acrescida em 1920, sendo esta última versão traduzida para o português.

[236] WEBER, Max. *A Ética Protestante e o "Espírito" do Capitalismo*, pág. 47 e 63.

[237] "O que essa época religiosamente vivaz do século XVII legou à sua herdeira utilitária foi sobretudo e precisamente uma consciência imensamente boa – digamos sem rodeios: *farisaicamente* boa – no tocante ao ganho monetário, contando que ele se desse tão só na forma da lei. (...) Com a consciência de estar na plena graça de Deus e ser por ele visivelmente abençoado, o empresário burguês, com a condição de manter-se dentro dos limites da correção formal, de ter sua conduta moral irrepreensível e de não fazer de sua riqueza um uso escandaloso, podia perseguir os seus interesses de lucro e devia fazê-lo". WEBER, Max. *A Ética Protestante e o "Espírito" do Capitalismo*. São Paulo: Companhia das Letras, 2004, pág. 161.

único meio de viver que agrada a Deus. A glorificação a Deus, segundo o protestantismo, deveria nas práticas cotidianas, não na reclusão monástica.[238]

Em outras palavras, o trabalho árduo e disciplinado neste mundo, consistente no desempenho da *profissão como dever*, é que vai garantir o ingresso no *outro mundo*, ou seja, a salvação, sendo para tanto insuficiente apenas perseverar na glorificação a Deus. Os ganhos naturalmente decorrentes deste trabalho sistemático seriam uma forma de louvor a Deus, ideia que impulsionou o desenvolvimento do capitalismo e rompeu com as concepções que inibiam o lucro, que deveria ser poupado, pois o consumo luxuoso, desenfreado ou desnecessário era reprovável.[239]

Mesmo os calvinistas, que viviam a angustia gerada pela crença na predestinação, adotaram a confiança na disciplina como meio de alcançar o estado de graça. Tal crença gera para o calvinista um rigor extremado com suas obrigações profissionais e pessoais, fortalecendo o valor da responsabilidade e da condução da vida de modo racional. Na síntese de Marinoni:

> O controle racional da própria conduta requer a consciência de como a ação humana será avaliada, ou seja, implica previsibilidade dos resultados das ações e dos eventos. A ausência de previsibilidade retira qualquer possibilidade de conduta metódica no exercício da profissão.[240]

Neste ponto é possível observar a relevância da racionalidade e da previsibilidade do direito como pressupostos para o desenvolvimento do capitalismo. Não se quer afirmar que a inexistência dos valores do calvinismo impediriam o desenvolvimento do capitalismo ou que o protestantismo ascético tenha deflagrado ou motivado a racionalidade no direito, mas o que se afirma é que um fator criou um campo fértil, um contexto de reconhecimento de valores importantes para que o capitalismo germinasse e se desenvolvesse.

O valor do trabalho e o reconhecimento do lucro como resposta ao desempenho habilidoso e dedicado de uma profissão, que se traduz

---

[238] MARINONI, Luiz Guilherme, *A Ética dos Precedentes*, pág. 19.
[239] WEBER, Max. *A Ética Protestante e o "Espírito" do Capitalismo*. São Paulo: Companhia das Letras, 2004, pág. 42/44.
[240] MARINONI, Luiz Guilherme. *A Ética dos Precedentes*, pág. 26.

em cumprimento de um dever e reconhecimento do seu mérito, constituem base dos fundamentos do capitalismo e têm subjacente a ideia de racionalidade. Para Jessé Souza:

> o direito racional formal é percebido por WEBER como fundamental para existência do capitalismo moderno, por sua natureza calculável e por sua previsibilidade. Não será possível planejamento nem cálculo a longo prazo, atividades imprescindíveis para existência de mercado competitivo baseado em princípios impessoais, se a justiça depender de pressupostos mágicos ou da discricionariedade de juízes que decidem de acordo com seu próprio arbítrio.[241]

Parece-nos importante expor a distinção weberiana no que toca à racionalidade formal do direito e sua previsibilidade ao apontar quatro categorias: 1) direito formalmente irracional (*não controlado pelo intelecto, avesso a padrões gerais e insensível aos argumentos das partes*. Direito como derivação de revelações do oráculo. Nesta categoria Weber insere o *common law* inglês); 2) direito substancialmente irracional (*decisões operam mediante critérios fundados em considerações práticas e* éticas *sobre cada caso*); 3) direito substancialmente racional (*decisões operam mediante leis ou critérios, mas o sistema de direito, por estar ancorado num pensamento externo, fica na dependência da possibilidade da compreensão dos princípios que orientam o pensamento que lhe dá sustentação*); 4) direito formalmente racional (*trata-se do direito moderno legislado*. Os códigos civis derivados do direito romano são dados como exemplo).[242]

Weber valorizava a previsibilidade. Observe-se que, apesar de considerar o precedente um elemento importante para o alcance da previsibilidade, entendia que o direito continental europeu era muito mais previsível que o *common law* primitivo, no qual não via racionalidade jurídica formal, e, por cuidar de casos concretos, não poderia ter a pretensão de *abrangência* e tampouco impulsionava a elaboração de princípios gerais.

Duas referências merecem ser analisadas: a primeira, é certo que a Inglaterra é o berço do capitalismo; e, a segunda, é igualmente certo que a Inglaterra é o local onde o calvinismo se projeta de modo mais evidente. Em ambas as ideias está presente a noção da racionalidade, da disciplina, da ética, da necessidade de previsibilidade para organização

---

[241] SOUZA, Jessé. *Comentários à Obra "A Gênese do Capitalismo Moderno" de Max Weber*, São Paulo: Ática, 2006, pág. 95.
[242] MARINONI, Luiz Guilherme, *A Ética dos Precedentes*, pág. 32.

e planejamento pessoal e profissional. A pergunta que surge, portanto, é por que Weber considerava o *common law* inglês formalmente irracional ou não dotado do mesmo grau de racionalidade do direito continental europeu? Tentaremos responder no tópico seguinte.

III O impacto do constitucionalismo na racionalidade e seu deslocamento da lei (*civil law*) para o precedente (*common law*)

Vimos que no *civil law* a segurança jurídica é assentada na previsão geral e abstrata da lei, ao passo que, no *common law*, na solução dada ao caso precedente.

A existência de uma lei escrita sempre foi considerada um fator que propicia segurança, e esse sistema, especialmente quando comparado ao consuetudinário, tradicionalmente tem sido considerado mais vantajoso pelas razões expostas em obra referida,[243] tratando da tradição do *civil law* e citando John Glissen, que aponta as seguintes vantagens:

> i) era um direito escrito, em oposição à maioria dos direitos consuetudinários na época, 'com todas as consequências que derivam da incerteza e da insegurança do costume'; ii) era comum a todos, tendo sido reconhecido como *ius commune* da Europa continental; iii) era mais completo que os direitos locais, tornando-se, por isso, supletivo aos direitos locais; iv) era mais evoluído, pois elaborado com base num direito de uma sociedade mais desenvolvida.

Possivelmente pelas mesmas razões, Max Weber[244] considerou como formalmente racional o *civil law* e formalmente irracional o *common law*, como vimos no tópico anterior. Adicione-se a isso a dificuldade antes existente relativa à publicidade dos atos e difusão da informação, fator que evidentemente contribuía para gerar insegurança no *common law* e, em tal aspecto, o direito codificado representava uma garantia de previsibilidade mais acessível e segura.

---

[243] BARBOZA, Estefânia Maria de Queiroz, em sua tese de Doutorado *Stare Decisis, Integridade e Segurança Jurídica: Reflexões Críticas a partir da Aproximação dos Sistemas de Common law e Civil law na Sociedade Contemporânea*, pág. 52.

[244] WEBER, Max, na sua obra "A Ética Protestante e o Espírito do Capitalismo" (publicada entre 1904 e 1905 (Parte I e II) e acrescida de importantes notas em 1920, sendo esta última versão traduzida para o português).

O deslocamento da racionalidade do *civil law* em direção ao *common law*, aparentemente, teve início com a expansão da jurisdição constitucional. Embora a possibilidade de controle difuso e concreto de constitucionalidade, presente no nosso sistema desde a Constituição de 1891, possa enfraquecer um pouco a expectativa de aplicação da lei, de modo geral, os países de *civil law* passaram a sofrer mais com a incoerência das decisões e consequente irracionalidade sistêmica a partir da superação do positivismo jurídico e do consequente resgate da moral e da filosofia permeando a interpretação do direito e a efetividade das normas constitucionais.

Atualmente existe um consenso no sentido de que a exclusiva previsão geral e abstrata da lei não é suficiente para garantir a racionalidade do sistema, em razão das variadas interpretações que a mesma lei pode receber, de modo que o sistema de precedentes é considerado fundamental para a materialização da igualdade na decisão (em oposição à formalização da igualdade na previsão legal). Aliás, mesmo a aplicação do precedente não elimina a possibilidade de desacerto, pois é equivocada a ideia de que toda questão jurídica possui uma resposta certa,[245] apenas proporciona mais igualdade na distribuição da justiça.

Em síntese, a dinâmica da racionalidade em aproximação com o *common law*, como estamos observando, parece ser impulsionada, dentre outros, pelos seguintes fatores: 1) a sociedade pós-moderna é mais complexa, dificultando a previsão das situações que mereçam proteção; 2) a expansão da jurisdição constitucional, o constitucionalismo, as técnicas abertas de formulação do raciocínio jurídico e a aplicação direta de preceitos fluídos da Constituição geram maior imprevisibilidade e risco de decisões incoerentes a nível de sistema; 3) a facilitada difusão da informação[246] permite a todos o acesso às decisões precedentes.

---

[245] Richard Posner nega a tese de que toda questão jurídica possui uma resposta correta. *The Problems of Jurisprudence*, pág. 37.

[246] No ponto, ao tratar do "sistema de apoio necessário para a cultura jurídica do precedente vinculante", Charles D. Cole cita como exemplo o sistema utilizado nos Estados Unidos, afirmando que "a decisão da Suprema Corte é atualmente disponível nos Estados Unidos dentro de horas após a decisão da Corte ser proferida, tanto pela Westlaw quanto pela Lexis. Suplementos para relatórios escritos estão disponíveis dentro de semanas, após o fornecimento de material eletrônico fornecido pela Corte. Deve-se admitir que o sistema de relatório e pesquisa disponível para uma cultura de precedente jurídico precisa não apenas estar disponível de forma pronta e precisa. O sistema precisa ser traçado de tal jeito que seja tanto razoavelmente disponível quanto facilmente utilizável. Além disso, pesquisadores jurídicos precisam estar em condição de determinar a validade atual de qualquer caso tido como precedente. Nos Estados Unidos pode-se determinar o estado atual de qualquer caso, estadual ou federal, através de um método chamado

O nosso sistema, ao longo de sua trajetória, no qual o *civil law* passou a conviver com a possibilidade de controle difuso de constitucionalidade da lei por todos os julgadores e sem a exigência de vinculação aos precedentes das instâncias superiores e sequer do Supremo Tribunal Federal, gerou sua imprevisibilidade e instabilidade, sendo certo que, no Brasil, são recentes as alteração implementadas com o objetivo de compelir a vinculação aos precedentes, não se justificando resistência em momento de normalidade institucional.

IV O constitucionalismo contemporâneo aproxima a concepção de regra do direito ou *règle de droit* (do *civil law*) e de *legal rule* (do *common law*)?

Para situar o raciocínio, primeiro é necessário fazer a distinção conceptual entre o que, no *civil law*, um jurista francês considera regra do direito ou *régle de droit* em contraste com o que os ingleses consideram a *legal rule*.

A regra de direito dos países de tradição do *civil law* consiste numa previsão genérica substantiva com aptidão para abrangência, de modo a regular as mais variadas situações sobre as quais ela possa incidir. Em outras palavras, "a regra de direito continental, mais ligada à teologia moral do que ao processo, é uma regra, evidenciada pela doutrina ou enunciada pelo legislador, apta a dirigir a conduta dos cidadãos, numa generalidade de casos, sem relação com um litígio particular".[247]

A *legal rule* do *common law*, por sua vez, pelo fato de estar inserida num contexto de direito construído a partir dos casos concretos (*case*

'shepardizing'. As citações do Shepard são livros publicados que contêm citações de todas as decisões jurídicas publicadas, com referências a todos os casos publicados que afetaram os casos anteriores de alguma forma, i.e., confirmando ou revogando parte ou todo o precedente anterior. Esta metodologia atualizada é também encontrada eletronicamente tanto na Westlaw quanto na Lexis. Quando a Corte publica uma opinião escrita, seguindo, rejeitando ou modificando um precedente anterior, os editores Shepard leem a decisão e compilam uma lista de todos os casos anteriores que a Corte utilizou para decidir. Qualquer uso de casos anteriores como base para a decisão subsequente, modificando, confirmando ou revogando o caso anterior é indicado através de notas acrescentadas para aquela ação, para a citação publicada para o caso anterior. (...) O uso do precedente vinculante requer um sistema de relatório que torna as decisões superiores disponíveis para as partes interessadas. Precisa também haver um método prontamente disponível para levantar os casos precedentes para oferecer uma base que determine sua viabilidade atual de *maneira imediata*" (COLE, Charles D. Precedente Judicial: A Experiência Americana. *Revista de Processo*, São Paulo: Revista dos Tribunais, n. 92, ano 23, p. 85, out./dez. 1998.

[247] RENÉ DAVID, Ob. cit., pág. 408/409.

law), as regras serão somente aquelas oriundas da *ratio decidendi* da decisão adotada no caso específico julgado, ou seja, a *legal rule* é aquela enunciada com o objetivo de solucionar o caso concreto, o que permite concluir que não é possível compreender a regra sem que se tenha conhecimento de todos os elementos e detalhes do caso litigioso no qual a regra foi enunciada. Na lição de René David:

> (a *legal rule* não pode ser colocada) num nível superior sem deformar profundamente o direito inglês, fazendo dele um direito doutrinal; os ingleses são bastante avessos a uma tal transformação e apenas adotam, verdadeiramente, em particular as regras formuladas pelo legislador, por menor que seja a interpretação que elas exijam, quando forem efetivamente interpretadas pela jurisprudência; as aplicações jurisprudenciais tomam então o lugar, no sistema do direito inglês, das disposições que o legislador editou.[248]

Na prática, o que ocorre é que as disposições previstas na lei inglesa acabam sendo esvaziadas pelas decisões que as interpretam e as substituem, de modo que a autoridade da lei inglesa é substituída pelas decisões da jurisprudência, que passam a ser utilizadas como regras.[249] Para René David:

> O essencial é que a lei, na concepção tradicional inglesa, não é considerada como um modo de expressão normal do direito (...), a regra que contém a lei só será definitivamente admitida e plenamente incorporada no direito inglês quando tiver sido aplicada e interpretada pelos tribunais e na forma e na medida em que serão feitas esta aplicação e interpretação.[250]

---

[248] *Idem, ibidem.*
[249] *Idem*, pág. 431.
[250] *Idem*, pág. 434/436, sobre tal aspecto, René David conclui: "Tal a teoria clássica da lei, segundo a tradição inglesa. Contudo, é permitido perguntar-se se essa teoria clássica não necessita atualmente de uma revisão". Merece registro, para melhor compreensão, a seguinte passagem: "Ao lado da *common law* tradicional, há uma tendência hoje na Inglaterra, no que respeita a algumas matérias, à formação de um sistema complementar de regras prescritas pelo legislador ou pela administração, de certo modo análogo ao direito administrativo francês. É fato que não existe na Inglaterra uma hierarquia de jurisdições administrativas opostas às jurisdições da ordem judiciária. O Poder Judiciário controla soberanamente a aplicação das novas leis. (...) A lei desempenha, na Inglaterra de hoje, uma função que não inferior à da jurisprudência. Contudo, o direito inglês, nas atuais circunstâncias, continua a ser um direito essencialmente jurisprudencial por duas razões: porque a jurisprudência continua a orientar seu desenvolvimento em certos setores que se mantém muito importantes e, por outro lado, porque, habituados a séculos de domínio da jurisprudência, os juristas ingleses não conseguiram até a presente data libertar-se da

Assentada essa distinção substancial, tanto na origem quanto na finalidade e, especialmente, no seu processo de formulação, retomamos a questão que abre este tópico: o constitucionalismo contemporâneo vai resultar numa aproximação entre a regra legal do *civil law* e a *legal rule* do *common law*?

Especificamente com relação ao modelo brasileiro podemos afirmar que o constitucionalismo contemporâneo e a evolução da interpretação, ao viabilizarem a distinção entre o texto legal e a norma jurídica que resulta da sua interpretação, ressignificando a noção de direito e de jurisdição, vão estreitar levemente a diferença antes existente, aproximando um pouco os conceitos, na medida em que a interpretação da lei conforme dada pela corte no caso concreto ou a norma jurídica produzida no caso julgado é que vão formar o direito.

A questão que se coloca, e que é decisiva para responder à indagação inaugural, é ainda uma incógnita, pois depende do modo como serão incorporados os precedentes no modelo brasileiro; se os precedentes forem formulados a partir de casos concretos e aplicados com rigorosa observância dos elementos existentes no litígio que originou o precedente, então, haverá, entre nós, uma aproximação dos conceitos, o que parece pouco provável, especialmente em razão da tradição jurisprudencial secular do *common law* inglês, que não integra nossa cultura.

Por outro lado, se os precedentes forem enunciados com alguma abrangência que objetive regular situações correlatas, como estratégia de administração da justiça, o que parece ser a nossa tendência, neste caso, haverá mero estreitamento da diferença, que continuará a existir, o que, sem fazer juízo de valor, pode ser uma característica de uma jurisdição mista, no qual o *civil law*, ao incorporar institutos do *common law*, origina um sistema autêntico.

Todavia, é oportuno registrar que o *common law* estadunidense também utiliza os precedentes com o objetivo de regular situações que não estão necessariamente abarcadas no caso concreto. A título de exemplo, mencione-se o *hard case ROE vs. WADE*,[251] que versa sobre o direito ao aborto e é exemplo de disciplina ampla a partir de um caso concreto.

---

sua tradição. Para eles, a verdadeira regra de direito somente existe vista através dos fatos de uma espécie concreta e reduzida à dimensão necessária à resolução de um litígio. Este amor à tradição constitui um *handicap* para o direito legislativo e impede as leis inglesas de serem plenamente equivalentes aos códigos e às leis do continente europeu".

[251] Cf. abordado mais detalhadamente no item VI do capítulo IV.

No Brasil existe grande expectativa sobre o modo como ocorrerá a incorporação do modelo de precedentes, e muitas críticas no sentido de que existem obstáculos instransponíveis que impedem a incorporação deste modelo entre nós. No capítulo seguinte será abordado o sistema de precedentes, com o objetivo de expor algumas características importantes desse sistema, para auxiliar na compreensão da magnitude da mudança que está sendo proposta no nosso sistema de administração da justiça.

Jamais vamos nos tornar um país de *common law*, porque nossa convicção, a partir dos elementos colhidos no presente estudo, é de que estamos nos encaminhando para um sistema de jurisdição mista, que é o resultado de uma mistura. Portanto, não é nem um, nem outro, dos seus ingredientes.

O que é de fundamental relevância no sistema de precedentes é a vinculação obrigatória que ele impõe, que deve se traduzir em mecanismo que viabiliza mais racionalidade ao sistema, ao hierarquizar as decisões judiciais, o que nos parece totalmente coerente com nossa estrutura hierarquizada de justiça, e ao resgatar uma coerência no sistema que ficou abalada como resultado do importante avanço promovido pelo constitucionalismo contemporâneo.

CAPÍTULO IV

O SISTEMA DE PRECEDENTES

I Os precedentes e os desafios para sua assimilação pelo sistema brasileiro

A abordagem dos precedentes no presente estudo, como referido anteriormente, tem o intuito de expor a transformação que deverá ser assimilada pelo nosso sistema para que o método de vinculação aos precedentes seja, em alguma medida, incorporado pela nossa jurisdição.[252] Para tanto, trataremos de algumas noções básicas do sistema de precedentes, como o *core*, a *ratio decidendi*, o *distinguish*, até mesmo com o objetivo de analisar o novo método de pensar e explicitar o raciocínio em uma decisão judicial, que é muito distinto do que vínhamos fazendo até aqui, bem como o método de extrair o resultado vinculante que vai originar o precedente.

A intenção, portanto, é expor o encaminhamento que o sistema de precedentes deve receber na prática da atividade jurisdicional, destacando algumas dificuldades que já são conhecidas dos países de tradição do *common law* e o modo como lidam com elas, sempre mirando a verificação da mistura das jurisdições na prática. Isso porque, embora seja intuitivo e recorrente que no processo de mistura de jurisdições a assimilação dos institutos ocorrerá com alguma autenticidade relacionada às características do país que recebe a influência da tradição estrangeira, é essencial que ocorra uma modificação na nossa forma de

---

[252] Como mencionado na introdução, não é objetivo do presente trabalho aprofundar o estudo dos precedentes, pois, para tanto, há muitas obras específicas e bem estruturadas às quais remetemos o leitor, como, por exemplo, os trabalhos de PATRÍCIA PERRONE CAMPOS MELLO, Precedentes; RAVI PEIXOTO, Superação do precedente e segurança jurídica; LUIZ GUILHERME MARINONI, Precedentes obrigatórios; HERMES ZANETI JR., O valor vinculante dos precedentes; CAIO MARCIO GUTTERRES TARANTO, Precedente Judicial. Autoridade e Aplicação na Jurisdição Constitucional, dentre outros.

raciocinar e produzir o direito a partir dos precedentes, haja vista que o encaminhamento para tal sistema é uma opção claramente acolhida pelo nosso modelo.

Precedente pode ser definido como a solução dada a um caso decidido e que estabelece uma regra *universalizável*. A autoridade do precedente está mais no fato de ter sido utilizado para resolver um caso do que no seu conteúdo propriamente dito. Isso porque o fato de haver sido utilizado antes justifica que o mesmo tratamento seja dado aos casos posteriores, por uma lógica de igualdade de tratamento. De tal concepção, resulta a máxima do *common law*, especificamente da doutrina do *stare decisis*, de que o precedente é mantido: *the decision stands*.[253]

É tamanha a relevância que o *common law*, especialmente o inglês, atribui ao caso precedente como modelo para ser aplicado aos casos subsequentes, que até o ano de 1966 havia uma vinculação absoluta da *House of Lords* aos seus próprios precedentes. Tal situação apenas se modificou no julgamento do caso *London Tramways*, originando a *London Tramways rule*, que autorizou a *House of Lords* a desconsiderar o precedente caso isso se revelasse o mais correto a fazer, desde que tal poder de operar uma modificação ocorresse com moderação, ou seja, que somente fosse usado quando a decisão precedente provocasse injustiça, incerteza ou restringisse a evolução do Direito, e, mesmo assim, a *House of Lords* deveria considerar se o advento de uma legislação não seria melhor do que modificar um precedente. Na época,[254] todas as decisões da *House of Lords* vinculavam as cortes inferiores e as mesmas regras se aplicavam às decisões da Suprema Corte.

O precedente é uma decisão judicial qualificada sobre um caso concreto e que, em razão dos seus requisitos qualificadores, deve ser replicada aos casos subsequentes que apresentarem identidade absoluta ou relativa a determinado aspecto considerado essencial. Não se confunde com a jurisprudência, valendo anotar a *diferença qualitativa* existente entre esta e o precedente.

II Distinção entre precedente e jurisprudência

Os países do *civil law* estão bastante familiarizados com a noção de jurisprudência, que consiste no conjunto de decisões judiciais que

---

[253] Com o mesmo sentido, *Stare decisis et non quieta movere*, ou seja, conservam-se as decisões de casos passados.

[254] Após a Reforma Constitucional de 2005, especificamente a partir do ano 2009, a *House of Lords* perdeu sua competência para prestar jurisdição, que foi incorporada à Suprema Corte do Reino Unido. No ponto, ver capítulo II, História do Direito Inglês, especificamente o 5º período, que trata do *Constitutional Reform Act 2005*.

orientam, em regra, sem efeito vinculante, o julgamento dos casos similares. Nos países do *common law*, por outro lado, ocorre a vinculação das decisões aos precedentes produzidos pelas Cortes Superiores. Enquanto o precedente possui requisitos mais rigorosos no seu processo de produção, o que o qualifica, exigindo que no momento de sua aplicação ao caso subsequente seja feito o cotejo entre as questões fáticas e jurídicas de ambos os casos, autorizando que um único precedente seja aplicado para resolver muitos casos, a jurisprudência, a seu turno, por consistir em um conjunto de decisões judiciais em relação às quais não se exigem requisitos para sua aplicação, necessita apenas de uma reiteração, de uma quantidade de decisões no mesmo sentido para que possa ser aplicada ao caso subsequente. Portanto, identificamos no precedente um aspecto qualitativo e na jurisprudência um aspecto quantitativo.[255]

A questão é meramente semântica, pois é correto afirmar que o *common law* é um direito de origem jurisprudencial, formado, quando do seu surgimento, a partir das decisões (da jurisprudência) dos Tribunais Reais. Do mesmo modo, a fonte primeira do *common law* é a jurisprudência, tanto no direito inglês quanto estadunidense, e a segunda é a lei.

III Conveniência (relacionada à segurança) de decisões judiciais com efeitos vinculantes

O respeito às decisões passadas é natural e confere autoridade e confiança a qualquer estrutura de Poder. O *common law*, desde o seu nascimento, repousa sua legitimidade na reiteração das decisões, que, por sua vez, observavam as práticas públicas e reiteradas que

---

[255] Para Michele Taruffo "O precedente fornece uma regra ('universalizável', como se disse) que pode ser aplicada como critério de decisão no caso sucessivo em função da identidade ou, como acontece de regra, da analogia entre os fatos do primeiro caso e os fatos do segundo caso. Naturalmente, a analogia das duas *fattispecie* concretas não é determinada *in re ipsa*, mas é afirmada ou excluída pelo juiz do caso sucessivo conforme este considere prevalentes os elementos de identidade ou os elementos de diferença entre os fatos dos dois casos. É, portanto, o juiz do caso sucessivo que estabelece se existe ou não precedente e desta forma – por assim dizer – 'cria' o precedente. Além desse perfil – sobre o qual voltarei em seguida – fica claro que a estrutura fundamental do raciocínio que sustenta e aplica o precedente ao caso sucessivo é fundada na análise dos fatos. Se esta análise justifica a aplicação ao segundo caso da *ratio decidendi* aplicada ao primeiro, o precedente é eficaz e pode determinar a decisão do segundo caso. Note-se que, quando se verificam estas condições, um só precedente é suficiente a fundamentar a decisão do caso sucessivo. O emprego da jurisprudência tem características bastante diversas. Primeiramente, falta a análise comparativa dos fatos, ao menos na grandíssima maioria dos casos" (tradução livre de Teresa Arruda Alvim Wambier, In: *Direito Jurisprudencial*. São Paulo: Revista dos Tribunais, 2012. pág. 16).

produziam os costumes e que deram origem ao *common law*, cuja característica essencial é que os casos são fonte do direito.[256] No processo, como na vida, o que gera segurança é ter uma expectativa legítima atendida. É legítimo o jurisdicionado prever que o seu caso receberá a mesma solução dada a um caso anterior. A expectativa, no caso, é de tratamento isonômico, seguindo a lógica de que o contrário seria inconstitucional. A questão da previsibilidade e da expectativa tem forte repercussão na atuação, organização, projetos, investimentos, de uma pessoa física ou jurídica. Por exemplo, uma pessoa que ajuíza uma ação com base em jurisprudência tranquila, não está se lançando numa aventura jurídica e, por certo, a posição dos tribunais foi fator decisivo ou fundamental para a decisão de judicializar a questão. Fere o senso de justiça imaginar que de uma hora para outra esta pessoa seja surpreendida com uma guinada na jurisprudência e uma conta de sucumbência e honorários advocatícios.

Obviamente a jurisprudência pode ser modificada, aperfeiçoada ou amoldada para uma solução que se revele melhor a partir da experiência. Entretanto, essa alteração não pode ser de tal modo brusca que frustre as expectativas legítimas dos jurisdicionados que confiaram na solução que vinha sendo dada pelos Tribunais.[257][258] Isso

---

[256] "O *common law*, é interessante observar, não teve início com a adoção da explícita premissa ou da regra expressa de que os precedentes seriam vinculantes. Isto acabou acontecendo imperceptivelmente, desde quando a decisão dos casos era tida como a aplicação do direito costumeiro, antes referido, em todas as partes do reino, até o momento em que as próprias decisões passaram a ser consideradas direto. Assim, desenvolveu-se o processo de confiança nos precedentes e, a rigor, nunca foi definido com precisão o papel dos precedentes e o método correto de argumentação a partir dos precedentes. Neste contexto é que foi concebida a teoria declaratória, já que os juízes declaram um direito que 'já existia' (sob forma de costume), embora fossem às suas decisões que se dava (e se dá) o valor e o status de ser direito". WAMBIER, Teresa Arruda Alvim (Coord.). *Direito Jurisprudencial*. 1. ed. São Paulo: Revista dos Tribunais, 2012. pág. 20/21.

[257] No Brasil, apenas para citar alguns casos emblemáticos de guinadas na jurisprudência: 1) Envolvendo COFINS, em 2003, o STJ editou a Súmula 276 ("As sociedades civis de prestação de serviços profissionais são isentas da COFINS, irrelevante o regime tributário adotado"). Mas, em 2008, o STF, no julgamento dos RE 377.457/PR e 381.964/MG, adotou entendimento oposto, estimulando o cancelamento da súmula, que foi feita pelo STJ no julgamento do AR 3761/PR, de modo a alinhar o novo entendimento dos tribunais; 2) Sobre direito a crédito de IPI em casos de alíquota zero, com fundamento no princípio da não cumulatividade, o STF tinha jurisprudência tranquila pela possibilidade do creditamento (RE 212.484-2/RS, RE 350.446-1/PR, RE 358.493-6/SC). Entretanto, em 2007, o STF mudou entendimento no julgamento do RE 353.657-5/PR, passando a entender pela impossibilidade do creditamento.
Num sistema de precedentes também ocorrem mudanças de entendimento (Na Inglaterra, até 1966, os precedentes eram imutáveis). Entretanto, a cultura de respeito ao precedente cerca de mais cautelas as mudanças, como a técnica da sinalização da futura mudança, que precede a mudança propriamente dita.

[258] Como técnica contra alteração brusca de jurisprudência, desde o advento da Lei nº 9.868/99, art. 27, temos utilizado a modulação dos efeitos (*prospective overruling*). No Novo Código

prejudica a credibilidade do sistema de justiça, que se fundamenta na confiança decorrente da presunção da legalidade e legitimidade que é inerente a todos os atos oriundos dos Poderes estatais, não apenas dos atos praticados pelo Poder Judiciário. Mas é certo que o papel que o Judiciário desempenha, de moderar os conflitos e realizar a Justiça, faz com que a falta de coerência nas decisões judiciais repercuta de modo mais grave na sua credibilidade, pois eventual incoerência nos demais Poderes deve ser corrigida pelo Judiciário, sendo fundamental que busque coerência e estabilidade nas suas decisões.[259]

IV Conveniência (relacionada à matéria) de decisões judiciais com efeitos vinculantes

Sobre a conveniência das decisões judiciais com efeitos vinculantes, analisada sob o enfoque da matéria submetida à apreciação pelo Poder Judiciário, Teresa Wambier sustenta que essa conveniência vai ser aferida com base no que chamou de *ambiente de decisão* (ou *decisional*). A partir disso, traçou o que seria uma linha divisória entre temas que considerou afetos, de um lado, a *ambientes decisionais rígidos* e, de outro, a *ambientes decisionais* que denominou *frouxos*, estabelecendo ainda interessante definição do grau de identificação que deve haver entre o caso que gerou o precedente e aquele que aguarda julgamento, distinguindo os casos nos quais será necessária uma *vinculação por identidade absoluta* daqueles em que será suficiente a *vinculação por identidade essencial*.

Os *ambientes decisionais rígidos* seriam aqueles que impõem que se observem as regras e princípios estabelecidos, como ocorre no Direito Penal e no Direito Tributário, afirmando que em tais ambientes o sistema de precedentes produz bons resultados. Com relação a temas afetos ao que chamou de *ambientes decisionais frouxos*, citando como exemplo o direito de família, onde existem muitas particularidades fáticas casuísticas a serem ponderadas, considerou que em tais casos os precedentes não produzem bons resultados, pois *a jurisprudência é o termômetro mais sensível das alterações da sociedade e não deve ser engessada*.[260]

---

de Processo Civil Temático, Luiz Fux insere a regra do art. 927, §3º, no tema "modulação temporal e alteração da jurisprudência. Segurança jurídica. (*overruling prospective*)".

[259] "O juiz que considera o passado mostra respeito ao Poder de que faz parte e à confiança nele depositada pelo jurisdicionado". MARINONI, Luiz Guilherme. *Precedentes Obrigatórios*. 4. ed. São Paulo: Revista dos Tribunais, 2016. pág. 87.

[260] WAMBIER, Teresa Arruda Alvim (Coord.). *Direito Jurisprudencial*. 1. ed. São Paulo: Revista dos Tribunais, 2012. pág. 17/19.

Ou seja, naquele ambiente denominado *decisional frouxo*,[261] melhor é trabalhar com a eficácia meramente persuasiva da jurisprudência, que, ao tempo que confere algum parâmetro, não vincula a ponto de dificultar a flexibilização, principalmente considerando as mudanças de concepções de alguns temas na visão da sociedade e, talvez, alguma convicção regional ou local que mereça ser observada.

De fato, observe-se que no campo do direito de família, mudanças das mais relevantes ocorrem a partir de decisões judiciais, podendo ser mencionados como exemplos o julgamento, em 2008, do Superior Tribunal de Justiça, que reconheceu a existência de união homoafetiva por pessoas do mesmo sexo que comprovaram união que durava 20 anos, com as características de união estável;[262] o julgamento emblemático – por sua repercussão – do Supremo Tribunal Federal que, em 2011, reconheceu as uniões homoafetivas e as equiparou à união estável;[263] e, também em 2011, o Superior Tribunal de Justiça reconheceu a possibilidade de duas mulheres se habilitarem para o casamento civil.[264] O direito de família parece ser o campo no qual existe algum consenso no sentido de que não deve haver amarras rigorosas, por vários motivos, seja pela dificuldade de previsão do quadro fático, seja pelo caráter contramajoritário de muitas das questões levadas ao exame julgador e, ao mesmo tempo, dos direitos fundamentais envolvidos quando se trata de direito de família.

Portanto, em temas situados por Wambier como adequados a *ambientes decisionais frouxos*, não significa que seja indesejável a uniformização, apenas que em tais matérias eventual uniformização deve ocorrer a partir do que pode ser enquadrado no âmbito da vinculação por *identidade essencial*, que corresponderia ao núcleo do direito ou princípio fundamental em jogo, e não a partir de uma *identidade absoluta* entre os casos, pois esta ficaria reservada aos casos relacionados aos *ambientes decisionais rígidos*.

Acerca da *identidade absoluta* ou *integral*, vai estar presente quando idênticas as situações fáticas e questões jurídicas *relevantes*, ainda que

---

[261] O único modo de uniformizar a jurisprudência em casos mais complexos, que ocorrem em ambientes decisórios ditos antes frouxos, não possíveis de serem tratados de foram coletiva, por não serem idênticos, é adotarem-se métodos mais refinados de interpretação das decisões, de modo a extrair-lhes o *core*, como fazem os povos de *common law* (WAMBIER, Ob. cit. pág. 58).

[262] REsp 820475/RJ.

[263] ADI 4277 e ADPF 132, em 05.05.2011.

[264] RESp 1183378/RS, em 25.10.2011.

existam questões de fato e de direito subjacentes que não guardem semelhança integral, desde que estas não sejam consideradas essenciais para o resultado, a conclusão do julgamento. A *identidade essencial*, por sua vez, constitui método mais sofisticado de agrupamento de decisões mediante aplicação ao caso subsequente da solução dada ao caso precedente, e será aferida a partir do que no *common law* é denominado *core*, que é o núcleo essencial da decisão.

V O *core*

Empregue-se como exemplo o emblemático julgamento do *hard case* das uniões homoafetivas, no qual o Supremo Tribunal Federal, reconhecendo que se trata de relações baseadas na afetividade e em um projeto de vida em comum, concluiu pela sua equiparação às uniões estáveis, a despeito de a Constituição (art. 226, §3º) e a lei civil (art. 1723 do Código Civil) fazerem referência expressa à união estável como relação entre "o homem e a mulher".[265] A partir deste julgamento, podemos concluir que seria inconstitucional eventual lei que impedisse a adoção de criança por casais do mesmo sexo, haja vista que o *core* ou núcleo essencial da decisão que atua como precedente equipara a união homoafetiva à união estável, impedindo que para fins de reconhecimento da entidade familiar sejam feitas distinções entre uniões de pessoas do mesmo sexo.

Tal núcleo essencial (*core*) pode ser o único aspecto que os casos tenham em comum. Em outras palavras, casos com peculiaridades bastante distintas podem ter sua identidade essencial neste núcleo, que possui carga fortemente significativa, sem prejuízo de que em torno deste *core* orbitem fatos muitos diferentes.

O *core* da decisão corresponde à *proposition of law*, ou seja, à proposição do direito explícita ou implicitamente considerada necessária para a decisão. Sob o ponto de vista da *ratio decidendi*, o *core* é o que se extrai da *ratio decidendi* no seu aspecto prescritivo,[266] vale dizer, de regramento produzido e enunciado no caso julgado.

---

[265] O STF, em 05.05.2011, declarou procedente a ADI 4277 e a ADPF 132, com eficácia *erga omnes* e efeito vinculante, conferindo interpretação conforme à Constituição ao art. 1723 do Código Civil, a fim de declarar a aplicabilidade de regime de união estável às uniões homoafetivas, ou seja, de pessoas do mesmo sexo. A Resolução 175, de 14.05.2013, do Conselho Nacional de Justiça, dispõe sobre a habilitação, celebração do casamento civil, ou de conversão de união estável em casamento, entre pessoas do mesmo sexo.

[266] A *ratio decidendi* pode ser considerada sob dois aspectos: descritivo e prescritivo. O primeiro estaria ligado à exposição do raciocínio conducente ao resultado e o segundo seria

VI *Ratio decidendi* ou *holding*

Nos Estados Unidos utiliza-se o termo *ratio decidendi* e, na Inglaterra, *holding*, para se referir à parte do julgado que tem força vinculante, portanto, forma o precedente. A Suprema Corte estadunidense indica nas suas decisões o que é *ratio* e o que é *dicta*. Ou seja, já elabora o julgado de forma bem amarrada, o que facilita o cotejo com o caso sucessivo, o estudo dos precedentes e a pesquisa de jurisprudência.

A proposta de Michael e Maxwell[267] é que é *ratio* tudo o que foi efetivamente decidido (*actually decided*). Por tal critério, seria *ratio* tudo o que for explicitado como justificações alternativas. A questão que se coloca é que o *realmente decidido* (*actually decided*) não significa exclusivamente o *expressamente declarado*, pois se admite que sejam incluídas *holdings* ou *ratio* implícita. Isso porque uma regra (*rule*) que tenha sido realmente declarada, expressamente, pode revelar-se bastante inclusiva, a ponto de abarcar raciocínios excessivamente abstratos em *holdings*, com força vinculante. Com o intuito de evitar essa larga abrangência, especialmente quando os julgados envolvem princípios de *justiça*, observa-se que o julgado deixa expresso que a decisão para o caso concreto não tem efeito de transformar isso em regra (*rule* ou *law*). Existe esse cuidado das Cortes estadunidenses em delimitar bem o que forma o precedente.

Para Michael e Maxwell, a *proposition of law* deve, como regra, ser conducente à decisão (*leading to the judgement*). Apenas excepcionalmente as proposições que não apoiam a decisão (*non supportive propositions*) devem ser entendidas como integrantes da *ratio*. Entretanto, na prática, nem sempre as regras fixadas no julgamento vão ser conducentes à conclusão, ou melhor, conducentes exclusivamente à conclusão, pois ocorre de a Corte disciplinar, no bojo da questão submetida a julgamento, outras questões diretamente relacionadas ao *tema* do caso julgado (não ao caso propriamente dito). Tal prática consiste em racionalizar o trabalho da Corte na disciplina da matéria, até como estratégia para assegurar a coerência sistemática que o tema deva receber nos Tribunais.

Um exemplo facilita a exposição do raciocínio. O caso Roe *vs.* Wade (1973 410 US 113) versa sobre o direito da gestante texana

---

a regra (*rule*), ou seja, a proposição de direito explícita ou implicitamente fixada como necessária à decisão do julgado.
[267] ABRAMOWICZ, Michael; STEAMS, Maxwell. *Defining Dicta*. Bepress Legal Series, 2004.

Jane Roe (pseudônimo) de abortar. No bojo deste julgamento, o tribunal disciplinou a questão do aborto durante toda a gestação, ou seja, foi além da norma jurídica aplicável ao caso concreto para *disciplinar o tema* em debate: aborto. A Corte dividiu a gestação em três trimestres e estabeleceu que no primeiro trimestre de gestação prevalece o direito da mãe de abortar; no terceiro trimestre prevalece o direito do feto à vida, considerando que está formado e pode sobreviver na vida extrauterina, de modo que nesta fase o Estado pode proibir a prática do aborto, exceto se necessário para preservar a vida da mãe; no segundo trimestre o Estado pode disciplinar livremente, devendo prevalecer o cuidado com a saúde da gestante. Tal disciplina foi fixada como *ratio*. Observe-se que o que foi fixado relativamente ao terceiro trimestre, ou seja, que prevalece o direito do feto à vida, podendo o Estado proibir o aborto, não pode ser considerado *leading to the judgement*, ou seja, conducente ao julgamento, porque no caso concreto toda lei do Texas que proibia o aborto foi julgada inconstitucional, embora relativamente ao primeiro e segundo trimestres a solução tenha sido diversa. Então, embora seja *ratio*, porém, não conducente ao julgamento.

A partir dessas considerações é intuitivo que existem diferentes métodos, tanto de fixar quanto de extrair a decisão vinculante, pois o Tribunal pode estatuir a *ratio* ou *holding* a partir de um conjunto de fatos que, sempre que se verificarem no caso concreto, o resultado será o mesmo (método fático ou concreto), como o Tribunal também pode aproveitar o ensejo do julgamento de determinado caso para disciplinar uma questão de modo mais amplo e detalhando aspectos que não estão nem presentes no caso julgado, criando verdadeira disciplina normativa sobre o tema (método abstrato normativo).[268]

---

[268] Sobre os métodos fático-normativo e abstrato-normativo, Barroso e Mello esclarecem que "Segundo o primeiro método, denominado fático-concreto, a *ratio decidendi* deve corresponder à regra extraída de um conjunto de fatos, de forma a que se afirme que sempre que estiverem presentes o fato A (relevante) e o fato B (relevante), e mesmo que ausente o fato C (irrelevante), a decisão será X. Para o método fático-concreto, importa o que a corte decidiu com relação a determinado conjunto de fatos, não o que disse ou os fundamentos que invocou para justificar a decisão. A utilização do método fático-concreto tende a ensejar a elaboração de *holdings* bem restritivos e presos às particularidades do caso, o que pode não favorecer uma abordagem sistemática do direito. Além disso, a própria compreensão de quais são os fatos relevantes de um caso – para definir o comando emergente da decisão – pressupõe considerar o que a corte disse e compreender minimamente as razões que a levaram a tal avaliação. De acordo com o método abstrato normativo, quando o tribunal decide uma ação, ele produz a solução para o caso concreto e, ao mesmo tempo, decide como serão julgados os casos futuros semelhantes. Portanto, sua decisão tem em conta a norma mais adequada para solucionar todas as demandas que se encontrem dentro de uma apropriada categoria de similitude. Nessa hipótese, os

Observe-se, a seguir, que também não é tarefa das mais simples extrair a *ratio* ou *holding* de um julgado.

1 *Ratio* a partir do segundo precedente

Dois casos julgados no Reino Unido merecem referência para ilustrar a complexidade que por vezes surge, na prática, pois, somente a partir do *julgamento* do caso subsequente (precedente subsequente) foi possível extrair com precisão a *ratio* do primeiro.

No caso Barwick *vs.* The English Stock Bank (1866 LR 2 EX 259) restou fixado que o empregador é responsável por fraude perpetrada por seu empregado no desempenho das atribuições para as quais foi contratado. Ocorre que neste caso concreto o banco havia lucrado com a fraude, de modo que surgiu a dúvida se o fato de o banco haver lucrado faria parte da *ratio*.

Por ocasião do julgamento do caso Lloyd *vs.* Grace, Smith & Co. (1912 AC 716) houve situação similar, de fraude praticada por empregado no desempenho de suas funções, entretanto, aqui o empregador não lucrou com a fraude. O empregador, da mesma forma, foi considerado responsável, o que conduziu à conclusão de que o lucro do empregador é questão subjacente. Em outras palavras, a partir deste segundo julgado, ficou claro que o fato de haver ou não lucro do empregador é questão *obiter dicta*, que não integra a essência (*ratio*) do julgado.

É essencial anotar que decorreram 45 anos entre o julgamento do primeiro e do segundo caso. A regra que ficou estabelecida no julgamento do primeiro caso (Barwick v. English Joint Stock Bank), no qual o gerente do banco réu, mediante fraude, induziu o autor a aceitar garantias inidôneas, foi a seguinte, em tradução livre:[269] A regra geral é que o empregador responde por qualquer erro cometido por seu funcionário ou representante durante a prestação dos serviços *e em benefício do seu empregador*, independente da demonstração de sua ordem expressa.

---

fundamentos da decisão são essenciais para compreender o entendimento que funcionou como pressuposto para a solução concreta alcançada pelo tribunal e com que nível de generalidade a corte pretendeu afirmá-los" (*Trabalhando com uma nova lógica: A ascensão dos precedentes no direito brasileiro*, pág. 25/26.)

[269] "The general rule is, that the master is answerable for every such wrong of the servant or agent as is committed in the course of the service and for the master's benefit, though no express command or privity of the master be proved".

Quarenta e cinco anos depois, a *House of Lords*, no julgamento do segundo caso (Lloyds v. Grace Smith & Co.), reconheceu que tal decisão havia sido muito restritiva e que as palavras "e em benefício do empregador" (*and for the master's benefit*) haviam sido meramente descritivas dos fatos no caso Barwick. Ao reconhecer tal restrição, que implica tornar irrelevante (*obiter dicta*) o benefício do empregador como resultado da fraude praticada por seu empregado, a *House of Lords* decidiu que seria um erro considerar que a responsabilização do empregador somente ocorreria quando se beneficiasse da fraude.[270]

O que ocorreu no caso Barwick é que além de o empregado, no caso, o gerente do banco, haver usado expedientes fraudulentos para induzir o cliente a aceitar garantias inidôneas, ainda houve lucro do banco com a operação. O lucro era mais um fator que reforçava a responsabilidade do banco,[271] e, pelo fato de estar presente, não havia qualquer relevância prática para aquele caso no debate em torno de eventual ausência de lucro para o banco. Posteriormente, quando os julgadores se depararam com questão que tinha a mesma essência, ou seja, a responsabilidade da instituição por atos fraudulentos cometidos por seus funcionários e representantes no desempenho de suas atribuições, ficou claro que a questão do lucro com a fraude não poderia ser fator decisivo, mas de reforço ou agravamento ou de mera exposição do contexto do caso.

Observe-se que aqui cuidamos de dois julgamentos, no qual o segundo aclarou ou delimitou a *ratio* fixada no primeiro. Situação

---

[270] Ao traçar o percurso para determinação da *ratio decidendi*, Goodhart trata dos precedentes que se revelam demasiadamente restritivos, *verbis*: On the other hand the rule of law may be stated in too narrow a form. In Barwick v. English Joint Stock Bank the defendant's bank manager fraudulently induced the plaintiff to accept a valueless guarantee. In delivering the judgement of the court, Willes, J., said:
'The general rule is, that the master is answerable for every such wrong of the servant or agente as is committed in the course of the service and for the master's benefit, though no express command or privity of the máster be proved.' It was generally believed that this statement of the law was correct until, forty-five years later, the House of Lords in Lloyd v. Grace, Smith & Co. held that it was too narrow. The words 'and for the master's benefit' were merely descriptive of the facts in the Barwick case, and not a necessary part of the principle involved. The House of Lords did not disapprove of the principle of the Barwick case, but held that 'it is...a mistake to qualify it by saying that it only applies when the principal has profited by the fraud' (In: Determining The Ratio Decidendi of a Case, *Yale Law Journal*, XL, December, 1930, pág. 167).

[271] No ponto, merece transcrição a seguinte passagem de Goodhart: "Too often, the cautious judge will include in his opinion facts which are not essential to his judgment, leaving it for future generations to determine whether or not these facts constitute a part of the *ratio decidendi*". Em tradução livre: Com frequência, o juiz incluirá em sua fundamentação fatos que não são essenciais para o seu julgamento, deixando para as gerações futuras definir se os fatos constituem ou não parte da *ratio decidendi*. Ob. cit., pág. 173.

diversa ocorre quando a *ratio* é definida a partir da *aplicação* que recebe no caso no qual atua como precedente.

2 *Ratio* a partir da aplicação ao caso concreto

Sob o ângulo da aplicação do precedente, parece muito oportuna a seguinte passagem da obra de 1934 de A.L. Goodhart:[272] *a regra que se torna vinculante para os casos subsequentes não é a que consta, expressa ou implicitamente da decisão, mas a que é construída por juízes que posteriormente atuam nos casos análogos.* A tradução é de Wambier,[273] que acrescenta que aparentemente tal visão é a que predomina.

Ambas as situações (*ratio* a partir do julgamento do segundo precedente e a partir da aplicação ao caso concreto) podem ocorrer e concorrer para a definição de uma *ratio*, o que demonstra a complexidade envolvida na fixação do precedente, e isso ocorre independente de todo cuidado da Corte na elaboração do resultado do julgamento, pois pode decorrer de um amadurecimento natural da questão ou do enfrentamento de algum outro aspecto pela Corte, que se traduza em nova abordagem, refinando o precedente.

Outro caso bastante ilustrativo é o Donoghue *vs.* Stevenson (1932 AC 532), no qual a autora estava em um café, na Escócia, e, após ingerir o líquido de uma garrafa opaca de *ginger beer*, verificou que no seu interior havia uma lesma, que lhe causou um choque e gastroenterite como decorrência deste acidente de consumo, ingressando contra a fabricante Stevenson & Co. A *House of Lords* responsabilizou a fabricante, considerando que teria um dever de cuidado razoável na preparação e engarrafamento da bebida. Posteriormente, tal precedente foi utilizado em um caso com características muito diversas, como observa Wambier:

> Este precedente foi aplicado a um caso em que o autor pleiteava indenização em consequência da queda de um elevador. O proprietário do prédio tinha contratado uma empresa de engenheiros para consertar este elevador e a queda ocorreu porque o conserto foi mal feito. A regra geral do caso *Donoghue* foi aplicada a este caso (HASELDINE *vs.* DAW) embora pudesse ter havido *distinguish*, já que os réus não eram fabricantes, mas simplesmente consertaram o elevador. Ademais,

---

[272] GOODHART, A. L. *Precedent in English and Continental Law*. London: 1934.
[273] Ob. cit. pág. 48 e nota de rodapé, no original: "The rule of law for which a case is of binding authority is not one which is pronounced, explicitly or implicitly, by the judge in the precedent case, but which is constructed by later judges".

poderia ter sido feita uma inspeção, depois do conserto, o que, no caso *Donoghue* não poderia ter ocorrido, já que a garrafa era opaca.[274]

Barroso e Mello, em referência ao caso Donoghue, reconhecem que a *ratio* poderia ser formulada em diferentes níveis de generalidade,[275] razão pela qual concluem que "o método fático-concreto e abstrato-normativo são fundamentais para chegar a uma formulação adequada da norma emergente do precedente. A identificação da *ratio decidendi* pressupõe, em verdade, a avaliação de alguns aspectos essenciais: *i)* fatos relevantes; *ii)* a questão jurídica posta em juízo; *iii)* os fundamentos da decisão; *iv)* a solução determinada pela corte".[276] De fato, além dos fundamentos essenciais nos quais a decisão do tribunal se baseia, é fundamental identificar os fatos relevantes, ou seja, os que foram assim considerados pelo tribunal.

3 A identificação dos fatos relevantes como método fundamental na definição da *ratio*

Em 1930, Goodhart já alertava para a importância da identificação dos fatos que se mostraram relevantes na visão do juiz para a definição da *ratio decidendi* de um caso. Segundo ele:

> A questão crucial é: de que fatos estamos falando? O mesmo conjunto de fatos pode parecer completamente diferente para duas pessoas. O juiz conclui baseado em um grupo de fatos selecionados por ele, materializado a partir de uma grande gama (massa) de fatos, alguns deles podendo significar algo para um leigo, mas irrelevantes para um advogado. O juiz, portanto, conclui os fatos sob a sua ótica. São nestes fatos que ele baseia seu julgamento e não nos dos outros. Segue que,

---

[274] WAMBIER, Ob. cit., pág. 61.
[275] "(...) sempre que bebidas contaminadas, acondicionadas em garrafas opacas, gerarem danos a quem consumi-las, seu produtor estará obrigado a indenizar os prejudicados". O que seria bastante restritivo, ou, ainda: "sempre que o produtor de alimentos gerar danos ao consumidor, por falha no dever de controlar a sua qualidade, estará obrigado a indenizá-lo; ou sempre que um produtor de qualquer bem ou fornecedor de qualquer serviço gerar danos ao consumidor, deverá indenizá-lo; ou sempre que o produtor de bens ou fornecedor de serviços, inclusive de bens imóveis, gerar danos ao consumidor, deverá indenizá-lo; ou, por fim, qualquer um que gere dano a outrem está obrigado a indenizar. Algumas dessas formulações seriam aplicáveis como *holding*. Outras, claramente, exorbitam do entendimento realmente afirmado pela corte para decidir" (*Trabalhando com uma nova lógica: A ascensão dos precedentes no direito brasileiro*, pág. 26/27).
[276] *Idem, ibidem.*

nossa tarefa ao analisar um caso, não é expor os fatos e sua conclusão, mas expor os fatos relevantes como vistos pelo juiz e suas conclusões baseadas neles. É pela escolha dos fatos relevantes que o juiz cria a norma jurídica. Uma congérie de fatos é apresentada para ele; ele escolhe aqueles que considera relevantes e rejeita os que considera irrelevantes, e tira sua conclusão com base nos fatos relevantes. Ignorar sua escolha é perder completamente o entendimento do caso. Nosso sistema de precedentes se torna sem sentido se dissermos que aceitamos sua conclusão mas não sua visão sobre os fatos. Sua conclusão é baseada nos fatos relevantes na forma como ele os vê, e não podemos adicionar ou subtrair deles contando que existam outros fatos no caso. É, portanto, essencial saber o que o juiz disse sobre a escolha dos fatos, porque só haverá sentido para nós somente quando levarmos em consideração o que ele falou. Uma separação sobre a conclusão dos fatos relevantes utilizados é ilógica, e direcionam para um resultado arbitrário e falso.[277]

Vê-se que a identificação precisa dos fatos, não de modo geral, mas daqueles que foram considerados relevantes pelo julgador e as conclusões baseadas neles, é essencial para extrair a *ratio* do julgado. Caso as conclusões estejam dissociadas dos fatos, ou seja, caso se aceitem as conclusões, mas não a visão do julgador sobre os fatos a elas conducentes, o sistema de precedentes perde o sentido.

Isso não significa que os fatos tenham de ser os mesmos. Mas a identificação precisa dos fatos relevantes na visão do julgador, e suas conclusões sobre eles, é fundamental para explicitar a necessidade de reiteração da mesma solução ao caso que possui o mesmo núcleo

---

[277] "The crucial question is: what facts are we talking about? The same set of facts may look entirely different to two different persons. The judge founds his conclusion upon a group of facts selected by him as material from among a larger mass of facts, some of which might seem significant to a layman, but which, to a lawyer, are irrelevant. The judge, therefore, reaches a conclusion upon the facts as he sees them. It is on these facts that he bases his judgment, and not an any others. It follows that our task in analyzing a case is not to state the facts and the conclusion, but to state the material facts as seen by the judge and his conclusion based on them. It is by his choice of the material facts that the judge creates law. A congeries of facts is presented to him; he chooses those which he considers material and rejects those which are immaterial, and then bases his conclusion upon the material ones. To ignore his choice is to miss the whole point of the case. Our system of precedent becomes meaningless if we say that we will accept his conclusion but not his view of the facts. His conclusion is based on the material fact as he sees them, and we cannot add or subtract from them by providing that other facts existed in the case. It is, therefore, essential to know what the judge has said about his choice of the facts, for what he does has a meaning for us only when considered in relation to what he has said. A divorce of the conclusion from the material facts on which that conclusion is based is illogical, and must lead to arbitrary and unsound results". GOODHART, Arthur L. In: Determining the Ratio Decidendi of a Case, *Yale Law Journal*, XL, December, 1930, disponível em: <http://www.umiacs.umd.edu/~horty/courses/readings/goodhart-1930-ratio.pdf>, acesso em: jul. 2016.

essencial ou para estabelecer as bases sobre as quais irá se desenvolver a exposição dos fundamentos que justificam a distinção (*distinguish*), com uma solução diversa daquela adotada no precedente. A relevância da identificação dos fatos foi bem destacada no Código de Processo Civil de 2015, pois a "identificação do caso" foi considerada elemento essencial da sentença (art. 489, I, do CPC), e, por outro lado, para decisão mediante aplicação do precedente ou de enunciado de súmula, é indispensável a *identificação dos fundamentos determinantes*, ou seja, a identificação da *ratio* ou *holding*, bem como a demonstração de que o caso sob julgamento se ajusta aos fundamentos mencionados no precedente ou súmula, sob pena de considerar-se não fundamentada a decisão judicial (art. 489, V, do CPC).

VII O *distinguish*

Mark Tushnet afirma que "o segredo da atividade de fazer a diferenciação de casos está em demonstrar o quanto os fatos que ensejam a distinção são decisivos para a correta interpretação e aplicação dos termos dos dispositivos legais e outras disposições normativas".[278] Segundo Tushnet, a complexidade envolvida no processo de identificar, demonstrar e justificar a distinção, pode ter como consequência situações nas quais ocorra um prejuízo na distribuição da justiça. Não obstante considere que:

> os casos precedentes são sempre suscetíveis de diferenciação, em algumas vezes, no entanto, chegar a isso é extremamente difícil. Os melhores advogados serão capazes de fazê-lo, mas advogados menos capazes – e, sobretudo, até mesmo alguns juízes – não conseguirão seguir o caminho para chegar a uma conclusão de que este caso permite diferenciação em relação ao outro que lhe é precedente. O sistema do precedente pode subsistir, possivelmente, tão só porque são muito poucos os "melhores" advogados – e é claro que esses profissionais não estão disponíveis para todos, disso resultando que o sistema do precedente pode carregar consigo preocupantes implicações no sistema de distribuição da justiça.[279]

É uma preocupação muito pertinente, ademais, considerando o volume invencível de processos e o fato de que a introdução dos

---

[278] TUSHNET, Mark. Os Precedentes Judiciais nos Estados Unidos. In: *Revista de Processo*, vol. 218. São Paulo: Revista dos Tribunais, 2013, pág. 5.
[279] *Idem, ibidem.*

precedentes no nosso sistema também se apresenta como um método para trazer, além de coerência e estabilidade, eficiência nos julgamentos.

Não obstante, no Brasil já convivemos com um problema sério na distribuição da justiça, que é o fato de termos decisões diferentes para casos similares em todas as instâncias, seja pelo ângulo vertical, seja pelo horizontal; os "melhores" advogados sempre terão mais chances de obter melhores resultados. Mas o ideal é que tais resultados sejam obtidos pelo debate de questões relevantes.

VIII O precedente vertical e o precedente horizontal

No sentido vertical, não é dado ao juiz de inferior instância considerar se a norma fixada no precedente é ou não juridicamente correta sob o seu ponto de vista. Para Mark Tushnet:

> Verticalmente, o sistema de precedentes prevê que um juiz ou tribunal de instância inferior deve seguir e aplicar a norma jurídica enunciada por um juiz ou tribunal de instância superior em todos os casos nos quais a orientação expressada pelo precedente tiver aplicação, sem que lhe seja dado considerar se a norma articulada precedentemente é ou não é juridicamente correta, segundo os padrões de entendimento seguidos por cada um.[280]

Neste caso, o que ocorre, com frequência maior entre os juízes norteamericanos, mas também observado entre os juízes ingleses, é que utilizam a técnica do *distinguishing* para afastar o precedente que não querem seguir.[281]

No precedente horizontal, o segundo juiz estará fortemente compelido a seguir o precedente, mas poderá adotar seu próprio entendimento:

> Horizontalmente, o sistema prevê que, tomando-se dois juízes ou tribunais de idêntico grau de jurisdição, dotados da mesma competência jurisdicional (vale dizer: dois juízes de primeira instância dentro de uma determinada jurisdição; ou, então, dois tribunais recursais dentro de uma jurisdição maior), o segundo juiz ou tribunal a enfrentar a mesma questão jurídica estará fortemente compelido a seguir e aplicar

---

[280] *Idem*, pág. 2.
[281] TARUFFO, Michele. Precedente e Jurisprudência. In: *Revista de Processo* 199, São Paulo: Revista dos Tribunais, p. 147, 2011.

a norma jurídica já enunciada pelo primeiro, muito embora lhe seja dada a possibilidade de adotar e expressar o seu próprio entendimento jurídico sobre a matéria.[282]

De modo geral existe esse compromisso com a preservação do precedente. É uma atitude coerente com a ideia de estabilização e previsibilidade do sistema e, no passado, na Inglaterra, a imutabilidade do precedente era a regra.

Hoje não existe esse rigor, sendo consenso que o precedente pode ser ajustado quando necessário à evolução social ou que a mudança se revele mais adequada à experiência, mas sempre cercado de cuidados que evitem surpreender o jurisdicionado, mediante a adoção de técnicas como a *prospective overruling*, na qual se prepara o ambiente anunciando a possibilidade de mudança jurisprudencial. Mas evidente que permanece a preocupação com a estabilidade e previsibilidade da prestação jurisdicional, especialmente porque é dela que se extrai o resultado de eficiência e racionalidade do sistema. Outro aspecto bastante interessante é a abordagem de Tushnet relativa à humildade como critério de preservação do precedente e homenagem ao esforço que sua produção representa, no tópico seguinte.

1 Vinculação vertical e eficiência. Vinculação horizontal e humildade

Na visão de Tushnet a teoria dos precedentes nos Estados Unidos tem dois componentes. Um deles estaria relacionado com o *momento* no qual se apresenta para o julgador o dever de seguir o precedente e o outro às *circunstâncias* sob as quais se permite ao julgador afastar-se da linha de decisão que estabeleceu o precedente. A partir disso, considera que, numa perspectiva *mais simples*, os precedentes funcionam tanto no sentido vertical quanto no sentido horizontal. E, numa perspectiva *mais ampla*, afirma que repousam sobre duas diretrizes: eficiência e humildade.

No sentido vertical, a relação mais estreita seria com a eficiência. Como vimos, quando o precedente foi produzido por órgão superior, não cabe ao órgão inferior deixar de aplicá-lo, ou seja, não há espaço

---

[282] TUSHNET, Mark. Os Precedentes Judiciais nos Estados Unidos. In: *Revista de Processo*, vol. 218. São Paulo: Revista dos Tribunais, p. 1, 2013.

para considerar se a regra estabelecida no precedente é ou não juridicamente correta, e isso se dá por uma lógica de eficiência, pois "parece simplesmente eficiente solucionar-se a questão mediante remissão ao precedente já estabelecido em decisão da Corte superior".[283] Eventual solução contrária que seja dada pelo juiz de instância inferior poderá ser corrigida mediante recurso.

No sentido horizontal, embora não se esteja diante do risco de reforma da decisão que tenha contrariado o precedente, ainda subsiste a questão da eficiência. Isso decorre de uma conclusão bastante simples, pois, aparentemente, seria desperdício de recursos propiciar nova rodada de debates em torno de questões que foram amplamente debatidas para formação do precedente que existe. Mas, como mencionado por Tushnet, essa razão de eficiência se torna obviamente menos preponderante no sentido horizontal, até em consideração ao fato de que o precedente horizontal tem menor força que o precedente vertical, pois no âmbito da vinculação horizontal o que existe é o compromisso que faz com que o julgador se sinta fortemente compelido a seguir o precedente, mas pode adotar seu próprio entendimento, considerando que existe a possibilidade concreta de o caso, mais maduro com o decorrer do tempo, ser trazido sob um enfoque de melhores argumentos sob algum ponto de vista.

É nesse ponto, exatamente, que a humildade é abordada como critério de prestígio do precedente horizontal:[284]

> Mesmo Ministros da Suprema Corte devem ter em conta de que, e linha de princípio, eles não têm motivos específicos – exceto o mais genuíno egocentrismo – para pensar que são melhores em produzir interpretação jurídica do que os seus predecessores.[285]

---

[283] TUSHNET, Mark. Os Precedentes Judiciais nos Estados Unidos. In: *Revista de Processo*, vol. 218. São Paulo: Revista dos Tribunais, 2013, pág. 2.

[284] A ideia nesse caso é simples. "Com certeza, o primeiro julgador a confrontar-se com a questão jurídica do caso foi sorteado aleatoriamente. Mas não há razão para supor que eu seja um juiz melhor do que ele ou ela (aqui reside o elemento da humildade) e, portanto, não há razão para pensar que, examinando o mérito da questão, eu chegarei a uma conclusão melhor do que aquela a que chegou o primeiro julgador. Posso poupar tempo e a energia de todos simplesmente ao seguir a orientação do precedente do primeiro julgador, e se assim eu não fizer, disso não decorrerá, de qualquer modo, a certeza de que a causa teve um resultado mais consoante com aquilo que o direito 'verdadeiramente' prevê" (TUSHNET, Mark. Os Precedentes Judiciais nos Estados Unidos. In: *Revista de Processo*, vol. 218. São Paulo: Revista dos Tribunais, 2013, pág. 2).

[285] Idem, ibidem.

É verdade que as razões de humildade operam em qualquer nível do sistema judiciário, desde o juiz de primeiro grau até o juiz da mais alta Corte. Entretanto, verticalmente a humildade não assume a mesma relevância, porque o que incide primeiro é a ascendência hierárquica decorrente da nossa estruturação do Poder Judiciário, que é uma estrutura hierarquizada, na qual as Cortes Superiores determinam a atuação da jurisdição de Primeira Instância e dos Tribunais. Por razões de coerência do sistema, a disciplina judiciária deve preceder, chegar antes de qualquer razão de humildade. Portanto, a humildade compreendida como postura do julgador que, podendo julgar diferente, adota um entendimento em prestígio ao colegiado ao qual pertence ou seu antecessor, embora não corresponda exatamente à sua percepção, mas também não a viole, tal humildade não parece que possa ser identificada numa relação vertical hierarquizada, onde a inobservância do precedente deve sempre vir acompanhada da fundamentação apta a estabelecer a distinção (*distinguish*).

No âmbito do *civil law*, a questão da humildade ou disciplina ainda se mistura com a falta de racionalidade típica desse sistema, fazendo com que a inobservância do precedente seja culturalmente tolerada, não sem o alto custo da imprevisibilidade e da insegurança jurídica dela decorrente. Como bem anotado por Michele Taruffo, referindo situação observada na Corte de Cassação italiana:

> o problema não depende da circunstância de que uma corte superior altere a orientação e não siga passivamente os próprios precedentes: o problema surge quando estas variações são muito frequentes, arbitrárias, casuais e privadas de justificação séria, como não raro ocorre na jurisprudência da Corte de Cassação". Por tal razão, sustenta a "necessidade de que a Corte inaugure uma séria política de precedente, com a finalidade – não tão fácil de alcançar, mas certamente necessária – de introduzir um grau apreciável de uniformidade e de coerência na própria jurisprudência.[286]

No ponto, e a propósito da preocupação externada por Taruffo, é perfeita a conclusão de Tushnet, no sentido da dificuldade de alcançar eficiência e racionalidade senão pela lógica do sistema de precedentes:

---

[286] TARUFFO, Michele. Precedente e Jurisprudência. In: *Revista de Processo* 199. São Paulo: Revista dos Tribunais, 2011, pág. 150.

Chego a achar difícil entender como poderia funcionar um sistema jurídico, ou, pelo menos, um sistema jurídico dotado de um número substancial de casos por resolver, sem contar com um sistema que seja minimamente similar ao sistema de precedentes para que possa alcançar os objetivos de eficiência que esse modelo propicia.[287]

2 O *distinguish* no precedente vertical e no precedente horizontal

No plano horizontal, o que parece mais preocupante são os casos de desafio do precedente neste nível, causando instabilidade no sistema, sem que seja feita a devida distinção. Também a questão da distinção não realizada, ou seja, diante da possibilidade de considerar determinado aspecto como apto a autorizar a distinção, a ele não é atribuída a devida relevância e aplica-se ao caso a solução do precedente firmado, ou seja, perde-se a oportunidade de criar novo precedente a partir de uma distinção relevante.

No plano vertical, a instância superior pode corrigir o desvio de curso, tanto aplicando o precedente que deixou de incidir quanto fazendo a distinção relevante que porventura não tenha ocorrido. Retornamos à questão da necessidade de enxugamento de acervo das Cortes Superiores, para que a atenção esteja concentrada na definição de parâmetros, ou seja, para que seja possível esse trabalho que, se por um lado, é de disciplina de matéria no âmbito geral, por outro, é de correção de curso, de atenção para o *detalhe* que tenha efeito relevante.

IX A força dos precedentes: precedente vinculante e precedente persuasivo, e o uso persuasivo de direito não vinculante

Charles Cole, no trabalho sobre precedentes e a experiência americana, esclarece que:

> A Corte, tanto de primeira instância quanto de instância superior, precisa determinar a autoridade do precedente oferecido a ela, indicando se ele é vinculante ou meramente persuasivo. O caso precedente será determinado como vinculante quando os fatos relevantes no

---

[287] TUSHNET, Mark. Os Precedentes Judiciais nos Estados Unidos. In: *Revista de Processo*, vol. 218. São Paulo: Revista dos Tribunais, 2013, pág. 2.

caso precedente são suficientemente semelhantes aos do caso que se apresenta para julgamento. Quando os fatos relevantes usados pela Corte no caso precedente para exarar sua decisão forem suficientemente semelhantes àqueles do caso que está para ser julgado, então a corte tem razão em tratar o caso precedente como sendo vinculante para ela.[288]

Por outro lado, "se o caso encontrado não for de decisão majoritária, ele pode ser tido como autoridade persuasiva. Tal caso será também autoridade persuasiva se não tiver sido do mesmo foro, dentro do Estado em questão ou da circunscrição judiciária em questão".[289]

Observe-se que no nosso sistema o efeito vinculante ocorre por força de lei, como no caso das decisões definitivas de mérito no julgamento da ação direta de constitucionalidade e da ação declaratória de inconstitucionalidade (art. 102, §2º, da Constituição, na redação da EC nº 93/2003 e EC nº 45/2004), os enunciados das súmulas vinculantes (art. 103-A, da Constituição, na redação dada pela EC nº 45/2004), bem como no incidente de assunção de competência (IAC – art. 947, §3º, do CPC/2015[290]), nos quais o efeito vinculante está explicitado no preceito legal. Há vinculação, também, em casos como a decisão em recurso repetitivo em recurso especial, em repercussão geral em recurso extraordinário, e em incidente de resolução de demandas repetitivas (IRDR), pois a lei determina a aplicação, pelos juízes e tribunais, da tese neles firmada, como se vê dos artigos 1.039,[291] 927,[292] 985[293] e 988, III e IV,[294] do CPC/2015.

---

[288] COLE, Charles D. Precedente Judicial: A Experiência Americana. *Revista de Processo*, São Paulo: Revista dos Tribunais, n. 92, ano 23, p. 79, out./dez. 1998.

[289] *Idem, ibidem.*

[290] Art. 947. É admissível a assunção de competência quando o julgamento de recurso, de remessa necessária ou de processo de competência originária envolver relevante questão de direito, com grande repercussão social, sem repetição em múltiplos processos. (...) §3º O acórdão proferido em assunção de competência vinculará todos os juízes e órgãos fracionários, exceto se houver revisão de tese.

[291] Art. 1.039. Decididos os recursos afetados, os órgãos colegiados declararão prejudicados os demais recursos versando sobre idêntica controvérsia ou os decidirão aplicando a tese firmada.

[292] Art. 927. Os juízes e os tribunais observarão: I - as decisões do Supremo Tribunal Federal em controle concentrado de constitucionalidade; II - os enunciados de súmula vinculante; III - os acórdãos em incidente de assunção de competência ou de resolução de demandas repetitivas e em julgamento de recursos extraordinário e especial repetitivos; IV - os enunciados das súmulas do Supremo Tribunal Federal em matéria constitucional e do Superior Tribunal de Justiça em matéria infraconstitucional; V - a orientação do plenário ou do órgão especial aos quais estiverem vinculados.

[293] Art. 985. Julgado o incidente, a tese jurídica será aplicada: I - a todos os processos individuais ou coletivos que versem sobre idêntica questão de direito e que tramitem na área

A distinção, quando possível, exige a demonstração mediante exposição dos fatos que distinguem o caso precedente do caso julgado, sob pena de reputar-se não fundamentada a decisão que deixa de aplicar o precedente sem estabelecer a devida distinção (art. 489, §1º, VI, do CPC/2015).

Os precedentes persuasivos, utilizados como reforço na exposição da argumentação, são importantes especialmente no uso de uma técnica que tem sido bastante adotada pelos magistrados, quando partem de um preceito de lei e utilizam o precedente persuasivo na interpretação que o caso tenha recebido na sua aplicação ao caso concreto. Tal técnica, que tem se tornado comum entre nós, foi identificada como uma técnica típica de sistemas de jurisdição mista, e denominada *double reasoning*[295] por Palmer, pois encontra dupla fundamentação, primeiro na previsão genérica e abstrata da lei, e, no segundo momento, na interpretação que recebeu das instâncias superiores nos casos precedentes.

Também a utilização de decisões proferidas no estrangeiro como reforço à fundamentação de decisões no âmbito doméstico, com efeito de reforço persuasivo, é um fenômeno que vem sendo observado cada vez com maior frequência, tanto entre nós quanto no direito estrangeiro, e a tendência, aparentemente, é que tal prática assuma uma relevância cada vez maior.

No âmbito das cortes internacionais, com frequência, vê-se que os julgados da Corte Interamericana de Direitos Humanos utilizam decisões da Corte Europeia de Direitos Humanos, e vice-versa, com força persuasiva, pois, obviamente, não estão vinculadas.

No Brasil, o Supremo Tribunal Federal, no julgamento do *hard case* das uniões homoafetivas, ADI 4.277,[296] da Relatoria do Ministro Ayres Britto, utilizou o direito à felicidade, previsto na Declaração

---

de jurisdição do respectivo tribunal, inclusive àqueles que tramitem nos juizados especiais do respectivo Estado ou região; II - aos casos futuros que versem idêntica questão de direito e que venham a tramitar no território de competência do tribunal, salvo revisão na forma do art. 986.

[294] Art. 988. Caberá reclamação da parte interessada ou do Ministério Público para: I - preservar a competência do tribunal; II - garantir a autoridade das decisões do tribunal; III - garantir a observância de enunciado de súmula vinculante e de decisão do Supremo Tribunal Federal em controle concentrado de constitucionalidade; (Redação dada pela Lei nº 13.256, de 2016) IV - garantir a observância de acórdão proferido em julgamento de incidente de resolução de demandas repetitivas ou de incidente de assunção de competência; (Redação dada pela Lei nº 13.256, de 2016).

[295] Cf. capítulo II, item XII – Os precedentes como fonte do direito nas jurisdições mistas e no Brasil.

[296] Cf. item 34 do voto do relator Ministro Ayres Britto, na ADI 4277, DJe 138, de 13.10.2011.

de Direitos do Estado da Virgínia,[297] de 1776, como fundamento de reforço para reconhecer a equiparação da união entre homem e mulher (heteroafetiva), prevista no art. 226 da Constituição de 1988 e no art. 1.723 do Código Civil, à união homoafetiva. Nosso ordenamento jurídico consagra o princípio da dignidade da pessoa humana, também mencionado no julgamento, que seria um precursor da felicidade, ou seja, uma condição base essencial para que então, uma vez alcançada a dignidade, se pense na felicidade. Buscou-se em um direito previsto em um ordenamento alienígena, sem qualquer efeito vinculante para nós, um fundamento de reforço, num direito que, embora intrinsecamente relacionado a uma vida plena, não está previsto entre nós. O sistema de precedentes possui este traço fundamental da importância da argumentação convincente e persuasiva que o distingue do sistema baseado em códigos.

X O precedente como método de racionalização

Em casos repetitivos de menor complexidade e questões de massa, a sua solução pode ser encontrada pelo emprego direto da lei, do enunciado de súmula ou de precedente vinculante, sem que disso possa resultar prejuízo para as partes. Em tais casos, a *sentença de uma frase*, em regra, resolve satisfatoriamente o caso.

Como método de racionalização da entrega da prestação jurisdicional e distribuição da justiça, o uso do precedente vinculante parece ser o método que compatibiliza o julgamento de grande volume de trabalho com igualdade na solução dos casos. Tal combinação é imprescindível quando se busca uma resposta jurisdicional célere e justa. A celeridade pode ser alcançada principalmente nas instâncias de base, de modo que o caso obtenha uma solução mais rápida, caso esteja pronta no precedente, evitando recursos que às vezes são interpostos com o simples intuito de obter a aplicação ao caso de uma solução que seja conhecido posicionamento da superior instância. Nessas hipóteses, a falta de adoção do precedente pelo magistrado de base pode ter dois efeitos, ambos negativos: o primeiro, obrigar a parte a recorrer, para

---

[297] Art. 1º - "Todos os homens nascem igualmente livres e independentes, tem direitos certos, essenciais e naturais dos quais não podem, por nenhum contrato, privar nem despojar sua posteridade: tais são os direitos de gozar a vida e a liberdade com os meios de adquirir e possuir propriedades, de procurar obter felicidade e a segurança".

obter a reforma da decisão e alcançar o resultado já conhecido desde o ajuizamento, o que se traduz em inflar a instância recursal com um julgamento *desnecessário*, pois obriga a parte perdedora a recorrer para reverter uma decisão que deixa de observar diretriz de coerência de um sistema hierarquizado. O segundo efeito, possivelmente ainda pior, ocorre quando, por algum motivo, o recurso deixa de ser interposto, permitindo a formação da coisa julgada em decisão discrepante do precedente, o que faz com que a solução contrarie a igualdade prevista na Constituição.

Existe no sistema brasileiro a necessidade urgente de racionalizar a resposta jurisdicional, principalmente em razão do enorme volume de casos que o Judiciário é chamado a julgar anualmente. Esse fenômeno (*inflação processual*), que é decorrente da desobstrução das vias que dificultavam o acesso à justiça, cada vez mais facilitado, pode ser observado a nível global, mas, aparentemente, é um fenômeno que atinge com mais impacto o *civil law*. É uma conclusão quase que óbvia como reflexo do nosso método de prestação jurisdicional, que é denunciada também por Taruffo, relativamente à Corte de Cassação italiana, ao afirmar que:

> não se pode deixar de fazer referência a um fenômeno gravemente patológico, que representa um dos maiores fatores das crises do nosso sistema jurisdicional: trata-se do anormal número de sentenças que a Corte de Cassação pronuncia cada ano e que não é compatível ao que ocorre na maior parte das outras cortes superiores. (...) Por um lado, nesta enxurrada incontrolada de decisões a respeito de uma mesma questão, ou de uma mesma regra, vem pronunciadas todo ano dezenas ou centenas de sentenças, até que a jurisprudência sobre muitos temas alcance os milhares de decisões (...). Por outro lado, o número incontrolado das decisões favorece uma adicional degeneração, ou seja, a verificação amiúde de incoerência e, frequentemente, de evidentes contradições e de repentinas mudanças de orientação, no âmbito da mesma jurisprudência da Cassação. (...) De outro lado, frequentemente se descobre que a jurisprudência é incoerente e contraditória: se tratará, então, de estabelecer se há ou não jurisprudência conforme, se há uma jurisprudência prevalente, se a jurisprudência é incerta, ou se até mesmo é uma situação de caos jurisprudencial.[298]

---

[298] TARUFFO, Michele. Precedente e Jurisprudência. In: *Revista de Processo 199*. São Paulo: Revista dos Tribunais: 2011, pág. 144/145.

No *common law*, diferentemente, Taruffo afirma que:

> estes problemas não existem, ou surgem apenas em pouquíssimos casos limites, nos ordenamentos que são de fato fundados sobre o uso do precedente. A explicar essa diferença basta um dado: atualmente a House of Lords pronuncia em média menos de 100 sentenças ao ano, enquanto a Corte Suprema dos Estados Unidos, que é também juiz de constitucionalidade, pronuncia menos de 200. A nossa Corte de Cassação (italiana) pronuncia em média cerca de 50.000 sentenças ao ano.[299]

É interessante como no Brasil existe uma cultura de que o ideal seria que cada caso tivesse sua solução produzida quase que artesanalmente pelo juiz, como se o ideal fosse que o julgador enfrentasse novamente todas as questões e reafirmasse sua independência desenvolvendo raciocínio que desafiasse a orientação assentada na instância superior.[300] Tal perspectiva, a nível de sistema, produz insegurança jurídica e impede que a solução do caso ocorra dentro de um prazo razoável.

Obviamente as decisões não podem ser omissas sobre pontos relevantes. Mas, se existe decisão sobre ponto relevante firmado em instância superior, não faz sentido, considerando que nosso sistema se estrutura de forma hierarquizada, que o julgador deixe de aplicar o entendimento que está assentado. Diante do volume de trabalho é necessário estabelecer uma sistemática que funcione como uma engrenagem que identifique adequadamente as semelhanças e diferenças e aplique a mesma solução aos casos idênticos nos seus aspectos essenciais, pois, do contrário, afronta-se o tratamento isonômico.

No caso do precedente, sua observância assegura respeito ao Poder do qual emana e ao jurisdicionado, densificando o princípio da igualdade. Sua formação constitui um compromisso com o futuro e seu respeito é coerente com o sistema de estrutura hierarquizada e com o princípio da isonomia, haja vista que situações iguais na essência devem receber o mesmo tratamento.

Ao lado da necessidade de criar mecanismos que assegurem maior previsibilidade e segurança na aplicação das normas jurídicas, também temos a necessidade de criar mecanismos eficazes para lidar

---

[299] *Idem*, pág. 145.
[300] Cf. capítulo V, item II, O aspecto sociológico brasileiro na resistência ao sistema de precedentes.

com a litigiosidade de massa e causas repetitivas. Este último caso, em regra, é bem resolvido pela padronização decisória repetitiva.

Relativamente aos *hard cases*, até pela complexidade das questões envolvidas e que lhe é inerente, acreditamos que tanto o enquadramento quanto as distinções relativamente aos casos futuros serão devidamente ponderados.

Aparentemente a dificuldade surgirá justamente naqueles casos em que a peculiaridade pode ser vista como relevante para uns e irrelevante para outros. Talvez não propriamente irrelevante, mas passível de ser neutralizada em homenagem a algum valor maior que esteja em jogo, que pode ser um critério de segurança jurídica, combinado ou não com razões de ordem prática, consequencialistas ou pragmáticas, como acontece com frequência na aplicação dos precedentes nas Cortes estadunidenses, pois, em muitos casos, "na perspectiva deles (juízes e advogados), os benefícios da distinção de casos são pequenos demais para justificar o esforço em fazê-lo".[301] São nessas situações que, diante de inexistência de limitação aos mecanismos de diferenciação dos casos, será possível ao julgador arbitrar se o caso autoriza aplicação do precedente ou da distinção.

XI Os precedentes e sua formação: compromisso com o futuro *vs.* estagnação do Direito

Uma questão que não tem resposta fácil é saber se determinado direito que está sendo postulado, por exemplo, a um medicamento, poderia ser concedido a todas as pessoas que estivessem na mesma situação fática do postulante. E, caso contrário, seria isso motivo suficiente para justificar a recusa ao acolhimento do pedido? São questões que acometem o julgador nas suas tarefas rotineiras. E até

---

[301] "O que é preciso fazer para restaurar a ideia do precedente enquanto instrumento de eficiência é estabelecer, em certo sentido, algumas limitações aos mecanismos de diferenciação de casos. Até onde me é dado saber não existe um levantamento sistemático das medidas para chegar-se a isso. A melhor iniciativa disponível adota os seguintes passos. Advogados e juízes, em muitas ocasiões, de maneira implícita ou explícita, reconhecem que seria analiticamente possível diferenciar o caso mais novo do caso mais antigo – por exemplo, ao levantar criteriosamente as razões pelas quais as condições de um cruzamento eram diferentes das condições do outro cruzamento. Todavia, eles resolvem, mais uma vez de forma implícita ou explícita, que dedicar-se a fazer isso – ou seja, desenvolver, de fato, os fundamentos para diferenciar casos – é algo que não 'vale a pena', como algumas vezes já se colocou. Na perspectiva deles, os *benefícios da distinção de casos são pequenos demais para justificar o esforço de fazê-lo*" (TUSHNET, Mark. Os Precedentes Judiciais nos Estados Unidos. In: *Revista de Processo*, vol. 218. São Paulo: Revista dos Tribunais, pág. 5, 2013).

que ponto as soluções discrepantes contribuem para fortalecer o Judiciário e a sociedade na qual inserido? Essas indagações envolvem raciocínios complexos como limites da reserva do possível,[302] questões moralmente controvertidas, deveres e poderes do magistrado no Estado Constitucional,[303] legitimidade democrática,[304] separação dos Poderes, segurança jurídica, isonomia, dignidade da pessoa humana,[305] zelo com os recursos públicos,[306] apenas para contextualizar a complexidade dos temas.[307]

À medida que as relações humanas passam a exigir raciocínios mais elaborados, a lei, ao admitir várias interpretações, tem a segurança jurídica nela idealizada pelo *civil law* cada vez mais abalada. A vinculação aos precedentes cumpre muito bem este papel de definir parâmetros para a atuação do Poder Judiciário. Novamente, não significa que a solução encontrada no precedente seja a única solução correta, pois vimos que as questões jurídicas não têm uma única resposta certa, mas a definição de parâmetros viabiliza mais isonomia na condução dos casos.

Um bom exemplo, já que abrimos o tópico falando de ações envolvendo medicamentos, foi o voto vencedor no julgamento do RE 566.471/RN. Em bom momento, dada a relevância do tema saúde e a intensidade da sua judicialização, foram estabelecidos parâmetros para balizar a concessão de medicamentos pela Justiça de Primeira Instância e Tribunais, cumprindo, efetivamente, o papel de uma Corte Constitucional, ao definir, diante de todos os valores em jogo, um regramento que na sua aplicação vai facilitar o tratamento isonômico e evitar as graves consequências da interferência judicial desordenada em campo que é de política pública.

A vinculação obrigatória tem recebido críticas no sentido de que estatuir a regra que deve ser aplicada pelas instâncias inferiores

---

[302] Sobre o tema, confira-se a obra de Ingo Wolfgang Sarlet. *A Eficácia dos Direitos Fundamentais*: Uma teoria geral dos direitos fundamentais na perspectiva constitucional. 12. ed. Porto Alegre: Livraria do Advogado, 2015.
[303] FUX, Luiz. *Jurisdição Constitucional*. Belo Horizonte: Fórum, 2017.
[304] HABERMAS, Jürgen. *Direito e Democracia*. Entre Facticidade e Validade, I e II. Rio de Janeiro: Edições Tempo Brasileiro, 2012. Especialmente Volume I, Capítulo VI, que trata especificamente do papel e legitimidade da jurisdição constitucional.
[305] BARROSO, Luiz Roberto. "Aqui, Lá e Em Todo Lugar": A Dignidade Humana no Direito Contemporâneo e no Discurso Transnacional. *Revista dos Tribunais*, RT 919, maio 2012.
[306] SUNSTEIN, Cass; HOLMES, Stephen. The Cost of Rights: Why Liberty Depends on Taxes. New York: W.W. Norton & Company, 1999.
[307] POSNER, Richard A. *How Judges Think*. United States: Harvard University Press, 2010; POSNER, Richard A. *Reflections on Judging*. United States: Harvard University Press, 2013.

engessaria a evolução do próprio direito. Apesar do nosso respeito, parece-nos que tal visão é algo romântica relativamente ao que de fato ocorre na prática. A possibilidade de uma instância inferior decidir contrariamente à jurisprudência das instâncias superiores provoca uma sensação de insegurança e uma situação de caos. Ainda que a decisão da instância superior seja uma decisão ruim, o que não deve ser algo normal, mas, trabalhando com uma situação extrema de eventual injustiça, de qualquer modo, a solução é igual para todos (mesmo injusta), partindo da ideia de que a desigualdade é a pior das injustiças. Obviamente, uma injustiça não deve ser perpetuada, mas corrigida. Entretanto, a correção deverá ocorrer por sua repercussão social, já que os Tribunais devem ser permeáveis aos anseios da sociedade. Nessa linha há várias correntes de pensamento, especialmente no *common law* estadunidense, que defendem um constitucionalismo popular, e que, no seu extremo, defendem que a interpretação da constituição seja feita além ou fora das Cortes Constitucionais.[308]

A vinculação aos precedentes é um modo diferente, mais racional, de movimentar a mesma engrenagem. Não precisa (nunca precisou) do confronto com decisão ou argumento de independência da instancia inferior para rever sua posição, podendo aplicar a técnica da

---

[308] James Fleming, no artigo *Judicial Review without Judicial Supremacy: Taking the Constitution Seriously Outside the Courts*, distingue 5 versões do constitucionalismo popular: 1) Anticonstitucionalismo populista, que no fundo opõe limites constitucionais ao autogoverno popular e rejeita o *judicial review* para fazer cumprir tais limites. É provável que hoje ninguém sustente tal versão, mas Richard D. Parker (Here, the People Rule: A Constitutional Populist Manifesto, 1994) se aproxima dela, e, na nota de rodapé 7, também menciona o anticonstitucionalismo progressivo de Ran Hirschl (Towards Juristocracy: The Origins and Consequences of the New Constitutionalism, 2004); 2) Constitucionalismo popular que aceita os limites constitucionais no autogoverno, mas rejeita o *judicial review* para fazer cumprir tais limites. Jeremy Waldron (Law and Disagreement, 2004); Mark Tushnet (Taking the Constitution Away from the Courts, 2004); 3) Constitucionalismo popular que aceita os limites constitucionais no autogoverno e no *judicial review*, mas rejeita a supremacia judicial. Esta versão defendida por Larry Kramer rejeita a supremacia judicial tanto a favor do *departmentalism* quanto do populismo; 4) *Departmentalists* que não são populistas. Larry Sager entra nesta categoria porque a sua teoria do *underenforcement* o compromete com a ideia de que certas normas constitucionais são *judicially underenforced* (não autoaplicáveis), de modo que a sua completa aplicabilidade (*fuller enforcement*) é deixada para o legislativo e executivo (*legislatures and executives*), que *dividem* com os tribunais a autoridade para interpretar a Constituição. Fleming afirma que Cass Sunstein e ele próprio também podem ser incluídos nesta categoria; 5) Movimento social constitucionalismo popular que não desafia a supremacia judicial, mas enfatiza como os movimentos sociais fora das cortes transformam as normas que são aceitas pelas cortes. Reva Siegel, Robert Post e William Forbath.

superação[309] (*overruling*) ou da distinção ou diferenciação (*distinguishing*) para remediar eventuais erros, injustiças e incorporar as mudanças que correspondam a uma nova leitura decorrente da evolução social ou da experiência. O *distinguish* é uma técnica que também pode ser utilizada pelo juiz de Primeira Instância, portanto, um importante instrumento para especificar uma distinção que aprimore o sistema.

O direito não corre o risco de estagnação, pois as técnicas de superação e distinção permitem o ajuste e aprimoramento contínuo da jurisprudência. Considerando que nossa estrutura é hierarquizada, a falta de adoção dos precedentes pelas instâncias inferiores origina situação de jurisprudência caótica e emprego desnecessário de tempo e recursos econômicos e humanos,[310] sobrecarregando a estrutura do Poder Judiciário.

No Brasil, pensamos que o ponto negativo do sistema de vinculação aos precedentes ocorrerá quando os Tribunais não julgarem as questões maduras, especialmente se tiver havido afetação e suspensão dos casos similares em todas as instâncias. Nessa hipótese, as instâncias inferiores necessitam aguardar a decisão do recurso afetado para escoar seu acervo. Diferente do sistema estadunidense, no qual existe o *non liquet*, ou seja, à Corte é dado considerar que determinada questão não está pronta para ser julgada, entre nós, existe a obrigatoriedade de julgamento, e o escoamento do acervo é uma expectativa do Magistrado

---

[309] Art. 927, §4º, do Código de Processo Civil de 2015 – "A modificação de enunciado de súmula, de jurisprudência pacificada ou tese adotada em julgamento de casos repetitivos observará a necessidade de fundamentação adequada e específica, considerando os princípios da segurança jurídica, da proteção da confiança e da isonomia".

[310] Mello e Barroso sintetizam muito bem em favor de um sistema de precedentes: "Três valores principais justificam a adoção de um sistema de precedentes normativos ou vinculantes: a segurança jurídica, a isonomia e a eficiência. A obrigatoriedade de observar as orientações já firmadas pelas cortes aumenta a previsibilidade do direito, torna mais determinadas as normas jurídicas e antecipa a solução que os tribunais darão a determinados conflitos. O respeito aos precedentes constitui um critério objetivo e predeterminado de decisão que incrementa a segurança jurídica. A aplicação das mesmas soluções a casos idênticos reduz a produção de decisões conflitantes pelo Judiciário e assegura àqueles que se encontram em situação semelhante o mesmo tratamento, promovendo a isonomia. Por fim, o respeito aos precedentes possibilita que os recursos de que dispõe o Judiciário sejam otimizados e utilizados de forma racional. Se os juízes estão obrigados a observar os entendimentos já proferidos pelos tribunais, eles não consumirão seu tempo ou os recursos materiais de que dispõem para redecidir questões já apreciadas. Consequentemente, utilizarão tais recursos na solução de questões inéditas, que ainda não receberam resposta do Judiciário e que precisam ser enfrentadas. A observância dos precedentes vinculantes pelos juízes, mesmo que não concordem com eles, reduz, ainda, o trabalho dos tribunais, que não precisam reexaminar e reformar as decisões divergentes dos entendimentos que já pacificaram". *Trabalhando com uma Nova Lógica: A Ascensão dos Precedentes no Direito Brasileiro*, pág. 23/24.

e da parte que aguarda a resposta jurisdicional, e tem amparo no art. 5º, LXXVIII, da Constituição, que prevê a duração razoável do processo e meios que garantam a celeridade de sua tramitação.

XII Estamos em processo de aproximação ou distanciamento do *common law*?

Há quem entenda que a principal diferença entre o *common law* e o *civil law* não está na origem da produção do direito ou na valorização do caso precedente, mas na *forma de aplicação* e *pensamento*[311][312] do próprio direito, entendendo-se por forma de aplicação do direito o método de raciocínio desenvolvido para chegar a uma solução para o caso em julgamento. De fato, existe uma diferença fundamental na forma de raciocinar e produzir o resultado nos dois sistemas, que necessita ser muito bem compreendida.

No *common law* o método utilizado é o indutivo, partindo da casuística, do caso concreto,[313] ao passo que no *civil law* o método de raciocínio é dedutivo, silogístico, que parte de uma regra geral e abstrata prevista em um ordenamento que contém o universo das regras nas quais os comportamentos podem ser enquadrados.

É necessário enfatizar que, em certa medida, ocorre o emprego do raciocínio indutivo no *civil law* e também do raciocínio dedutivo no *common law*, mas o essencial é que existe uma metodologia própria, ontologicamente relacionada a cada um dos sistemas, que os diferencia no processo mental desenvolvido conducente ao resultado.

O raciocínio do *civil law* é um esforço no sentido de promover o melhor enquadramento de uma conduta numa regra genérica

---

[311] Diogo Bacha e Silva sustenta que "estamos, na verdade, alheios às teorias da interpretação jurídica do século XX e XXI, tal como de Dworkin, de Gadamer, de Günther, de Habermas, e apegados a um positivismo exegético, típico da escola da exegese, apenas substituímos a lei por súmulas vinculantes". A Valorização dos Precedentes e Os Sistemas *Civil law* e *Common law*. In: MENDES, Aluisio Gonçalves de Castro; MARINONI, Luiz Guilherme; WAMBIER, Teresa Arruda Alvim (Coords.). *Direito Jurisprudencial* – volume II. São Paulo: Revista dos Tribunais, 2014. pág. 491.

[312] ABBOUD, Georges. Precedente Judicial versus Jurisprudência dotada de efeito vinculante. A ineficácia e os equívocos das reformas legislativas na busca de uma cultura de precedentes. In: MENDES, Aluisio Gonçalves de Castro; MARINONI, Luiz Guilherme; WAMBIER, Teresa Arruda Alvim (Coords.). *Direito Jurisprudencial* – volume II. São Paulo: Revista dos Tribunais, 2014.

[313] Nas palavras de Bustamante, "um raciocínio *from case to case*". BUSTAMANTE, Thomas da Rosa. *Teoria do Precedente Judicial*: a Justificação e a Aplicação de Regras Jurisprudenciais. São Paulo: Noeses, 2011, pág. 11.

preexistente. A metodologia com a qual estamos habituados a trabalhar nos condiciona a produzir uma norma geral, que possa ser aplicada a casos semelhantes, ao tempo em que soluciona o caso concreto em julgamento.

A visão de Diogo Bacha e Silva é que nossa prática jurídica positivista vislumbra, quase que de modo condicionado, a autorização para substituir um texto por outro:

> Ao invés de termos uma lei, enquanto principal fonte do direito e base para a construção de um raciocínio jurídico dedutivo, passamos a substituir os termos vagos e gerais desta para o da jurisprudência, súmulas, etc. (...) Agora, não precisamos mais da lei já que temos a jurisprudência e as súmulas. A maneira com que trabalhamos os precedentes, entrementes, é a mesma com que trabalhamos com a lei. As súmulas, vinculantes ou não, a jurisprudência dominante são aplicadas descontextualizadas do caso concreto. (...) Na forma como estamos lidando com os precedentes temos o velho vício de separar as questões de fato e de direito, quando sabemos muito bem que o direito é ligado de forma inexorável à vida.[314]

Essa crítica referente ao nosso modo de desenvolver o raciocínio jurídico, no sentido de que estaremos apenas substituindo a lei por súmulas vinculantes e *ratio decidendi* desenvolvida em casos precedentes, assume importante relevância na advertência de Dierle Nunes ao abordar a expectativa em relação às nossas Cortes incumbidas de formar os precedentes:

> É necessário analisar se em nosso país nossos Tribunais superiores constroem, aplicam e interpretam adequadamente precedentes ou se nós apenas formamos julgados (decisões isoladas e mal dimensionadas) e a elas atribuímos força de padrão decisório para resolver um problema quantitativo de nosso sistema (...). A ideia de se padronizar entendimentos não se presta tão só ao fim de promover um modo eficiente e rápido de julgar casos, para se gerar uma profusão numérica de julgamentos.[315]

---

[314] SILVA, Diogo Bacha. A Valorização dos Precedentes e Os Sistemas *Civil law* e *Common law*. In: MENDES, Aluisio Gonçalves de Castro; MARINONI, Luiz Guilherme; WAMBIER, Teresa Arruda Alvim (Coords.). *Direito Jurisprudencial* – volume II. São Paulo: Revista dos Tribunais, 2014, pág. 489/490.

[315] NUNES, Dierle. Precedentes, Padronização Decisória Preventiva e Coletivização. Paradoxos do sistema jurídico brasileiro: uma abordagem constitucional democrática. In: WAMBIER, Teresa Arruda Alvim (Coord.). *Direito Jurisprudencial*. São Paulo: Revista dos Tribunais, 2012. pág. 267.

Não obstante a pertinência e a seriedade dessa advertência, é importante destacar que nas Cortes dos Estados Unidos muitos casos concretos são utilizados com o objetivo de estabelecer regras genéricas que tratam do tema de modo mais amplo que o caso em julgamento, em manifesto intuito de disciplinar aquele tema em todas ou várias situações em que ele possa se apresentar, ultrapassados os limites do caso concreto para criar uma disciplina padronizadora de um entendimento.[316]

No *common law*, precedentes e até mesmo *stare decisis* constituem *ponto de partida* para a discussão travada em juízo, jamais um fechamento estático entre a questão jurídica e a decisão, tanto que para utilizar o precedente como fundamento "o juiz deve mostrar que o caso, inclusive, em alguns casos, no plano fático, é idêntico ao precedente do Tribunal Superior, ou seja, não há uma repetição mecânica, mas uma demonstração discursiva da identidade dos casos".[317]

Para alguns, essas *aproximação* à *brasileira* entre *common law* e *civil law* apenas ocorre no sentido de colocar os precedentes e súmulas como centrais no momento da aplicação do direito, desconsiderando que o fundamental na tradição do *common law* é a valorização ao pensamento de construção do direito a partir do raciocínio indutivo, o que entendem que teria sido descartado no Brasil, onde haverá a tendência de substituir a lei pelo precedente, e continuaremos a realizar nossa prática de fechamento da argumentação. Concluem, então, que o nosso sistema acabou por se distanciar (e não se aproximar) do *common law*, ao menos de sua principal característica, e que somente em razão de nossa percepção dualista metafísica é que necessitamos enquadrar nosso sistema em uma ou outra tradição. Nessa linha de entendimento, sustentam que melhor do que caracterizar nosso sistema processual como um misto de *common law* e *civil law*, seria classificarmos como o velho estilo francês da Escola da Exegese do *phrase unique*.[318] No ponto, afirma Diogo Bacha e Silva que:

---

[316] Caso Roe *vs.* Wade. Em tal caso foi estabelecido um regramento abrangente sobre o tema aborto.

[317] NUNES, Dierle. Precedentes, Padronização Decisória Preventiva e Coletivização. Paradoxos do sistema jurídico brasileiro: uma abordagem constitucional democrática. In: WAMBIER, Teresa Arruda Alvim (Coord.). *Direito Jurisprudencial*. São Paulo: Revista dos Tribunais, 2012. pág. 266.

[318] SILVA, Diogo Bacha. A Valorização dos Precedentes e Os Sistemas *Civil law* e *Common law*. In: MENDES, Aluisio Gonçalves de Castro; MARINONI, Luiz Guilherme; WAMBIER, Teresa Arruda Alvim (Coords.). *Direito Jurisprudencial* – volume II. São Paulo: Revista dos

Assim é que se produz a différance do sistema processual brasileiro. Primeiro, ele é diferente do common law pois que não abre espaço para a argumentação, para a criação do direito a partir do caso concreto, a partir do raciocínio indutivo que foi, afinal, o que nos legou a história de formação do sistema precedentalista. Em segundo lugar, não é tipicamente civil law porque a lei perdeu a posição de centralidade na dinâmica processual, donde, por exemplo, o juiz pode julgar em desobediência à lei mas não o pode em contrariedade com as súmulas vinculantes.[319]

Já deixamos registrada nossa posição no sentido de que, em casos repetitivos de menor complexidade e questões de massa, a solução pode ser encontrada pelo emprego direto da lei, do enunciado de súmula ou de precedente vinculante, sem que disso possa resultar prejuízo para as partes. Em tais casos, a *sentença de uma frase*, em regra, resolve satisfatoriamente o caso.

Relativamente ao nosso método de incorporação dos precedentes vinculantes, não obstante a precisão da crítica, é inegável a transformação do nosso sistema como resultado da mistura que se intensifica e pensamos que a originalidade é exatamente o traço distintivo fundamental das jurisdições mistas.

Tribunais, 2014. pág. 491/493. No mesmo sentido: ABBOUD, Georges. Precedente Judicial versus Jurisprudência dotada de efeito vinculante. A ineficácia e os equívocos das reformas legislativas na busca de uma cultura de precedentes. In: MENDES, Aluisio Gonçalves de Castro; MARINONI, Luiz Guilherme; WAMBIER, Teresa Arruda Alvim (Coords.). *Direito Jurisprudencial* – volume II. São Paulo: Revista dos Tribunais, 2014.
[319] *Idem*, pág. 492.

CAPÍTULO V

A ASSIMILAÇÃO DO SISTEMA DE PRECEDENTES NO BRASIL

I A racionalidade do Direito romano e seu emprego como fundamento ideológico no Brasil imperial

Embora na Idade Média o Direito romano já se impusesse como modelo do pensamento e do ideal de justiça,[320] por outro lado, seu estreito vínculo com o Direito canônico servia para justificar legalmente a manutenção dos privilégios do clero, o que constitui o pano de fundo que viabilizou a expansão do Direito na Europa Continental. A depuração do Direito romano do Direito canônico foi tarefa realizada pela Escola de Bolonha, nos séculos XII e XIII, e pelas universidades europeias que surgiam.[321]

---

[320] Sobre o Direito romano, Faoro afirma que "Não subsistiria se não a fecundasse o adubo dos interesses, que se aproveitam da armadura espiritual, conservando-a por fora e dilacerando-a na intimidade. O clero, desde o distante século VI, convertido o rei visigótico ao catolicismo, trabalhou para romanizar a sociedade. Serviu-se, para esta obra gigantesca, do direito romano, o qual justificava privilégios, revelando-se instrumento ideal para cumprir uma missão e afirmar um predomínio. A Península Ibérica, unida à cabeça papal, absorveu as lições dos clérigos-juristas, que se espalham pela Europa, sobretudo a partir dos séculos XI e XII. (...) O domínio do clero e da nobreza, empreendido pelo rei, encontrou, nesse instrumento, os meios espirituais de justificação. A obra dos juristas e imperadores romanos serviu, vê-se logo, aos fins opostos aos previstos pelo clero, num movimento que dá conteúdo novo às formações ideológicas. (...) O primeiro passo será o depuramento do direito romano do direito canônico, dissonância que traduz discórdia entre o clero e a Coroa. Entram em cena, nesta luta, os letrados, filhos diretos ou indiretos da Escola de Bolonha (séculos XII e XIII) e das universidades europeias, progressivamente implantadas" (In: *Os Donos do Poder*. Formação do Patronato Político Brasileiro. 5. ed. São Paulo: Globo, 2012. pág. 27/29).

[321] DAMASKA, Mirjan, afirma que não é necessário regredir até a burocratização judicial do Império romano-bizantino, pois houve novo surto de burocratização no século XI, quando

O Direito romano, que se caracteriza pela previsão de regras escritas e racionais, na análise de Raymundo Faoro é racional só no sentido formal. Isso porque a previsibilidade desse estilo de pensamento jurídico, mesmo reduzida ao aspecto formal, não é suficiente para eliminar *o comando irracional da tradição ou capricho do príncipe*, de modo que "não ganhou a justiça foros de impessoalidade, assegurada nas garantias processuais isentas da interferência arbitrária dos julgados".[322] A conclusão de Faoro é que o renascimento jurídico romano foi estimulado conscientemente com o objetivo de consolidar o Estado patrimonial e serviu de *estatuto* à *ascensão do embrionário quadro administrativo do soberano*, no qual enxerga o *gérmen do ministerialismo*.[323]

Fazendo referência à lição de Maquiavel, de que um principado pode ser do tipo feudal ou patrimonial, Faoro, com o objetivo de demonstrar que o principado que se desenvolveu no Brasil Império é do tipo patrimonial, e não feudal,[324] afirma que:

---

o movimento em direção à unidade da igreja católica ganhou impulso e a hierarquia surge como conceito de organização ideal de autoridade eclesiástica, com o Papa no topo da pirâmide, e também estrutura perfeita de governo celestial. No original: "Tracing the genesis of the continental apparatus of justice does not require consideration of the judicial bureaucratization in roman-byzantine antiquity. It will suffice to begin with the fresh outbreak of bureaucratization in the late eleventh century when the movement toward unity within the roman catholic church gained momentum. What was then the dominant view on the proper ordering of authority in the church? As expressed by another product of that century – the upward swing of the gothic cathedral – the ordering was to be pyramidal and hierarchical. The very term hierarchy, unknown to classical Greek, was coined by a Syrian monk to express the perfect structure of celestial government as well as the ideal organization of ecclesiastical authority. It is thus quite unsurprising that the successful drive of the church toward greater unity produced a hierarchical structure of its officials with the pope at the top of the pyramid of authority". *The Faces of Justice and State Authority*, pág. 29.

[322] "A Inglaterra, mãe do capitalismo moderno, pode desenvolver seus instrumentos legais de relações econômicas, sem que o direito romano exercesse papel de relevo. A direção que suscitou o recebimento do direito romano será de outra índole: a disciplina dos servidores em referência ao Estado, a expansão de um quadro de súditos ligados ao rei, sob o comando de regras racionais, racionais só no sentido formal. A calculabilidade do novo estilo de pensamento jurídico, reduzida ao aspecto formal, não exclui, na cúpula, o comando irracional da tradição ou do capricho do príncipe, em procura da quebra aos vínculos das camadas nobres. Não ganhou a justiça foros de impessoalidade, assegurada nas garantias processuais, isentas da interferência arbitrária dos julgados" (*Os Donos do Poder. Formação do Patronato Político Brasileiro*. 5. ed. São Paulo: Globo, 2012. pág. 29).

[323] "Os funcionários romanos se transmutaram na aristocracia goda, que se afastou de sua imagem original pela riqueza territorial. O papel da última, porém, sofreu limites severos na sua independência ou autonomia, com a política real de agrupar, na corte, os nobres, atrelados a funções públicas, que os amarravam ao poder do soberano" (FAORO, Ob. cit., pág. 30).

[324] Faoro afirma que "O chamado feudalismo português e brasileiro não é, na verdade, outra coisa do que a valorização autônoma, truncada, de reminiscências históricas, colhidas,

Na monarquia patrimonial, o rei se eleva sobre todos os súditos, senhor da riqueza territorial, dono do comércio – o reino tem um dominus, um titular da riqueza eminente e perpétua, capaz de gerir as maiores propriedades do país, dirigir o comércio, conduzir a economia como se fosse empresa sua. O sistema patrimonial, ao contrário dos direitos, privilégios e obrigações fixamente determinados do feudalismo, prende os servidores numa rede patriarcal, na qual eles representam uma extensão da casa do soberano.[325]

A ideologia do Estado patrimonial e patriarcal conhecida pelo Estado português e implantada no Brasil encontra seus pilares fundamentais no Direito romano:

O príncipe, com a qualidade do senhor de Estado, proprietário eminente ou virtual sobre todas as pessoas e bens, define-se, como ideia dominante, na monarquia romana. O rei, supremo comandante militar, cuja autoridade se prolonga na administração e na justiça, encontra reconhecimento no período clássico da história imperial. O racionalismo formal do direito, com os monumentos das codificações, servirá, de outro lado, para disciplinar a ação política, encaminhada ao constante rumo da ordem social, sob o comando e o magistério da Coroa.[326]

---

por falsa analogia, de nações de outra índole, sujeitas a outros acontecimentos, teatro de outras lutas e diferentes tradições. (...) O elemento militar do regime feudal caracteriza situação de uma camada (estamento) vinculada ao soberano por um contrato – um contrato de *status*, calcado na lealdade, sem subordinação incondicional. Sob o aspecto econômico social, aos senhores está reservada uma renda, resultante da exploração da terra. Politicamente, a camada dominante, associada ao rei por convívio fraternal e de irmandade, dispõe de poderes administrativos e de comando, os quais, para se atrelarem ao rei, dependem de negociações e entendimentos. Dos três elementos, que somente reunidos constituem o feudalismo, resulta, com respeito ao soberano, a imunidade armada, capaz de se extremar na resistência, elevada à categoria de um direito. O serviço ao rei e o serviço aos senhores, por meio do conceito de vassalagem, não constitui uma obrigação ou um dever – uma forma de apoio livre, suscetível de ser retirado em qualquer tempo. Situado teórica e historicamente o conteúdo do sistema feudal, ressalta do enunciado a sua incompatibilidade com o mundo português (...)". Prossegue afirmando que, no modelo português, "A terra obedecia a um regime patrimonial, doada sem obrigação de serviço ao rei, não raro concedida com expressa faculdade de aliená-la. O serviço militar, prestado em favor do rei, era pago".
A conclusão é no sentido de que "Portugal não conheceu o feudalismo. Não se vislumbra, por mais esforços que se façam para desfigurar a história, uma camada, entre o rei e o vassalo, de senhores, dotados de autonomia política. O feudalismo, acidente político e de direito público, não se configura, historicamente, sem que reúna os elementos que o fazem um regime social." (FAORO, Ob. cit., pág. 36/37).
[325] FAORO, Ob. cit., pág. 38.
[326] FAORO, Ob. cit., pág. 27.

Vê-se que na leitura feita por Faoro a racionalidade do Direito romano como modelo de justiça apenas ocorre no plano formal, pois o comando abstrato e genérico da previsão legal não é suficiente para eliminar arbítrio e tampouco assegura, por si, a impessoalidade como garantia processual, valendo registrar que essa percepção da limitação do *civil law* como instrumento de distribuição igualitária da justiça ocorre em uma obra que é de 1958, ou seja, muito antes dos fenômenos que revolucionaram a interpretação e, consequentemente, potencializaram as discrepâncias dos resultados.

Conclui-se que num estado patrimonial como o brasileiro, no qual existe uma cultura que aceita que os interesses privados permeiem as relações de interesse público, a impessoalidade e o tratamento isonômico vão necessitar de mecanismos mais eficientes de controle do que a mera previsão de sua observância no comando genérico e abstrato da lei.

II O aspecto sociológico brasileiro na resistência ao sistema de precedentes

A ausência de racionalidade no modelo brasileiro recebeu uma análise sociológica bem desenvolvida por Marinoni, na obra A Ética dos Precedentes, buscando fundamentos na obra Raízes do Brasil, de Sérgio Buarque de Holanda.

Ao analisar conceitos weberianos de patrimonialismo e burocracia, Sergio Buarque de Holanda desenvolve a noção do que denominou *homem cordial*, o qual descreve como um *produto* da cultura patriarcal e patrimonialista brasileira e que desenvolve um comportamento típico, no qual se busca na intimidade (típica das relações familiares) e nas relações pessoais mecanismos refratários à racionalidade e à impessoalidade. O brasileiro, afirma Marinoni:

> (O) homem cordial, acostumado ao modo de viver do círculo familiar,[327] em que vigoram as relações de afeto e de mera preferência, ao se deparar com o mundo exterior, não consegue vê-lo de forma impessoal e racionalizada, procurando moldar todas as relações e locais, especialmente a administração pública, com base em critérios afetivos e de pessoalidade.[328]

---

[327] Na tipologia weberiana, patriarcalismo primário, convertido em patrimonialismo após a implantação de um quadro administrativo (In: *A Ética dos Precedentes*, pág. 83).
[328] MARINONI, Luiz Guilherme. *A Ética dos Precedentes*. São Paulo: Revista dos Tribunais, pág. 83/84.

Portanto, este estereótipo do homem cordial abomina a impessoalidade, porque se habituou a adotar e prefere um comportamento de mera aparência afetiva, não sincera, mediante o qual busca simpatia e intimidade, com o objetivo de sabotar a impessoalidade e alcançar benefícios e facilidades. O homem cordial transporta o ambiente familiar, no qual ele se sente acolhido e é favorecido por relações de afeto e de preferência, para a esfera pública, passando a estabelecer relações em uma base que não encontra conformação com a racionalidade e com a impessoalidade. Na esfera pública, o homem cordial tanto aufere os benefícios decorrentes desses laços pessoais de favorecimento quanto reivindica benefícios para os seus. A conclusão é no sentido de que essa cultura do homem cordial inviabiliza a aplicação igualitária da lei, pois o interesse é justamente que exista possibilidade de manobra, para que o rigor da lei seja aplicado somente a uns e não a todos.

Weber,[329] na obra *A Ética Protestante e o Espírito do Capitalismo*, de 1920, entende que a dominação racional se assenta em estatutos, de modo que se obedece *à* ordem impessoal. Ou seja, a existência da regra bastava para assegurar a impessoalidade.

Sergio Buarque de Holanda, em referência aos estereótipos definidos por Max Weber, comenta, relativamente ao contexto brasileiro:

> Não era fácil aos detentores das posições públicas de responsabilidade, formados por tal ambiente (família patriarcal), compreenderem a distinção fundamental entre os domínios do privado e do público. Assim, eles se caracterizam justamente pelo que separa o funcionário 'patrimonial' do puro burocrata conforme definição de Max Weber. Para o funcionário 'patrimonial', a própria gestão política apresenta-se como assunto de seu interesse particular; as funções, os empregos e os benefícios que deles aufere relacionam-se a direitos pessoais do funcionário e não a interesses objetivos, com sucede no verdadeiro Estado burocrático, em que prevalecem a especialização das funções e o esforço para se assegurarem garantias jurídicas aos cidadãos. A escolha dos homens que irão exercer funções públicas faz-se de acordo com a confiança pessoal que mereçam os candidatos, e muito menos de acordo com as suas capacidades próprias. Falta a tudo a ordenação impessoal que caracteriza a vida no Estado burocrático. O funcionalismo patrimonial pode, com a progressiva divisão das

---

[329] WEBER, Max. *A Ética Protestante e o Espírito do Capitalismo*. São Paulo: Companhia das Letras 2004.

funções e com racionalização, adquirir traços burocráticos. Mas em sua essência ele é tanto mais diferente do burocrático, quanto mais caracterizados estejam os dois tipos.[330]

No Brasil, Holanda conclui que ocorre "o predomínio constante das vontades particulares que encontram seu ambiente próprio em círculos fechados e pouco acessíveis a uma ordenação impessoal".[331]

A leitura feita por Weber, no sentido de que a existência de regras previstas em estatutos seria suficiente para assegurar a racionalidade do sistema e garantir a impessoalidade na aplicação da lei, pode ser uma leitura adequada a um contexto diverso do brasileiro e à menor complexidade das relações sociais do início do século XX, bem como a um período no qual os métodos de interpretação das leis eram de menor abertura criativa. Tal contexto, aliado à dificuldade de dar publicidade aos precedentes, tornava o direito codificado mais acessível e seguro. Entretanto, vimos que não obstante a preciosa utilidade do direito codificado, no atual contexto, os códigos, isoladamente, não se mostram suficientes para conferir a segurança de outrora, sendo necessária a utilização combinada de outros mecanismos de garantia de segurança jurídica e aprimoramento racional da administração da justiça.

Sobre a ideia de que a aplicação igualitária das regras é imprescindível a uma sociedade que mira na sua evolução, há quem veja que existe um segmento que se beneficia da irracionalidade do sistema e da ausência de vinculação obrigatória aos precedentes. Na visão de Marinoni:

> O personalismo tem nítida relação com um sistema que privilegia as decisões individuais em detrimento das decisões da Corte que representa a vontade institucional, enquanto o patrimonialismo somente pode sobreviver num sistema irracional, em que os casos sejam tratados de forma particularizada, sem qualquer respeito à igualdade e à segurança jurídica.[332]

O tratamento *particularizado* também pode ocorrer pela possibilidade de acesso às instâncias extraordinárias como se fossem instâncias recursais, como ocorre no nosso modelo atual. Os tratados,

---

[330] HOLANDA, Sergio Buarque. *Raízes do Brasil*. São Paulo: Companhia das Letras, 1995, pág. 145/146.
[331] *Idem, ibidem.*
[332] MARINONI, Ob. cit., pág. 91.

pactos e convenções internacionais asseguram direito à dupla instância recursal.[333] A rigor, a jurisdição ordinária deveria ser prestada na primeira instância, com revisão pela segunda instância recursal. E as instâncias extraordinárias deveriam cuidar essencialmente de fixar, nos precedentes, os parâmetros para julgamento nas instâncias ordinárias,[334] o que tornaria o trabalho mais racional em todas as instâncias.

III O *distinguishing* com "método" de desvinculação do precedente. O aspecto cultural na introdução do precedente no sistema brasileiro

Aparentemente um dos importantes desafios atuais, o que não significa que sejam novos, é encontrar um ponto de equilíbrio entre a necessidade de conferir estabilidade ao direito, gerando previsibilidade e consequente segurança em relação às decisões judiciais e, ao mesmo tempo, dispor de mecanismos que confiram alguma flexibilidade segura, no sentido de desenvolver um sistema que viabilize sua adaptação às mudanças sociais, de modo a impedir o engessamento do direito, mas que tal flexibilidade seja manejada como medida excepcional.

O problema que possivelmente possa ocorrer com maior frequência entre nós, até como manifestação de hábitos da nossa cultura e de alguma resistência à vinculação aos precedentes, é o manejo inadequado da técnica da distinção e argumentação jurídica com o fito de afastar a incidência do precedente. Essa realidade, de utilizar

---

[333] A título de exemplo, o Decreto nº 678/92, Convenção Americana de Direitos Humanos, Pacto de São José da Costa Rica, 1969. Artigo 8º - Garantias Judiciais: 2. Toda pessoa acusada de delito tem direito a que se presuma sua inocência enquanto não se comprove legalmente sua culpa. Durante o processo, toda pessoa tem direito, em plena igualdade, às seguintes garantias mínimas: h) direito de recorrer da sentença para juiz ou tribunal superior.

[334] Um grande risco do sistema de vinculação obrigatória é a atribuição de efeito suspensivo a todos os casos idênticos, paralisando sua tramitação nas instâncias inferiores, e, depois, não julgar o precedente ou repetitivo. Tal fato já ocorre com alguma frequência, e, no caso de demandas de massa, como ocorre, por exemplo, com o Recurso Especial nº 1.381.683 e o que o sucedeu, implica represamento do acervo das instâncias inferiores. O caso mencionado versa sobre a possibilidade de afastamento da TR como índice de correção monetária dos saldos das contas de FGTS. Tal repetitivo ficou parado por quase dois anos, quando foi substituído por outro, enquanto as ações são distribuídas aos milhares na primeira instância, que fica impedida de escoar essa distribuição, em razão do efeito suspensivo atribuído. Embora o processo esteja suspenso, ainda assim impacta algumas metas cobradas do Poder Judiciário, como a que determina que seja julgado um número maior de processos do que as entradas. A racionalidade vai ser alcançada na medida em que Tribunais julguem e definam os parâmetros para as instâncias inferiores.

da argumentação para desafiar o efeito vinculante do precedente, pode ser observada mesmo em culturas nas quais a força do precedente é tradicionalmente reconhecida, como a Inglaterra, de modo que certamente encontrará campo fértil no nosso sistema. Michele Taruffo,[335] referindo-se ao sistema inglês, observa que é notório o manejo, pelos juízes, de numerosas e sofisticadas técnicas argumentativas, dentre as quais o *distinguishing* e o *overruling*, a fim de não se considerarem vinculados ao precedente que não pretendem seguir. Portanto, não obstante a eficácia vinculante do precedente, ela será *desafiável* mediante uso de técnicas de argumentação. Prossegue Taruffo na sua análise, agora do sistema estadunidense, afirmando que a força do precedente se apresenta em grau menor se comparado ao sistema inglês, pois considera que os juízes norte-americanos aplicam os precedentes com grande discricionariedade, ou seja, "quando não encontram razões suficientes para não o fazer".

IV A persecução da eficiência, a limitação do *distinguishing* e a realização da justiça

A constatação é de Mark Tushnet:

> O que é preciso fazer para restaurar a ideia do precedente enquanto instrumento de eficiência é estabelecer, em certo sentido, algumas limitações aos mecanismos de diferenciação de casos. (...) A melhor iniciativa disponível adota os seguintes passos. Advogados e juízes, em muitas ocasiões, de maneira implícita ou explícita, reconhecem

---

[335] De um lado, não é apropriado dizer que o precedente de *common law* é vinculante, no sentido que dele derive uma verdadeira e própria obrigação do segundo juiz de se ater ao precedente. É notório que, mesmo no sistema inglês, que parece ser aquele no qual o precedente é dotado de maior eficácia, os juízes usam numerosas e sofisticadas técnicas argumentativas, dentre as quais o *distinguishing* e o *overruling*, a fim de não se considerarem vinculados ao precedente que não pretendem seguir. Permanece, portanto, verdadeiro que naquele ordenamento o precedente é dotado de notável força, já que se espera que, em geral, o juiz sucessivo siga – como, de fato, normalmente acontece – mas essa força é sempre *defeasible*, uma vez que o segundo juiz pode deixar de atender o precedente quando considere oportuno assim fazer a fim de formular uma solução mais justa ao caso que deve decidir. No sistema americano, a força do precedente existe, mas em grau menor: os juízes americanos aplicam os precedentes com grande discricionariedade, ou seja – por assim dizer – quando não encontram razões suficientes para não o fazer. O stare decisis continua a existir, portanto, e por isso os juízes normalmente explicam porque não pretendem seguir o precedente: parece, todavia, claro que o precedente tem eficácia só quando o segundo juiz dele compartilha. No caso contrário, o precedente vem *overruled*. TARUFFO, Michele. Precedente e Jurisprudência. In: *Revista de Processo* 199. São Paulo: Revista dos Tribunais, 2011, pág. 147.

que seria analiticamente possível diferenciar o caso mais novo do caso mais antigo – por exemplo, ao levantar criteriosamente as razões pelas quais as condições de um cruzamento eram diferentes das condições do outro cruzamento. Todavia, eles resolvem, mais uma vez de forma implícita ou explícita, que dedicar-se a fazer isso – ou seja, desenvolver, de fato, os fundamentos para diferenciar casos – é algo que não "vale a pena", como algumas vezes já se colocou. Na perspectiva deles, os benefícios da distinção de casos são pequenos demais para justificar o esforço de fazê-lo.[336]

Tushnet levanta a situação de potencial injustiça que surge como desdobramento dessa eficiência perseguida pelo precedente, quando "advogados e juízes podem até achar excessivo o esforço de fazer a diferenciação de casos, mas essa resistência em fazê-lo acaba custando ao litigante que poderia beneficiar-se do *distinguishing* na resolução do seu caso".[337] Ou seja, a diferenciação pode ser tarefa complexa, mas sua negativa em casos de efetiva distinção resulta injustiça. Ao apontar esse potencial risco, conclui:

> O sistema de jurisdição baseada em precedentes dos Estados Unidos talvez acabe por deixar implicitamente marcada a ideia de que não podemos nos dar o luxo de oferecer justiça *em demasia*, vale dizer, de oferecer todos os direitos que o sistema jurídico se propõe a dispor.[338]

Esse parece ser um ponto essencial. É um fato constatado que as mudanças ocorridas nas últimas décadas e que viabilizaram maior acesso ao Judiciário tem como efeito o incremento incrível do volume de trabalho,[339] sendo certo que a melhor avaliação é no sentido de que a

---

[336] TUSHNET, Mark. Os Precedentes Judiciais nos Estados Unidos. In: *Revista de Processo*, São Paulo: Revista dos Tribunais, v. 218, p. 5, abr. 2013.

[337] *Idem, ibidem.*

[338] *Idem*, pág. 6.

[339] Tanto no Brasil quanto na Alemanha, Itália, França: "Since de number of cases be processed continually rises, but the justice system cannot be expanded, a dilemma has been created." GOTTWAL, Peter. Civil Justice Reform: Acess, Cost and Expedition. The German Experience. In: ZUCKERMAN, Adrian A.S., Civil Justice in Crisis. Comparative Perspectives of Civil Procedure. New York: Oxford University Press, 1999, pág.214; "The number of appeals to the Corte di Cassazione has increased dramatically over the last thirty years. This increase in workload has had two consequences: decisions are delayed; and, importantly, the uniform interpretation of the law is lost, due to the large number of judges required." CHIARLONI, Sergio. Civil Justice and its Paradoxes: An Italian Perspective. In: ZUCKERMAN, Adrian A.S., Civil Justice in Crisis. Comparative Perspectives of Civil Procedure. New York: Oxford University Press, 1999, pág.267; "There has been a continual expansion of litigation since the end of the nineteenth century, which

solução passa antes pelo desenvolvimento de mecanismos de eficiência e racionalidade do que pelo aumento da estrutura do Poder Judiciário. O incremento a nível de estrutura pode ser necessário em algumas hipóteses, mas não pode ser visto como uma solução manejável para fazer frente ao aumento da demanda. A questão do que foi referido como "oferta de justiça em demasia" impacta sensivelmente a forma como se dá a resposta estatal, ou seja, a entrega da providência jurisdicional.

O sistema de precedentes vinculantes, aparentemente, apresenta um método de racionalização dos trabalhos, especialmente se considerarmos três pontos fundamentais: o primeiro é que a adoção de soluções diferentes para casos idênticos, como ocorre com muito maior frequência no *civil law*, parece ser uma injustiça muito mais grave do que a mesma solução para casos que possam ter alguma peculiaridade que merecesse ponderação. Observe-se apenas que tal ponderação não necessariamente conduziria a um resultado oposto, o que então seria algo grave. A falta de igualdade de tratamento parece ser a maior das injustiças. O segundo ponto é que a chance de haver um precedente injusto, após percorrer toda trajetória para alcançar esse *status*, é muito menor que as soluções dadas no varejo, onde não houve oportunidade de um debate tão qualificado e de passagem pelos filtros das instâncias, no caso dos precedentes no âmbito das instâncias ordinárias, ou da palavra da instância final, no caso das matérias decididas pelas instâncias extraordinárias. O terceiro ponto é que questões simples podem ser seguramente resolvidas por um dispositivo de lei bem redigido ou por um precedente que defina bem o enquadramento e a norma aplicável.

Vê-se que a distinção é técnica que pode ser manejada conforme a relevância do caso e o empenho das partes envolvidas. Isso, como vimos, ocorre em países de tradição no sistema de precedentes, como os Estados Unidos, por certo, e ocorrerá também no Brasil. Como descrito na experiência estadunidense, é uma relação que, grosso modo, e numa perspectiva positiva, pode ser considerada de ponderação de custo e benefício ou uso racional da estrutura disponível.

---

has accelerated even further in the last twenty years. Numerous factors have contributed. Population has grown. Legislative and Executive inflation (...). An increasing ideology of compensation has arisen (...). There has been a considerable democratization of access to justice as legal aid has been reformed." CADIET, Loïc. Civil Justice Reform: Access, Cost, and Delay. The French Perspective. In: ZUCKERMAN, Adrian A.S., Civil Justice in Crisis. Comparative Perspectives of Civil Procedure. New York: Oxford University Press, 1999, pág.307.

Não parece de todo ruim que existam filtros para que somente aquelas causas com potencial de gerar um debate verdadeiramente qualificado tenham seguimento. Essa é uma constatação que está diretamente relacionada ao volume de processos submetidos ao Poder Judiciário, pois, muitas vezes, ao disponibilizar o acesso para todos, a resposta acaba sendo dificultada na mesma medida.

CONCLUSÕES PRELIMINARES

São conclusões preliminares porque baseadas nas observações mais evidentes no presente estágio da pesquisa.

Os sistemas mistos e especialmente as jurisdições mistas são temas fascinantes e ainda pouco explorados no contexto brasileiro, embora acadêmicos e juristas estrangeiros venham produzindo vasto material sobre o assunto, sob enfoque do fenômeno mistura de jurisdições em sentido amplo, do estudo das mudanças ocorridas nos sistemas jurídicos de diversos países e divisões políticas, bem como relativamente à mistura de jurisdições na legislação supranacional, considerados os blocos, e na legislação internacional.

A mistura de sistemas se apresenta como uma tendência global. Especificamente a mistura decorrente das jurisdições mistas, que consiste na combinação do *civil law* com o *common law*, aparentemente, oferece as ferramentas para o desenvolvimento de um sistema melhor, no qual as regras genéricas e abstratas previstas no direito codificado são interpretadas com base no alcance que receberam nos casos precedentes, nos quais os elementos do caso concreto ganham relevância, numa combinação de códigos e *cases*, que já foi reconhecida como *o melhor dos dois mundos*.[340] Portanto, parece ser um sistema mais completo porque garante a segurança jurídica na lei (igualdade formal) e no resultado

---

[340] Albert Tate, Justice da Suprema Corte da Louisiana, considerou que os juízes de jurisdição mista possuem o melhor dos dois mundos para o desempenho de sua função jurisdicional. Ele deve aproveitar as técnicas e perspectivas de ambos os sistemas legais ("judge of a mixed jurisdiction such as Louisiana has the best of both worlds available to him for the performance of his judicial function. He may take advantage of the techniques and perspectives of both legal systems"). *The Role of the Judge in Mixed Jurisdictions: The Louisiana Experience in* Palmer, Vernon. Double Reasoning in the Codified Mixed Systems. Code and Case Law as Simultaneous Methods, NR 4.

(igualdade material), e mais racional porque estabelece a vinculação obrigatória aos precedentes julgados pelas cortes superiores.

No Brasil gradualmente fomos incorporando institutos típicos do *common law*. Chegamos a um ponto em que não é possível continuar afirmando nossa tradição sem que se faça necessário abrir um enorme parênteses para ressalvar que 1) nossa estrutura de Poderes (com Poderes independentes e Judiciário promovendo o controle de constitucionalidade das leis); 2) nossa estrutura de administração da Justiça (com *stare decisis* e sistema vinculante); 3) o perfil dos Magistrados (que não se eximem de criar a norma jurídica, se necessário); e, 4) o sistema processual e de colheita de evidências previsto no Código de Processo Civil de 2015, todos esses aspectos seguem o modelo do *common law*.

Muitos aspectos das jurisdições mistas soam familiares às mudanças que temos experimentado e parecem coerentes com nossa estrutura de Poder (Judiciário independente), com nossa expectativa de administração da Justiça (*civil law* com *stare decisis*), com o comportamento dos Juízes (*judge made-law*) e método utilizado para desenvolvimento do raciocínio que vai fundamentar suas decisões, partindo do direito codificado e utilizando os precedentes na adequação da regra genérica ao caso concreto, denominada por Palmer *double reasoning*.[341] Aparentemente, as jurisdições mistas são a combinação da qual mais nos aproximamos nos aspectos de estrutura de Poder e administração da justiça, comportamento dos Juízes e disciplina processual.

Um aspecto interessante das jurisdições mistas é a capacidade de criar um sistema original,[342] no qual o Legislativo é o Poder que produz a lei, e o Judiciário, com a mesma legitimidade, produz a norma jurídica, pois o direito codificado coexiste com os casos julgados. A mistura de códigos e casos pode ser percebida com diferentes graus de intensidade na maioria dos sistemas, de modo que a intensidade da mistura parece ser um fator decisivo para qualificar um sistema como jurisdição mista.

Muitas críticas são feitas ao modo de incorporação dos precedentes no modelo brasileiro, afirmando que não iremos assimilar o método de desenvolvimento do raciocínio típico do *common law*. Há quem sustente que nosso sistema e nossa cultura não viabilizam aproximação com o modelo de precedentes, estaríamos, em verdade, nos

---

[341] PALMER, Double Reasoning in the Codified Mixed Systems – Code and Case Law as Simultaneous Methods.
[342] PALMER, Mixed Jurisdictions Worldwide, pág. 71.

distanciando de tal modelo. Parece-nos que o que de fato ocorre é uma aproximação com o modelo das jurisdições mistas, no qual o *civil law* passa a incorporar institutos do *common law*, criando um sistema misto, que tem como característica essencial que a assimilação dos institutos ocorre de modo original. Surge espontaneamente como mecanismo de resgate da racionalidade e aprimoramento, promovendo inegável transformação no nosso sistema, embora a lentidão da mudança, que foi sendo gradualmente implementada na nossa legislação, possa dificultar, talvez, sua percepção.

POSFÁCIO

É extremamente recompensador poder fazer parte de uma banca que examina um trabalho consistente e inovador. Aliando uma série de conceitos dispersos e, acima de tudo, conferindo uma visão sistêmica ao tema, Fabíola Utzig Haselof se debruça sobre um dos temas mais relevantes no cenário constitucional-processual na atualidade: as jurisdições mistas. Seu jeito de escrever e suas lúcidas considerações conquistaram a banca examinadora de sua dissertação de mestrado, da qual tive a honra de fazer parte.

O movimento iniciado pelos estudiosos do Direito Internacional, e que mais tarde evoluiu para o Direito Comparado, chega ao seu ápice quando a pesquisa acaba, naturalmente, criando um gênero novo e híbrido.

Com efeito, Mauro Cappelletti já havia previsto esse movimento (*Dimensioni della Giustizia nelle società Contemporanee*. Bologna: Mulino, 1994, p. 79), e fez com que outros autores começassem a buscar, na área do Direito Processual, um conjunto de regras que pudessem ser aplicáveis às diversas jurisdições (HAZARD JR., Geoffrey; TARUFFO, Michele; STURNER, Rolf; GIDI, Antônio. *Principles and rules of Transnational Civil Procedure:* Introduction to the principles and rules of Transnational Civil Procedure. New York University Journal of International Law and Politics. New York, vol. 31, 2001).

Contudo, me parece que superamos mesmo as previsões mais otimistas. É inegável a reciprocidade que exsurge a partir do método comparado. Tem-se uma verdadeira mistura. Nas palavras da autora, "a mistura de sistemas se apresenta como uma tendência global. Especificamente a mistura decorrente das jurisdições mistas, que consiste na combinação do *civil law* com o *common law*, aparentemente, oferece as ferramentas para o desenvolvimento de um sistema melhor".

Até porque, como precisamente apontado pelo Min. Fux no prefácio desta obra, "nenhum sistema pode funcionar quando os sujeitos que o compõem se comportam como atores isolados, integrantes de uma orquestra na qual só há maestros, mas que, por isso mesmo, não produz espetáculo".

Este livro, sem dúvida, veio inaugurar uma nova era.

Rio de Janeiro, julho de 2017.

Humberto Dalla Bernardina de Pinho
Professor Titular de Direito Processual Civil na UERJ, Estácio e Ibmec
Martin-Flynn Global Law Professor (University of Connecticut School of Law).
Promotor de Justiça no Estado do Rio de Janeiro.

REFERÊNCIAS

ABBOUD, Georges. Precedente Judicial versus Jurisprudência dotada de efeito vinculante. A ineficácia e os equívocos das reformas legislativas na busca de uma cultura de precedentes. In: MENDES, Aluisio Gonçalves de Castro; MARINONI, Luiz Guilherme; WAMBIER, Teresa Arruda Alvim (Coords.). *Direito Jurisprudencial* – volume II São Paulo: Revista dos Tribunais, 2014.

ABRAHAM, Marcus. *Common Law* e os Precedentes Vinculantes na Jurisprudência Tributária. *Revista Nomos*, v. 34, n. 1, jan./jun. 2014.

ABRAMOWICZ, Michael; STEAMS, Maxwell. *Defining Dicta*. Bepress Legal Series, 2004.

AGABIN, Pacifico. The Philippines. In: *Mixed Jurisdictions Worldwide* – The Third Legal Family. 2nd edition. New York: Cambridge University Press, 2012.

ALEXY, Robert. *Teoria dos Direitos Fundamentais*. São Paulo: Malheiros, 2008.

_____. *Teoria da Argumentação Jurídica*. 2. ed. São Paulo: Landy, 2005.

_____. *Constitucionalismo Discursivo*. Porto Alegre: Livraria do Advogado, 2007.

ALGERO, Mary Garvey. Considering Precedent in Louisiana: Balancing the Value of Predictable and Certain Interpretation with the Tradition of Flexibility and Adaptability. Disponível em: <http://law.loyno.edu/sites/law.loyno.edu/files/Algero-LoyLRev[1].pdf>. Acesso em: 17 fev. 2017.

_____. The Sources of Law and the Value of Precedent: A Comparative and Empirical Study of a Civil Law State in a Common Law Nation. *Louisiana Law Review*, v. 65, n. 2, 2005. Disponível em: <http://digitalcommons.law.lsu.edu/cgi/viewcontent.cgi?article=6083&context=lalrev>. Acesso em: 17 fev. 2017.

ARMINJON, Pierre; NOLDE, Boris; WOLFF, Martin. *Traité de Droit Comparé*. Librairie Générale de Droit et de Jurisprudence, 1952.

ÁVILA, Humberto Bergman. *Teoria dos Princípios* (da definição à aplicação dos princípios jurídicos). 2. ed. São Paulo: Revista dos Tribunais, 2005.

BAKER, John Hamilton. *An Introduction to English Legal History*. 4th ed. London: Butterwords LexisNexis, 2002.

BARBOSA MOREIRA, José Carlos. Súmula, jurisprudência, precedente: uma escalada e seus riscos. *Revista Dialética de Direito Processual*, São Paulo, vol. 27, pág. 49-58, jun. 2005.

BARBOZA, Estefânia Maria de Queiroz. Tese de Doutorado Stare Decisis, Integridade e Segurança Jurídica: Reflexões Críticas a partir da Aproximação dos Sistemas de Common law e Civil law na Sociedade Contemporânea. Disponível em: <http://pct.capes.gov.br/teses/2011/40003019006P4/TES.PDF>. Acesso em: 10 jun. 2016.

BARROSO, Luís Roberto. *O Novo Direito Constitucional Brasileiro*: Contribuições para a construção teórica e prática da jurisdição constitucional no Brasil. 1ª reimpressão. Belo Horizonte: Fórum, 2013.

_____. *O Direito Constitucional e a Efetividade de suas Normas*. Limites e Possibilidades da Constituição Brasileira. Rio de Janeiro: Renovar, 2001.

_____. Fundamentos teóricos e filosóficos do novo direito constitucional brasileiro: pós-modernidade, teoria crítica e pós-positivismo. *Revista Forense*, 358: 91, 2001.

_____. "Aqui, lá e em todo lugar": A Dignidade Humana no Direito Contemporâneo e no Discurso Transnacional. *Revista dos Tribunais*, RT 919, maio 2012.

_____. *Curso de Direito Constitucional Contemporâneo*. Os conceitos fundamentais e a construção do novo modelo. São Paulo: Saraiva, 2015.

_____; MELLO, Patrícia Perrone Campos. Trabalhando com uma nova lógica: A ascensão dos precedentes no direito brasileiro. *Revista da AGU*, v. 15, n. 3, pág. 9/52, jul./set. 2016.

BARCELLOS, Ana Paula. *A Eficácia Jurídica dos Princípios Constitucionais*: O princípio da dignidade da pessoa humana. Rio de Janeiro: Renovar, 2002.

_____. *Ponderação, Racionalidade e Atividade Jurisdicional*.

BINGHAM, Tom. *The Rule of Law*. London: Penguin Books, 2010.

BONAVIDES, Paulo. *Curso de Direito Constitucional*. 13. ed. São Paulo: Malheiros, 2003.

BRAZIER, Rodney. *Constitutional Reform*. Reshaping the British Political System. 3rd ed. New York: Oxford University Press, 2008.

BUSTAMANTE, Thomas da Rosa. *Teoria do Precedente Judicial*: a Justificação e a Aplicação de Regras Jurisprudenciais. São Paulo: Noeses, 2011.

BUSSANI, Mauro. *A Pluralistic Approach to Mixed Jurisdictions*, available on line February, 2014, in: <http://booksandjournals.brillonline.com/content/journals/22134514>. Acesso em: 11 nov. 2016.

CABRAL, Antonio do Passo. *Convenções Processuais*. Salvador: Juspodivm, 2016.

CAPPELLETTI, Mauro. *Juízes Legisladores?* Porto Alegre: Sergio Antônio Fabris Editores, 1993/Reimpressão 1999.

_____. *Juízes Irresponsáveis?* Porto Alegre: Sergio Antônio Fabris Editores, 1989.

_____; Garth, BRYANT. *Acesso à Justiça*. Porto Alegre: Sergio Antônio Fabris Editores, 1988.

CARBONELL, Miguel (Ed). *Neoconstitucionalismo(s)*. Madrid: Trotta, 2003.

_____. *Teoría del Neoconstitucionalismo*: Ensayos escogidos. Madrid: Trotta, 2007.

CARNEIRO, Paulo Cezar Pinheiro; PINHO, Humberto Dalla Bernardina. *Novo Código de Processo Civil*. Anotado e Comparado. Rio de Janeiro: Forense, 2017.

CATELLUCCI, Ignazio. *How Mixed Must a Mixed System Be?* Second World Society of Mixed Jurisdiction Jurists Conference (Edinburgh, UK, 2007. Disponível em: <http://www.ejcl.org/121/papers121.html>. Acesso em: 10 jan. 2017.

CAVALCANTI, Vanuza; BECKER, Antonio. *Constituições Brasileiras de 1824 a 1988*. Volume I (1824 a 1969). Rio de Janeiro: Letra Legal, 2004.

COLE, Charles D. Precedente Judicial: A Experiência Americana. *Revista de Processo*, São Paulo: Revista dos Tribunais, n. 92, ano 23, out./dez. 1998.

REFERÊNCIAS

_____. *Stare Decisis* na cultura jurídica dos Estados Unidos. O Sistema de Precedente Vinculante do *Common Law. RT*, São Paulo: RT, vol. 752, pág. 11-21, jun. 1998.

CONSTANTINESCO, Léontin. *Traité de Droit Comparé* – La Science des Droits Comparés. Economica, 1983.

CROSS, Rupert; HARRIS J. W. *Precedent in English Law.* 4th edition. Oxford: Claredon Law Series Press, 1991.

DAMASKA, Mirjan R. *The Faces of Justice and State Authority.* A Comparative Approach to the Legal Process. United States: Yale University, 1986.

DAVID, René. *Os Grandes Sistemas do Direito Contemporâneo.* São Paulo: Martins Fontes, 2012.

DINAMARCO, Cândido Rangel. *Instituições de Direito Processual Civil.* 3. ed. São Paulo: Malheiros, 2003, v. 1.

DONLAN, Séan Patrick. *Mixed and Mixing Systems Worldwide.* European Journal of Comparative Law and Governance 1 (2014) 5-9. Disponível em: <http://booksandjournals.brillonline.com/content/journals/22134514>. Acesso em: 15 nov. 2016.

_____. *Our laws as mixed as our language*: Commentaries on the Laws of England and Ireland. Disponível em: <http://www.ejcl.org/121/papers121.html>. Acesso em: 15 nov. 2016.

DUXBURY, Neil. *The Nature and Authority of Precedent.* Cambridge: Cambridge University Press, 2008.

DWORKIN, Ronald. *Taking Rights Seriously.* Cambridge: Harvard University Press, 1997.

_____. Is a Law a System of Rules? In: *Philosophy of Law.* Ronald Dworkin (Ed.). Oxford: Oxford University Press, 1971.

_____. Law and Morals. In: *Justice in Robes.* Cambridge: Harvard University Press, 2006.

EDDEY, Keith. *The English Legal System.* 3rd ed. London: Sweet & Maxwell, 1982.

ENGLISH LEGAL SYSTEM, United Kingdom: Routledge, 2012.

FERRAJOLI, Luigi. *El Garantismo e la Filosofía del Derecho.* Bogotá: Universidad Externado de Colombia, 2000.

FIORINI, Aude. *The Codification of Private International Law in Europe: Could the Community Learn from the Experience of Mixed Jurisdictions?* Second World Society of Mixed Jurisdiction Jurists Conference (Edinburgh, UK, 2007). Disponível em: <http://www.ejcl.org/121/papers121.html>. Acesso em: 10 jan. 2017.

FINE, Toni M. O uso do precedente e o papel do princípio do *stare decisis* no sistema legal norte-americano. *RT*, São Paulo: RT, n. 782, 2002.

FISS, Owen. *Um novo processo civil*: estudos norte-americanos sobre jurisdição. Constituição e Sociedade. São Paulo: RT, 2004.

FLEMING, James. Judicial Review without Judicial Supremacy: Taking the Constitution Seriously Outside the Courts. *Fordham Law Review*, v. 73, issue 4. New York, 2015. Disponível em: <http://ir.lawnet.fordham.edu/flr/vol73/iss4/4>. Acesso em: 20 abr. 2017.

FUX, Luiz. *Novo Código de Processo Civil Temático.* São Paulo: Mackenzie, 2015.

_____. *Jurisdição Constitucional II*: Cidadania e Direitos Fundamentais. Belo Horizonte: Fórum, 2017.

GARAPON, Antonie; PAPADOPOULOS, Ioannis. *Julgar nos Estados Unidos e na França*: Cultura Jurídica Francesa e *Common Law* em uma Perspectiva Comparada. Rio de Janeiro: Lumen Juris, 2008.

GIDRON, Tamar. Israel. In: *Mixed Jurisdictions Worldwide* – The Third Legal Family. 2nd edition. New York: Cambridge University Press, 2012.

GLENN, Jane Matthews. *Mixed Jurisdictions in the Commonwealth Caribbean: Mixing, Unmixing, Remixing*, Second World Society of Mixed Jurisdiction Jurists Conference (Edinburgh, UK, 2007). Disponível em: <http://www.ejcl.org/121/papers121.html>. Acesso em: 17 nov. 2016.

GOODHART, A. L. *Precedent in English and Continental Law*. London: 1934.

_____. Determining the *Ratio Decidendi* of a Case, *Yale Law Journal*, XL, December, 1930. Disponível em: <http://www.umiacs.umd.edu/~horty/courses/readings/goodhart-1930-ratio.pdf>. Acesso em: 30 jul. 2016.

GRECO, Leonardo. *Instituições de Processo Civil*. Introdução ao Direito Processual Civil. Vol. I. 5. ed. Rio de Janeiro: Forense, 2015.

GUARNIERI, Carlo; PEDERZOLI, Patrizia. *The Power of Judges*: A Comparative Study of Courts and Democracy. New York: Oxford University Press, 2002.

HERMAN, Shael. *The Louisiana Code of Practices (1825): A Civilian Essai Among Anglo-American Sources*, part I, II, III, Second World Society of Mixed Jurisdiction Jurists Conference (Edinburgh, UK, 2007). Disponível em: <http://www.ejcl.org/121/papers121.html>. Acesso em: 17 nov. 2016.

_____. *Civil Recodification in an Anglophone Mixed Jurisdiction: A Bricoleur's Playbook*, available on line February, 2014. Disponível em: <http://booksandjournals.brillonline.com/content/journals/22134514>. Acesso em: 11 nov. 2016.

HESSE, Konrad. *La fuerza normativa de la Constitución*. In: Escritos de Derecho Constitucional (selección). Madrid: Centro de Estudios Constitucionales, 1983.

HOLANDA, Sérgio Buarque. *Raízes do Brasil*. 26. ed. São Paulo: Companhia das Letras, 1995.

HOOD JR., John T. The Role of Judicial Decisions and Doctrine in Civil Law and in Mixed Jurisdictions. *Louisiana Law Review*, v. 35, n. 35, 1975. Disponível em: <http://digitalcommons.law.lsu.edu/cgi/viewcontent.cgi?article=4124&context=lalrev>. Acesso em: 07 jan. 2017.

JUKIER, Rosalie. *Inside the Judicial Mind: Exploring Methodology in the Mixed Legal System of Quebec*. Disponível em: <http://booksandjournals.brillonline.com/content/journals/22134514>. Acesso em: 15 nov. 2016.

LEYLAND, Peter. *The Constitution of the United Kingdom*. A contextual analysis. 3rd ed. London: Bloomsbury, 2016.

LOVETT, John. *Creating and Controlling Private Land Use Restrictions in Scotland and Louisiana: A Comparative Mixed Jurisdictions Analysis*, Second World Society of Mixed Jurisdiction Jurists Conference (Edinburgh, UK, 2007). Disponível em: <http://www.ejcl.org/121/papers121.html>. Acesso em: 15 nov. 2016.

_____. *Love, Loyalty and the Louisiana Civil Code: Rules, Standards and Hybrid Discretion in a Mixed Jurisdiction*, available on line January 2014. Disponível em: <http://booksandjournals. brillonline.com/content/journals/22134514>. Acesso em: 29 dez. 2016.

MACCORMICK, D. Neil; SUMMERS, Robert S. (Orgs.). *Interpreting Precedents*: a comparative study. England: Dartmouth Publishing Company Limited e Ashgate Publishing Limited, 1997.

MANCUSO, Salvatore. *Creating Mixed Jurisdictions: Legal Integration in the Southern African Development Community Region*. Disponível em: <http://booksandjournals.brillonline.com/content/journals/22134514>. Acesso em: 15 nov. 2016.

MARINONI, Luiz Guilherme. *A Ética dos Precedentes*: Justificativa do novo CPC. 1. ed. São Paulo: Revista dos Tribunais, 2014.

_____. *Precedentes Obrigatórios*. 4. ed. São Paulo: Revista dos Tribunais, 2016.

_____. *Julgamento nas Cortes Supremas*. Precedente e Decisão do Recurso diante do Novo CPC. São Paulo: Revista dos Tribunais, 2015.

_____. Aproximação Crítica entre as Jurisdições de *Civil Law* e *Common Law* e a Necessidade de Respeitos aos Precedentes no Brasil. *RePro*, São Paulo: RT 172/175, jun. 2009.

McAULEY, Michael. Quebec. In: *Mixed Jurisdictions Worldwide* – The Third Legal Family. 2nd edition. New York: Cambridge University Press, 2012.

McDONALD, Ian; STREET, Anne. *Equity & Trusts*. 4th edition. United Kingdom: Oxford, 2014.

McGONIGLE, Ryan. The Role of Precedents in Mixed Jurisdictions: A Comparative Analysis of Louisiana and the Philippines. *EJCL*, Vol. 6.2 July 2002. Disponível em: <https://www.ejcl.org/62/art62-1.html>. Acesso em: 07 jan. 2017.

McPHERSON, B. H. *The Reception of English Law Abroad*. Supreme Court of Queensland Library. Disponível em: <www.court.sclqld.org.au>. Acesso em: 07 jan. 2017.

MENDES, Aluisio Gonçalves de Castro. Precedentes e Jurisprudência: papel, fatores e perspectivas no Direito brasileiro contemporâneo. In: MENDES, Aluisio Gonçalves de Castro; MARINONI, Luiz Guilherme; WAMBIER, Teresa Arruda Alvim (Coords.). *Direito Jurisprudencial* – volume II. São Paulo: Revista dos Tribunais, 2014.

MENDES, Gilmar; BRANCO, Paulo Gustavo Gonet. *Curso de Direito Constitucional*. 10. ed. São Paulo: Saraiva, 2015.

MERWE, C. G. Van Der. The Republic of South Africa. In: *Mixed Jurisdictions Worldwide* – The Third Legal Family. 2nd edition. New York: Cambridge University Press, 2012.

MILLER, David L. Carrey. *Three of a Kind? Positive Prescription in Sri Lanka, South Africa and Scotland*, Second World Society of Mixed Jurisdiction Jurists Conference (Edinburgh, UK, 2007). Disponível em: <http://www.ejcl.org/121/papers121.html>. Acesso em: 17 nov. 2016.

MUNIZ-ARGUELLES, Luis. Puerto Rico. In: *Mixed Jurisdictions Worldwide* – The Third Legal Family. 2nd edition. New York: Cambridge University Press, 2012.

MERRYMAN, J. H. *In the Civil law Tradition*: An Introduction to the Legal Systems of Western Europe and Latin America. California: Stanford University Press, 1985.

NUNES, Dierle. Precedentes, Padronização Decisória Preventiva e Coletivização. Paradoxos do sistema jurídico brasileiro: uma abordagem constitucional democrática. In: WAMBIER, Teresa Arruda Alvim (Coord.). *Direito Jurisprudencial*. São Paulo: Revista dos Tribunais, 2012.

ÖRÜCÜ, Esin. What is a Mixed Legal System: Exclusion or Expansion? Vol. 12.1 *Electronic Journal of Comparative Law* (May 2008). Disponível em: <http://www.ejcl.org/121/art121-15.pdf>. Acesso em: 20 dez. 2016.

_____; FARRAN, Sue; DONLAN, Seán Patrick. *A Study of Mixed Legal Systems: Endangered, Entrenched or Blended*. England: Ashgate, 2014.

_____. A general view of 'legal families' and of 'mixed systems'. In: ÖRÜCÜ, E. and NELKIN, D. (eds.). *Comparative Law*: A Handbook. Oxford: Hart Publishing, 2007, pág. 169-187. Disponível em: <http://eprints.gla.ac.uk/39754/>. Acesso em: 29 dez. 2016.

PALMER, Vernon Valentine. *Mixed Jurisdictions Worldwide* – The Third Legal Family. 2nd edition. New York: Cambridge University Press, 2012.

_____. Double Reasoning in the Codified Mixed Systems – Code and Case Law as Simultaneous Methods. *Working Paper*, n. 12-17, August, 2012. Disponível em: <http://www.law.tulane.edu/uploadedFiles/Institutes_and_Centers/Eason_Weinmann/PALMER-SSRN-2128863.pdf>. Acesso em: 07 jan. 2017.

_____. *Two Rival Theories of Mixed Legal Systems*. Second World Society of Mixed Jurisdiction Jurists Conference (Edinburgh, UK, 2007). Disponível em: <http://www.ejcl.org/121/papers121.html>. Acesso em: 10 jan. 2017.

_____. Mixed Legal Systems, In: M. Bussani and U. Mattei (eds.). *The Cambridge Companion to Comparative Law*, Cambridge University Press, 2012.

_____. Mixed Jurisdictions, In: J. M. Smits (eds.). *Elgar Encyclopedia of Comparative Law*, 2nd ed. Edward Elgar, 2012.

_____. *Quebec and her Sisters in the Third Legal Family*. 54 McGill L. J. 321, 350 (2009). Disponível em: <http://lawjournal.mcgill.ca/userfiles/other/493882-Palmer.pdf>. Acesso em: 11 fev. 2017.

_____. *Louisiana*: Microcosm of a Mixed Jurisdiction. Durham: Carolina Academic Press, 1999.

_____. The Many Guises of Equity in a Mixed Jurisdiction: A Functional View of Equity in Louisiana. *Tulane Law Review*, 69 Tul. L. R. 7, 1994. Disponível em: <https://litigation-essentials.lexisnexis.com/webcd/app?action=DocumentDisplay&crawlid=1&doctype=cite&docid=69+Tul.+L.+Rev.+7&srctype=smi&srcid=3B15&key=de8dbc80ec44f810aeafe3e672f56836>. Acesso em: 07 jan. 2017.

_____; BOROWSKI, Harry. Lousiana. In: *Mixed Jurisdictions Worldwide* – The Third Legal Family. 2nd edition. New York: Cambridge University Press, 2012.

PICKER, Colin B. The International Law's Mixed Heritage: A Common/Civil Law Jurisdiction, *Vanderbilt Journal of Transnational Law*, vol. 41:1083. Disponível em: <https://papers.ssrn.com/sol3/papers.cfm?abstract_id=1125044>. Acesso em: 3 jan. 2017.

PEIXOTO, Ravi. *Superação do Precedente e Segurança Jurídica*. 2. ed. Salvador: Juspodivm, 2016.

PORTO, Sergio Gilberto. *Sobre a common law, civil law e o precedente judicial.* Estudos de Direito Processual Civil. Homenagem ao Professor Egas Dirceu Moniz de Aragão. São Paulo: RT, 2006.

POSNER, Richard A. *How Judges Think.* United States: Harvard University Press, 2010.

_____. *Reflections on Judging.* United States: Harvard University Press, 2013.

_____. *The Problems of Jurisprudence.* United States: Harvard University Press, 2000.

POZZOLO, Suzana. *Neoconstituzionalismo e Positivismo Giuridico.* Torino: Giappicheli, 2001.

RAWLS, Jonh. *Uma teoria da justiça.* São Paulo: Martins Fontes, 2016.

REID, Elspeth. Scotland. In: *Mixed Jurisdictions Worldwide* – The Third Legal Family. 2nd edition. New York: Cambridge University Press, 2012.

_____; MILLER, David Carey. *A Mixed Legal System in Transition.* T.B. Smith and The Progresso of Scots Law. Edinburgh: Edinburgh University Press, 2005.

SARLET, Ingo Wolfgang. *A Eficácia dos Direitos Fundamentais*: Uma teoria geral dos direitos fundamentais na perspectiva constitucional. 12. ed. Porto Alegre: Livraria do Advogado, 2015.

SARMENTO, Daniel. Neoconstitucionalismo no Brasil: Riscos e possibilidades. In: *Filosofia e Teoria Constitucional Contemporânea.* Rio de Janeiro: Lumen Juris, 2009.

_____. *A Ponderação de Interesses na Constituição Federal.* Rio de Janeiro: Lumen Juris, 2003.

SILVA, Diogo Bacha. A Valorização dos Precedentes e os Sistemas *Civil law* e *Common law*, In: MENDES, Aluisio Gonçalves de Castro; MARINONI, Luiz Guilherme; WAMBIER, Teresa Arruda Alvim (Coords.). *Direito Jurisprudencial* – volume II. São Paulo: Revista dos Tribunais, 2014.

SILVA, José Afonso. *Aplicabilidade das Normas Constitucionais.* São Paulo: Malheiros, 1998.

SMITH, T. B. *The Preservation of the Civilian Tradition in Mixed Jurisdictions.* Louisiana State University Press, 1965. Disponível em: <https://www.econbiz.de/Record/the-preservation-of-the-civilian-tradition-in-mixed-jurisdictions-smith/10002821276>. Acesso em: 29 dez. 2016.

_____. *Scotland*: the Development of its laws and constitution. London: Stevens, 1962.

SOUZA, Jessé. *Comentários à Obra "A Gênese do Capitalismo Moderno" de Max Weber.* São Paulo: Ática, 2006.

STF. Reclamação Rcl 4335/AC. Pleno. DJe-208, 21.10.2014.

STF. Recurso Extraordinário RE 566.471/RN.

STRECK, Lenio Luiz. *A hermenêutica filosófica e as possibilidades de superação do positivismo pelo (neo)constitucionalismo.* Constituição, sistemas sociais e hermenêutica: anuário do programa de pós-graduação em Direito da Unisinos. Porto Alegre: Livraria do Advogado, 2009.

SUNSTEIN, Cass; HOLMES, Stephen. *The Cost of Rights*: Why Liberty Depends on Taxes. New York: W.W. Norton & Company, 1999.

SUNSTEIN, Cass. *After the Rights Revolution.* Cambridge: Harvard University Press, 1990.

TARANTO, Caio Marcio Gutterres. *Precedente Judicial.* Autoridade e Aplicação na Jurisdição Constitucional. Rio de Janeiro: Forense, 2009.

TARUFFO, Michele. Precedente e Jurisprudência. In: *Revista de Processo*, São Paulo: RT, n. 199, 2011. Disponível em: <http://civilistica.com/wp-content/uploads/2015/02/Taruffo-trad.-civilistica.com-a.3.n.2.2014.pdf>. Acesso em: 11 maio 2016.

_____. Observações sobre os modelos processuais de *civil law* e de *common law*. *RePro*, São Paulo: RT, v. 110, p. 141-158, abr./jun. 2003.

TATE, Albert. The Role of the Judge in Mixed Jurisdictions: The Louisiana Experience. 20 Loy. L. Rev. 231 (1974). *Louisiana Law Review*.

TETLEY, Willian. *Mixed Jurisdictions: common law vs. civil law (codified and uncodified)* (Part I). Disponível em: <http://www.unidroit.org/english/publications/review/articles/1999-3-tetley1-e.pdf>; <http://www.cisg.law.pace.edu/cisg/biblio/tetley.html>. Acesso em: 19 dez. 2016.

_____. Nationalism in a Mixed Jurisdiction and the Importance of Language (South Africa, Israel, and Quebec/Canada). *Tulane Law Review*. 78 Tul. L. Rev. 175 (2003).

THOMSON, Stephen. Mixed Jurisdiction and the Scottish Legal Tradition: Reconsidering the Concept of Mixture. *Journal of Civil Law Studies*, v. 7, Issue 1, 2014. Disponível em: <http://digitalcommons.law.lsu.edu/cgi/viewcontent.cgi?article=1124&context=jcls>. Acesso em: 11 fev. 2017.

TRIBE, Laurence H. *The Invisible Constitution*. London: Oxford University Press, 2008.

TUCCI, José Rogério Cruz e Tucci. *Parâmetros de Eficácia e Critérios de Interpretação do Precedente Judicial*. In: MENDES, Aluisio Gonçalves de Castro; MARINONI, Luiz Guilherme; WAMBIER, Teresa Arruda Alvim (Coords.). *Direito Jurisprudencial* – volume II. São Paulo: Revista dos Tribunais, 2014.

_____. *Precedente Judicial como Fonte do Direito*. São Paulo: RT, 2004.

TUSHNET, Mark. Os Precedentes Judiciais nos Estados Unidos, In: *Revista de Processo*, São Paulo: RT, v. 218, 2013.

WALTON, F. P. *The Legal System of Québec*. 13 Col. L. Rev. 2013 (1913). Disponível em: <https://archive.org/details/jstor-1110357>. Acesso em: 11 fev. 2017.

_____. *The Civil Law and The Common Law in Canada*. 11 Jurid. Rev. 282 (1899). Disponível em: <https://archive.org/details/cihm_27161>. Acesso em: 11 fev. 2017.

WAMBIER, Teresa Arruda Alvim (Coord.). *Direito Jurisprudencial*. 1. ed. São Paulo: Revista dos Tribunais, 2012.

_____. *Precedente e Evolução do Direito*. Direito Jurisprudencial. 1. ed. São Paulo: Revista dos Tribunais, 2012.

_____. Interpretação da lei e de precedentes: *civil law* e *common law*. RT, São Paulo: RT, n. 893, mar. 2010.

_____. Estabilidade e adaptabilidade como objetivos do direito: *civil law* e *common law*. *RePro*, São Paulo: RT, v. 34, n. 172, jun. 2009.

_____; CONCEIÇÃO, Maria Lucia Lins; RIBEIRO, Leonardo Ferres da Silva; MELLO, Rogério Licastro Torres. *Primeiros Comentários ao Novo Código de Processo Civil*. São Paulo: Revista dos Tribunais, 2015.

WEBER, Max. *A Ética Protestante e o "Espírito" do Capitalismo*. São Paulo: Companhia das Letras, 2004 (16ª reimpressão).

WIEACKER, Franz. *História do Direito Privado Moderno*. 3. ed., trad. portuguesa de A. M. Botelho Hespana, Lisboa: Fundação Calouste Gulbenkian, 2004.

WILHELM, Walter. *La Metodología Jurídica en el Siglo XIX*. Tradução de Rolf Bethmann. Madrid: EDERSA, 1980.

WORLD LEGAL SYSTEMS (grupo de pesquisa), Universidade de Ottawa: *Percentage of the world population, mixed systems*. Disponível em: <http://www.juriglobe.ca/eng/syst-demo/tableau-mixte.php>. Acesso em: 28 jun. 2017; *Mixed Legal Systems*. Disponível em: <http://www.juriglobe.ca/eng/sys-juri/class-poli/sys-mixtes.php>. Acesso em: 28 jun. 2017.

YIANNOPOULOS, A. N. Louisiana Civil Law: A Lost Cause? *Tulane Law Review*, v. 54. Disponível em: <http://www.stephankinsella.com/wp-content/uploads/texts/yiannopoulos_lost_cause.pdf>. Acesso em: 15 jul. 2017.

ZANETI JR., Hermes. *O valor Vinculante dos Precedentes*: teoria dos precedentes normativos formalmente vinculantes. 2. ed. Salvador: Juspodivm, 2016.

ZIMMERMANN, Reinhard; VISSER, Daniel. *Southern Cross*: Civil Law and Common Law in South Africa. Oxford: Claredon Press, 1996.

ZWEIGERT, Konrad; KÖTZ, Hein. *An Introduction to Comparative Law*. 3rd edition. US: Oxford University Press, 1998.

ZUCKERMAN, Adrian A. S. *Civil Justice in Crisis*. Comparative Perspectives of Civil Procedure. New York: Oxford University Press, 1999.

Esta obra foi composta em fonte Palatino Linotype, corpo 10
e impressa em papel Offset 75g (miolo) e Supremo 250g (capa)
pela Gráfica O Lutador, em Belo Horizonte/MG.